영유아건강교육

HEALTH EDUCATION FOR YOUNG CHILDREN

신윤승

JUNGMINSA
정민사

머리말

모든 교과목은 각각의 중요한 의미가 있고 고유한 내용의 요점이 있다. 그래서 자신이 맡은 과목을 강의하면서 그 남다른 의미와 내용을 예비 교사인 학생들에게 강조하곤 한다. 저자 역시 여러 해 동안 영유아 건강교육을 강의하면서 미래 교사와 또 교사가 되지 않더라도 예비 부모로서 영유아의 '건강'에 대한 내용을 살펴보고 익히는 과정이 중요하다는 생각을 하였다.

영유아 대상 건강교육의 내용을 다루는 책들이 시중에 많다. 건강이라는 주제를 다루다 보니 그 내용에 유사한 점이 많을 수밖에 없다. 건강은 영유아의 발달과 밀접히 연관되어 있고, 건강검진이나 예방접종, 응급처치, 영양과 식습관 등이 필수적으로 포함되어야 하기 때문이다. 창의롭기 쉽지 않은 특성을 가진 기존 교재의 목차와 내용을 보면서 본 교재는 어떤 면을 강화해야 영유아 건강에 대한 이해와 현장에서의 활용도를 높일 수 있을까 고민하였다.

우선 본 교재는 2024년 2월 기준 가장 근접한 최신 데이터를 통해 건강, 영양 정보를 제공함으로써 시대상에 따른 정보의 오류를 최소화하기 위해 노력하였다. 특히 국가 수준의 건강관리 기관인 질병관리청을 비롯하여 국민건강보험, 식품의약품안전처 등과 대한민국을 대표하는 주요 병원 홈페이지, 최신 언론에서 언급한 건강정보 등을 수록하였다. 또한 영유아 대상 관련 기관인 지방자치단체, 육아종합정보센터, 교육청, 어린이사회복지급식관리지원센터 등의 최신 자료를 인용하여 수강생의 이해를 돕기 위한 그림이나 사진 자료를 최대한 활용하였다. 한편 영유아를 대상으로 한 건강교육이 당연히 우선이지만, 수강 대상인 예비 교사 자신의 건강관리도 매우 중요한 부분이므로 이를 위해 영양 관련 장에서 성인의 영양지수를 확인하는 내용을 함께 제시하였다. 이 부분은 그동안 영유아 건강교육을 수강하는 학생들이 한국영양학회 홈페이지에 접속하여 스스로의 영양 수준을 평가하고 그에 대한 대책을 강구하는 과제로 실시하던 내용이다. 또한 타 교재에서 안전 내용을 일부 다루는 경우가 일반적이나 안전은 영유아 대상 안전관리 교재에서 고유하게 다루는 것이 바람직하다고 생각되어 본 교재에서 안전 영역은 제외하였다.

본 교재는 12장으로 구성하였다. 한 학기 15주를 기준으로 할 때 중간고사와 기말고사를 제외하면 13주의 수업이 일반적으로 이루어지는데 12장으로 구성한 이유는 건강교육 강의 경험상 한 주는 실습을 포함하는 것이 유익하기 때문이다. 저자가 주로 활용한 실습은 심폐소생술이다. 심폐소생술은 이론과 동영상 자료만으로는 부족한 감이 있어, 지방자치단체 자원을 활용하여 매해 전문가가 직접 수강생 대상으로 실습을 실시하고, 학생들은 심폐소생술 자격증을 획득하는 과정으로 진행하였다. 1장부터 12장까지 순서대로 수업해도 좋고 필요에 따라 순서를 바꾸어 재조합해도 큰 무리가 없도록 구성했다. 각 장의 구체적인 내용은 다음과 같다.

먼저 1장은 '건강교육의 이해'로 한 학기 수업에 대한 소개와 시작의 관점에서 건강에 대한 개념과 건강교육의 중요성을 다룬다. 2장은 '건강에 영향을 미치는 요인'으로 한 개인의 건강은 타고난 유전적 측면과 살면서 만나는 환경적 상황에 따라 영향을 받는데 환경적 요인으로는 가장 기초가 되는 영양, 수면을 비롯하여 위생, 정서적 안정, 건강검진, 치아관리, 운동 등이 있다. 3장은 '교육과정과 건강'으로 국가 수준의 제4차 어린이집 표준보육과정과 2019 개정 누리과정의 영역에서 건강을 어떻게 표현하고 있는지 살펴본다. 4장은 '발달과 건강'으로 크게 영아와 유아로 나누어 정리하였다. 영아의 경우, 신생아의 생리적 특성을 간단히 알아보고 그 외 영아의 신체, 운동적 특성을 비롯하여 건강을 이해하기 위한 인지, 언어, 사회정서적 발달 특성을 다룬다. 유아 역시 같은 발달의 특성을 살펴본다. 5장은 '감염관리'로 영유아가 경험하는 전염병에 대해 알아본다. 영유아교육기관에서 흔하게 관찰되는 수족구로 시작하여, 코로나바이러스감염증-19까지 영유아를 둘러싼 환경에서 만날 수 있는 주요한 전염병에 대해 소개한다. 6장은 '건강검진과 예방접종'으로 건강검진 관련 Q&A, 예방접종의 종류 및 신청 방법 등을 다룬다. 7장은 '응급처치'로 심폐소생술에 대한 내용과 함께 영유아에게 흔히 나타나는 발열로부터 신체 부위별 상처 치료 등 상황별 응급처치법을 자세히 안내한다. 8장은 '정신건강'으로 영유아기 정신건강에 영향을 미치는 요인과 공격성을 비롯하여 실제 나타나는 증상과 대처 방안을 소개한다. 9장 '생활습관 관리'는 배변훈련, 손 씻기, 치아관리, 수면관리 등 영유아기 건강을 위한 기본습관과 연계된 내용을 다룬다. 10장은 '식생활 관리'로 식생활 지도와 영유아기 식습관 문제인 편식, 비만 등에 대해 알아본다. 11장 '영양관리'는 우리 몸에 필요한 영양소와 영양관리 및 식단에 대해 안내하고, 마지막 12장은 '영양교육'으로 성인과 영유아로 대상을 나누어 설명한다.

끝으로 본 교재가 영유아 건강교육 교과목을 강의하는 교수님과 수강하는 예비 교사들에게 도움이 되기를 바라고, 출판되기까지 애써주신 정민사 출판 관계인 여러분께 감사의 마음과 부족하지만 글 쓸 수 있는 지혜와 능력을 허락하신 하나님께 감사와 영광을 올려드립니다.

2024년 2월

저자 신윤승

차례

3 교육과정과 건강

4 발달과 건강

5 감염관리

6 건강검진과 예방접종

7 응급처치

8 정신건강

9 생활습관 관리

10 식생활 관리

11 영양관리

12 영양교육

chapter 1

건강교육의 이해

영유아기는 발달의 결정적 시기로서 이 시기의 건강은 성인기를 포함하여 전 생애 건강을 형성하는 기반이 된다. 영유아기는 전 생애를 통틀어 신체적 발달 속도가 가장 급격하게 이루어지는 시기이면서 동시에 면역력이 약하고 자신의 건강을 스스로 조절하는 능력이 미숙하기 때문에 질병에 걸릴 가능성이 높은 때이다. 따라서 가정에서는 부모, 기관에서는 교사가 영유아의 건강에 대한 올바른 태도와 습관을 형성할 수 있도록 교육하고 관리할 필요가 있다. 본 장에서는 영유아 건강교육의 개념과 중요성을 알아보고자 한다.

1

1 건강교육의 개념

1) 건강의 개념

많은 사람들은 인생에서 가장 중요한 가치나 목표 가운데 하나로 '건강'을 이야기한다. 현대인은 바쁘고 복잡한 일상을 살아가지만 건강한 삶에 대한 관심은 지속적으로 유지되어진다. 건강한 삶은 인생의 전 과정을 통해 지속적으로 노력함으로써 성취해 나갈 수 있고, 사람들로 하여금 자신이 하고자 하는 소망을 이루어 가는 원동력이 되어 행복감을 가져다주기 때문이다.

우리나라 「헌법」에서도 "모든 국민이 마땅히 누려야 할 기본적인 권리"로 건강을 규정함으로 국가 차원에서 국민의 건강을 하나의 기본권적 개념으로 보고 있음을 알 수 있다.

WHO 세계보건기구는 건강을 정의할 때 '건강은 신체적으로 질병이 없거나 허약하지 않은 상태뿐만 아니라 신체적 · 정신적 · 사회적으로 완전히 양호한 상태'라고 말한다. 건강하다는 것은 이제 더 이상 단순히 질병이 없는 상태를 의미하지 않는다. 현재의 건강 개념은 정신적으로 건강하다고 인정되는 삶의 가치, 사회적 대인관계 기술, 긍정적 사고, 건강한 생활습관, 운동과 같이 건강을 추구하는 능동적 태도를 강조하는 방향으로 인식이 전환되고 있다. 결국 건강하다는 것의 의미는 질병이 없는 상태로서 신체적인 측면뿐만 아니라 인간 발달의 세 가지 측면인 신체적 · 정신적 · 사회적 요소에서 모두 건강한 경우를 뜻하는 것이다.

최근 건강과 관련한 One Health의 개념은 인간, 동물 및 환경의 상호의존적이고 조화로운 관계를 최적화하고 지속 가능한 균형을 목표로 하는 통합적인 접근 방식으로서의 건강을 말한다. 이를 위해 사회는 건강에 대한 위협에 대처하기 위한 협력, 깨끗한 물, 에너지, 공기, 영양이 풍부한 음식, 기후 변화 등의 문제를 해결하기 위해 노력해야 한다(WHO, 2023).

2) 영유아 건강의 개념

영유아를 대상으로 한 건강의 개념도 일반적인 건강의 개념과 맥을 같이하여 영유아가 질병에 감염되어 아프지 않다는 의미뿐만 아니라 신체적 · 정신적 · 사회적 측면에서 문제가 없는 상태를 뜻하는 의미로 확대되고 있다. 신체적으로 건강하다는 것은 몸이 허약하지 않고 튼튼하며 병이 없는 것을 말하고, 정신적 건강은 스트레스나 화 등과 같은 정신적 고통이 없는 것으로 마음이 행복하고 편안한 상태를 의미한다. 사회적 건강이란 다른 사람과 어울리며 원만한 관계를 유지하는 사회적 능력을 가진 경우를 뜻한다. 신체적 · 사회적 · 정신적 건강은 서로 밀접하게 관련되어 있으므로 이들 간의 상호 관련성을 고려하면서 영유아의 건강을 유지하는 것이 필요하다.

영유아는 발달특성상 스스로 자신의 몸을 관리하는데 한계가 있으므로 영유아 건강은 주위에서 직접적으로 돌보아 주는 부모와 교사에 의해 영향을 받게 된다. 양육자가 영유아의 신체적 · 사회적 · 정신적 발달 특성을 잘 이해하고 적절한 돌봄을 제공해야 영유아는 건강한 성장과 발달을 이룰 수 있다. 따라서 양육자는 영유아 건강에 도움이 되는 음식물을 섭취할 수 있도록 하고 예방접종 및 질병에 대한 상식, 안전사고에 대한 지식을 갖추어 필요할 때마다 적절하게 대처할 수 있어야 한다.

이와 같은 영유아 대상 건강에 대한 성인 노력의 근간은 1989년 UN에서 만들어진 국제인권조약인 「아동권리에 관한 국제협약」에서부터 확인할 수 있다. 협약에는 미래 사회의 주역으로 무한한 가능성을 가지고 태어난 아이는 그 잠재력을 최대한 발휘하면서 건강한 성인으로 성장할 권리를 가지기 위한 4가지 내용을 포함한다. 첫째는 생존권으로 적절한 생활 수준을 누리고 의료서비스를 받을 수 있는 권리를 말하며, 둘째는 보호권으로 각종 착취와 학대, 가족과의 인위적인 분리, 형법 등의 폐습으로부터 보호받을 권리를 의미한다. 셋째 발달권은 건강한 성장에 필요한 정규교육을 포함하여 놀이, 여가, 문화 활동을 즐길 권리이며, 마지막 참여권은 자신의 의사를 표현할 자유와 자기 생활에 영향을 주는 일에 대하여 말할 수 있는 권리이다. 이 각각의 권리는 영유아가 누려야 할 기본 권리이면서 영유아의 건강한 생활과 그를 위한 건강교육 내용에 밀접한 관련이 있다.

1989년 UN에서 만장일치로 채택된
아동권리협약(Convention on the Rights of the Child: CRC)의 4대 기본권은 다음과 같습니다.

생존할 권리	보호받을 권리	발달할 권리	참여할 권리
생명 유지에 필요한 질병과 사고로부터 안전하게 돌봄을 받아야 합니다.	차별 없이 몸과 마음을 안전하고 안정적으로 지내야 합니다.	전인적으로 성장하는 데 필요한 놀이와 배움을 누릴 수 있어야 합니다.	자신과 관련된 모든 일에 대해 의사 표현하는 기회가 있어야 합니다.

출처: 보건복지부, 한국보육진흥원(2023)

3) 영유아 건강교육의 개념

건강교육은 건강과 관련된 지식을 습득하고 이해하여 건강한 삶을 영위하도록 노력하며, 기존의 습관이나 행동을 수정하고 강화하여 올바른 건강 행위를 실천하도록 하는 것이다(Israel, 1994). 건강교육은 학습자의 요구와 건강개념에 기반하여 건강 유지와 안녕 증진을 동기화하기 위한 교육을 사전에 계획해서 지속적으로 제공하는 것을 의미한다. 또한 건강과 관련된 지식, 태도, 실천 능력을 길러 스스로 자신의 건강에 대한 책임감을 가지고 의사결정을 하도록 지원하는 데 그 목적이 있다. 과거 건강교육이 주로 질병 예방에 초점을 맞춘 소극적 개념이었다면 현대에 는 건강 유지와 함께 건강 증진의 개념까지 포괄하는 매우 광범위한 개념으로 확대되고 있다. 건강은 인간 삶의 질을 좌우하는 핵심적인 요소이므로 영유아기부터 건강교육을 시작하는 것은 매우 의미 있는 일이다. 미국 유아교육협회인 NAEYC(1998)에서도 건강한 생활습관 형성을 위해서는 영유아기에 건강 관련한 경험과 학습을 제공하여 건강에 대한 기본 정보를 이해하고 이를 실천할 수 있는 능력을 기르도록 권장하고 있다.

미국 건강교육협회는 개인의 건강 행동에 적극적으로 영향을 미치기 위해 건강교육을 '건강과 관련된 지식과 태도, 기능과 행동을 증진시키는 것'이라고 정의하였다(조미환, 2019). 따라서 영유아 건강교육은 안전하고 건강한 환경을 형성하고 증진하기 위해 필수적이며, 한 인간의 삶에 중요한 영향을 미치는 생활습관 형성의 기초가 되므로 영유아 시기부터 체계적인 교육에 노출되어야 한다.

영유아 건강교육은 영유아의 신체적 · 정신적 · 사회적 건강을 위해 제공하는 교육으로서 질병이나 유해환경으로부터 스스로를 보호하고 적절하게 대처하여 건강한 삶을 유지해 가도록 교육하려는 목적을 지닌다. 어린 영유아는 스스로 건강을 돌보고 유지하기 어려우므로 건강교육을 통해 다음의 내용을 자연스럽게 습득하도록 지도한다. 첫째, 건강교육을 통해 건강과 관련된 지식을 알도록 한다. 잘못된 건강 지식은 오히려 영유아의 건강을 해칠 수 있기 때문에 건강한 생활을 위해서는 어릴 때부터 건강 관련한 정확한 기본 지식을 가지고 있어야 한다. 둘째, 건강교육을 통해 건강 관련 기술을 익힌다. 건강 관련 지식을 실천하기 위한 한 예로 '손 씻기 위한 방법'을 살펴보면 손을 물에 적시기, 비누 칠하기, 비눗물이 남지 않도록 깨끗이 헹구기 등 구체적인 기술이 필요하다. 특히 영유아가 기술을 습득하기 위해서는 반복적인 훈련이 필요하므로 이를 통해 바른 생활습관을 형성할 수 있도록 지원한다. 셋째, 건강교육을 통해 건강한 생활 태도를 형성하도록 한다. 영유아가 건강하게 성장하기 위해서는 건강한 생활에 대한 관심을 가지고 건강을 유지하기 위한 긍정적 태도를 형성하는 것이 필요하다. 예를 들어, 올바른 양치 관련 건강교육을 제공하여 건강하게 이를 관리하고 유지하기 위해 이를 닦는 것은 자연스럽고 즐거운 일이며 식사 후에는 일상적으로 이 닦기를 실천할 수 있는 자세를 기르도록 해야 한다.

영유아 건강교육의 위와 같은 목적을 달성하기 위해서는 먼저 성인인 교사가 영유아의 발달과 건강을 위한 기본적 지식과 내용을 이해하는 것이 필요하다. 특히 영유아를 위한 건강교육은 영유아의 발달 특성에 대한 이해를 기초로 최적의 성장과 발달을 이루도록 지지와 보호를 제공하고 건강 능력의 극대화를 도모해야 한다.

또한 영유아 건강교육은 영유아에 대한 바른 인식에서부터 출발하는 것이 필요하다. 영유아는 성인의 축소판이 아니며 시기별 특성을 지닌 존재로서 존중받아야 한다. 개별 영유아는 발달의 보편성을 지니고 있으나 개인차를 가진 존재임을 바탕으로 건강교육을 제공해야 한다. 영유아기는 생리적 취약성과 가소성을 동시에 지닌 특성을 나타낸다. 감염성 질환, 탈수, 고열에 노출될 가능성이 높고 신체조절 능력과 판단력의 부족으로 인해 사고 위험성도 매우 높다. 따라서 영유아 건강교육은 영유아기의 생리적 특성과 여러 가지 건강 요인들을 고려하면서 이루어져야 한다다(임민정, 2021).

2 영유아 건강교육의 중요성

영유아기 건강교육은 영유아의 건강 관련 행동 및 태도의 기초를 형성한다는 관점에서 다른 어떤 시기보다 높은 교육적 효율성을 가져올 수 있다. 영유아기에 올바른 건강교육이 이루어지지 않으면 성인이 된 후 보완하거나 교정하기가 어렵고 사회적 비용도 많이 들기 때문에 영유아 때부터 건강 교육을 실시하는 것은 매우 중요하고 효과적인 방법이다.

한편 영유아기는 질병에 대한 면역이나 저항력이 취약함은 물론 환경적인 변화에 대한 적응력도 성인에 비해 부족하고 자신의 건강문제를 확인하고 이에 대해 능동적으로 대처할 수 있는 능력도 미미하다(조미환, 2019). 따라서 영유아가 스스로 건강한 생활을 해나가도록 지원하기 위해서는 발달 수준에 맞는 건강교육을 제공하는 것이 필요하다. 이에 부모나 교사는 영유아의 건강한 성장과 발달을 위해 필요한 지식과 기술을 적극적으로 교육하고 건강한 생활습관과 태도를 길러주어 영유아가 건강한 일생을 보낼 수 있도록 지원할 필요가 있다. 지원을 위한 고려사항은 다음과 같다.

첫째, 영유아는 자신의 잠재력을 최대한 발휘하여 성장할 권리가 있음을 인식한다. 영유아는 발달 특성상 신체적으로나 인지적으로 미성숙하기 때문에 잠재력을 끌어내서 자신의 건강을 유지하는 데 필요한 지식이나 기술을 스스로 갖추기 어렵다. 즉 영유아는 자신의 건강을 혼자서 관리할 수 없으므로, 가정 내 부모나 기관 내 교사가 영유아에게 필요한 건강교육을 시기 적절하게 제공하여 영유아가 건강하게 성장할 권리를 보장해 주어야 한다(오미경, 이은미, 2022).

둘째, 영유아 건강교육은 예방과 치료적 측면을 함께 고려해야 한다. 건강은 치료가 아닌 예방에 초점을 두는 것이 가장 효과적이기 때문에 태어나서 자라는 동안 스스로 건강 유지와 예방에 관심을 갖도록 하는 것은 삶의 질을 향상시키는 가장 경제적이고 효과적인 방법이다. 그러나 모든 상황을 예방할 수는 없기 때문에 치료적 측면에서 영유아의 건강을 위협하는 상황이나 질병에 걸렸을 때 어떻게 적절하게 대처할 수 있는지 방법을 알고 해결할 수 있도록 건강교육을 제공해야 한다.

셋째, 유전적 측면과 환경적 측면을 함께 고려한다. 유전적 측면에서 건강교육의 중요성은 영유아의 연령을 포함한 발달 특징 및 기질 등을 고려하여 건강교육을 제공하는 것을 말한다. 영유아의 발달에는 개인차가 존재함으로 개별적 특성을 고려하여 건강교육을 제공해야 한다. 환경적 측면에서 건강교육은 변화하는 시대적 특성이나 사회적 환경을 고려해야 함을 의미한다. 최근 정크푸드를 비롯한 다양한 먹거리 남발과 기후변화와 환경파괴 등으로 인해 과거에는 크게 문제가 되지 않았던 영유아 아토피 피부염이나 기관지 문제 등이 증가하고 있다. 또 얼마 전 우리들의 일상생활을 송두리째 바꾸어버렸던 코로나바이러스감염증 등의 전염성 질환에 대한 대비 등 새로운 환경적 측면의 변화를 고려한 영유아 건강교육을 제공할 필요가 있다.

| 표 1-1 | 2022년 아토피 피부염 환자 연령대별, 성별 진료인원 (단위: 명, %)

구분	전체	9세 이하	10대	20대	30대	40대	50대	60대	70대	80세 이상
계	971,116	271,613	150,837	161,711	114,474	91,829	68,219	57,779	34,734	19,920
	(100)	(28.0)	(15.5)	(16.7)	(11.8)	(9.5)	(7.0)	(5.9)	(3.6)	(2.1)
남성	440,738	142,357	76,351	72,493	42,848	31,080	24,746	24,714	17,158	8,991
	(100)	(32.3)	(17.3)	(16.4)	(9.7)	(7.1)	(5.6)	(5.6)	(3.9)	(2.0)
여성	530,378	129,256	74,486	89,218	71,626	60,749	43,473	33,065	17,576	10,929
	(100)	(24.4)	(14.0)	(16.8)	(13.5)	(11.5)	(8.2)	(6.2)	(3.3)	(2.1)

출처: 의사신문(2023. 8. 18)

아토피 피부염으로 병의원을 찾은 진료인원은 지난 2018년 92만 487명에서 2022년 97만 1,116명으로 5만 629명(5.5%↑)이 증가했고, 연평균 증가율은 1.3%로 나타났다. 2022년 기준 '아토피 피부염' 환자의 연령대별 진료인원 구성비를 살펴보면, 전체 진료인원(97만 1,116명) 중 9세 이하가 28.0%(27만 1,613명)로 가장 많았고, 20대가 16.7%(16만 1,711명), 10대가 15.5%(15만 837명) 순이었다.

또한 영유아 대상 인플루엔자로 인한 질병이 많아지면서 국가가 예방수칙에 대한 자료를 홍보하고 있다.

| 그림 1-1 | 인플루엔자 홍보 자료

출처: 질병관리청, 보건복지부, 교육부(2023)

영유아를 포함하여 미세먼지에 노출되어 건강에 안 좋은 영향을 받는 경우가 자주 발생하여 이에 따른 건강수칙을 질병관리청(2023)에서 홍보하고 있다.

| 그림 1-2 | 미세먼지 건강수칙 홍보 자료 1

미세먼지 민감군별 건강수칙 - 임산부·영유아

전문가 권고 강도 (약함 : ★, 강함 : ★★)

미세먼지 민감군별 건강수칙	미세먼지 예보등급	
	보통	나쁨
1. 나는 임신성고혈압, 임신중독증 등이 있는 미세먼지 고위험군인지 확인하세요.	★★	★★
2. 미세먼지가 나쁠 때는 실외 운동을 자제하고 실내에서 강도를 낮추어 운동하세요.	★	★★
3. 미세먼지가 나쁠 때는 아이와 외출을 줄이세요.	★★	★★
4. 미세먼지가 나쁠 때는 외출 시 보건용 마스크를 쓰세요. : 숨이 차거나 머리가 아프면 바로 벗어야 합니다.		★★
5. 외출 시 대로변, 공사장 주변 등 대기오염이 심한 곳은 피하세요.	★★	★★
6. 주기적으로 환기하세요.	★★	★★
7. 공기청정기가 있으면 사용하고 필터는 주기적으로 점검하고 교체하세요.	★★	★★

| 그림 1-3 | 미세먼지 건강수칙 홍보 자료 2

출처: 질병관리청(2023)

chapter 2

건강에 영향을 미치는 요인

건강은 유전적인 내적 요인과 환경적인 외적 요인에 의해 결정된다. 두 요인은 개인의 건강에 영향을 미치고, 요인 간에 서로 역동적이고 복합적으로 영향을 미치므로 건강에 미치는 요인을 어느 한 가지만으로 설명하기는 어렵다. 따라서 한 인간의 건강을 적절히 유지하기 위해서는 타고난 유전적 요인을 바탕으로 건강에 도움을 줄 수 있는 가장 적절한 환경적 요인을 제공해 주는 것이 무엇보다 필요하다. 이에 영유아의 건강에 영향을 미치는 요인을 사전에 인지함으로써 영유아의 건강을 유지하고 영유아 스스로 건강을 지켜나갈 수 있도록 교육시키는 데 활용하는 것이 중요하다. 본 장에서는 영유아의 건강에 영향을 미치는 유전적 요인과 환경적 요인을 살펴본다.

2

1 유전적 요인

부모로부터 받은 여러 가지 유전인자들은 개인의 특성과 건강 상태를 결정하는 가장 기본적인 요소이다. 유전인자는 영유아의 신체적 · 정신적 발달과 건강의 기초를 형성하여 건강의 잠재력을 결정짓는 데 중요한 역할을 한다. 유전인자는 키와 얼굴 생김새를 포함한 외모, 비만도, 식품에 대한 알레르기, 질병에 대한 민감성을 비롯하여 성격이나 정신적인 측면에 영향을 준다. 즉 심장병, 암, 당뇨병, 정신질환 등은 유전적 요인과 관련성이 깊다. 따라서 혈연관계를 타고 전해지는 질병 가계도 조사 등의 방법으로 건강에 영향을 미치는 유전적 조건을 찾아 정기 검진과 생활 관리 등을 통해 예방하거나 조기에 치료하여 건강을 유지하는 것이 매우 중요하다.

2 환경적 요인

환경은 한 개인의 사고방식과 행동양식에 영향을 미치는 신체적 · 사회적 · 경제적 · 문화적 요인을 포함한다. 유전적 요인이 건강의 기초를 형성한다면 주어진 기초 위에서 얼마나 지속적으로 건강한 심신을 발달시킬 수 있는지는 환경적 요인에 의해서 결정된다. 영유아의 건강에 영향을 미치는 환경적 요인은 영양, 수면과 휴식, 위생적인 환경과 생활습관, 정서적 안정, 정기적 건강진단 및 건강문제의 조기 발견과 치료, 치아 건강관리, 적절한 운동 등으로 매우 다양하다. 이를 구체적으로 나누어 살펴보면 다음과 같다.

1) 영양

영유아기는 신체 성장과 발육이 생의 어떤 시기보다 왕성하게 일어나며 단위체중 당 소모되는 영양소 열량이 성인에 비해 훨씬 높은 시기이다. 영유아는 활발한 몸움직임을 바탕으로 신체 성장과 발달이 빠른 속도로 이루어지고, 활동량이 많아 부가적인 영양이 더 많이 필요하기 때문이다. 한편 영유아기는 성인에 비해 신체적 발달 속도는 빠르게 이루어지나 면역력이 약하기 때문에 질병에 취약한 시기이기도하다. 이때 필요한 영양이 충분히 공급되지 않으면 영양장애 또는 영양결핍이 되거나 나아가서 성인기에 건강한 신체를 가질 수 없게 되기도 한다(오미경, 이은미, 2022). 어린 시절의 체격 발달은 성인이 된 후의 체격에도 많은 영향을 미치므로 적당한 체격을 유지하도록 지도하는 것이 필요하다. 또한 영유아기는 에너지와 영양소 필요량이 증가하는 시기이며, 음식을 선택하는 능력이 생기고 식품기호도가 확실해지는 등 점차 식습관이 형성되는 중요한 시기이다(이연숙 외, 2003). 따라서 부모와 교사는 평상시 영유아가 건강한 음식을 섭취하도록 유의하여 지도하고 영유아가 충분한 영양을 섭취할 수 있도록 균형 잡힌 식사를 제공하여 건강을 유지하고 정상적 성장과 발달을 이루도록 지원해야 한다.

2) 수면과 휴식

수면과 함께 충분한 휴식을 취하는 것은 건강에 매우 중요하다. 영유아는 스스로 수면과 휴식을 조절하는 능력이 발달되지 않아 활동이나 놀이에 몰입하고 있는 경우 피곤한 상태에서도 계속 지속하는 경우가 많다. 수면과 휴식은 인간이 하루의 피로를 회복할 수 있도록 도와주고 에너지를 재충전하여 매일의 일상을 유지시켜 나가도록 한다. 수면의 경우, 인간 삶의 1/3을 차지하며 생명 유지에 필수적인 요인으로 최상의 몸 상태를 유지하기 위해 필수적으로 요구되는 생리적 기제이다.

편안하고 충분한 수면은 영유아의 건강한 신체적 성장과 함께 두뇌 발달을 위해 중요한 역할을 한다. 수면이 부족하면 단순히 몸이 피곤한 것에 그치지 않고 기억력과 집중력이 떨어지는 것은 물론 깊은 수면 단계에서 왕성하게 분비되는 성장·면역 호르몬에도 영향을 미쳐 영유아의 정상적인 성장이 이루어지지 않는다. 그뿐만 아니라 영유아의 수면 문제는 가족의 삶, 특히 주양육자인 어머니의 피로감, 우울, 양육 스트레스와 관련이 있으며, 아동학대로 이어질 위험도 있다. 2015년 미국 수면재단은 연령에 따른 요구 수면 시간에 대해 개정된 권장 사항을 발표하고 개인의 비정상적인 수면 습관은 심각한 건강 문제나 이상 증상을 나타낼 수 있으며, 의도적으로 비정상적인 수면을 강행하는 경우 자신의 건강과 웰빙을 손상시킬 수 있다고 언급했다(Hirshkowitz, Max; Whiton, Kaitlyn, 2015).

영유아기의 수면 시간은 개인차가 있을 수 있으나 대략적으로 다음과 같다.

• 신생아~3개월

대부분 신생아는 16~20시간을 자고, 밤낮의 구별이 생기지 않은 시기라 밤낮을 가리지 않고 깨거나 잔다. 신생아의 수면 주기는 50분 정도이고 낮과 밤에 따라 자는 것과 깨어 있는 것을 조절할 능력이 없다. 다만 배고프면 일어나고 배부르면 잔다. 모유수유아는 더 자주 깨고, 우유를 먹이면 높은 단백질 농도 인해 더 길게 잔다. 3개월쯤 되면 뇌 발달과 맞추어 밤낮의 구별이 가능하다.

• 3~6개월

밤낮의 구분이 생기면서 밤에 5시간 이상을 푹 자기 시작한다. 수면 주기가 어른에 비해서는 짧아 자주 깨지만 이 시기 영아가 좋은 수면 습관을 갖도록 하려면 안고 흔들어 재우는 것을 자제해야 한다. 아침에 햇빛이 방에 들어오고 밤에는 어둡게 하며, 기저귀를 갈거나 먹일 때만 작은 전구를 켠다.

• 6~12개월

6개월경 영아는 분리불안 때문에 잠들기를 거부하고 자주 깨는 경우가 있다. 이

시기에 밤에 깰 때 흔히 영아를 먹이거나 안아주거나 하여 재우는데, 가능하면 영아 혼자 스스로 자게 하고 엄마도 밤에 푹 잘 수 있도록 한다. 9개월에 70~80%의 영아는 한번에 6시간 정도 쭉 잔다. 치아가 나오기 시작하므로 우유병이나 젖을 물고 자지 않는 습관을 들인다. 영아는 보통 낮잠을 두 번 정도 잔다.

• 1~2세 영아

이 시기 영아는 하루에 12시간 정도의 수면이 필요하고, 밤에 아기가 잠깐 깰 수도 있다. 아직 1~2번의 낮잠이 필요하고 수면은 주로 오후 짧은 낮잠과 밤잠 두 단계를 보인다.

• 3~5세 유아

이 시기 유아는 11~12시간 정도 잠이 필요하고 잠은 밤에 자고, 낮잠은 하루 한 번 정도로 줄어들며 5살 정도가 되면 낮잠은 대부분 없어진다.

*** 아기 낮잠 맘껏 자게 해야…"인지능력 따라 낮잠 필요량 달라"**

아기들은 낮잠을 얼마나 자는 게 적당할까? 영국 연구팀이 유아들은 잠잘 때 정보를 통합하는 효율이 저마다 달라 필요한 만큼 자주 그리고 오래 잘 수 있게 해야 한다는 연구 결과를 내놨다.

영국 이스트앵글리아대 테오도라 글리가 교수팀은 과학저널 '아동·청소년 정신건강협회 저널 어드밴시스'(JCPP Advances)에서 2020년 코로나19 봉쇄 기간에 생후 8~38개월 영유아 463명과 부모에게 자녀의 수면 패턴, 과제 집중 능력, 기억 능력, 어휘력 등을 조사해 이런 결론을 얻었다고 밝혔다.

연구팀은 자녀의 수면 및 인지 능력 등과 함께 부모의 거주지, 소득, 학력 등 사회경제적 지위와 자녀의 영상 시청 시간, 야외 활동량 등도 조사했다.

조사 결과 나이에 비해 짧은 낮잠을 더 자주 자는 유아들은 낮잠을 적게 자는 유아들보다 어휘력이 적고 인지 능력이 떨어지는 것으로 나타났으며, 이런 경향은 나이가 많은 아이일수록 더 두드러진 것으로 나타났다. 연구팀은 이에 대해 어휘력과 인지능력이 좋은 아이들은 수면 중 뇌에서 정보를 통합하는 효율이 높기 때문에 낮잠을 덜 자고, 어휘력이 적고 인지 능력이 떨어지는 아이들은 효율이 낮아 낮잠을 더 많이 자는 것으로 풀이했다.

글리가 교수는 "이 연구에서 발견한 것은 바로 주간 수면의 구조가 바로 아이들의 인지 발달 지표라는 것"이라며 "낮잠의 빈도는 아이의 인지적 필요를 반영하는 것"이라고 말했다. 이어 "일반적으로 알고 말하는 단어 수가 적고 인지 능력이 떨어지는 아이들은 더 자주 낮잠을 자야 한다"며 "이런 아이들의 낮잠을 줄인다고 두뇌 발달이 향상되는 게 아닌 만큼 자주 그리고 오래 낮잠을 자도록 허용해야 한다"고 강조했다.

또 "부모들은 자녀가 나이에 비해 낮잠을 잘 자지 않거나 너무 자주 오래 자는 것을 걱정하지만 이 연구 결과는 아이들이 자연스럽게 필요한 만큼 낮잠을 잘 수 있게 해야 한다는 것을 보여준다"고 덧붙였다.

출처: 서울연합뉴스(2023. 7. 29)

3) 위생적 환경과 생활습관

쾌적한 환경에서 생활하면서 자신의 몸을 청결하게 유지하는 습관을 기르는 것은 건강한 몸과 마음을 가지기 위한 중요한 요인이다. 영유아가 깨끗한 환경에서 건강을 유지하기 위해서는 충분한 공간, 적절한 온도와 습도, 통풍과 환기, 알맞은 채광과 향 등이 필요하다.

여러 명의 영유아가 함께 생활하는 공간은 영유아가 심리적으로 답답함을 느끼지 않을 만큼 충분히 넓어야 한다. 영유아보육법 시행규칙 [별표 1]에 의하면, 현재 어린이집 보육실은 거실, 공동놀이실을 포함하여 영유아 1인당 2.64㎡ 이상으로 해야 하는 것으로 규정되어 있다. 또한 유치원 설립 기준에 따르면 교실의 크기는 학급당 유아 수가 40명일 때에는 최소한 20평을 확보해야 하고 한 학급당 유아 수가 30명일 때에는 15평 이상을 확보하도록 규정되어 있다(정미라 외, 2017).

생활공간이 좁을 경우 영유아 간에 서로 갈등을 야기하거나 공격적인 행동이 증가하여 스트레스 요인이 될 수 있다. 또한 질병의 전염 위험성이 높아지기 때문에 넓게 열린 공간과 원활한 환기가 가능한 공간을 제공하는 것이 필요하다.

영유아들이 생활하는 실내의 적정 온도는 겨울에는 20℃ 내외, 여름에는 23~25℃ 정도로 유지해 주는 것이 좋으며, 습도는 50~60%가 적당하다.

창문을 열어 자연환기를 해주고, 실외 미세먼지 등을 고려하여 공기청정기를 통한 인공적 환기를 하는 것도 필요하다. 환기 횟수는 오전과 오후에 하루 두 번 이상 30분씩 실시하도록 하고 일조량이 많은 낮 시간대를 이용하여 환기한다. 또 밀폐된 작은 실내에서 과한 방향제 등의 사용은 영유아의 호흡기 질환이나 알레르기를 일으키는 원인이 될 수 있으므로 자제하고, 교사의 강한 향의 화장품 역시 주의해야 한다.

한편 겨울의 건조한 날씨는 코 점막과 기관지 점막을 마르게 해 세균 또는 바이러스 등에 대한 방어 능력을 떨어뜨리므로 청결하게 관리된 가습기를 틀어 습도를 조절해 주어야 한다. 여름철 에어컨을 사용할 때에도 마찬가지로 에어컨을 청결하게 관리하고 청결 위생을 위해 정기적 관리를 받는 것이 필요하다.

자연 채광이 부족할 경우 영유아의 성장에 영향을 줄 수 있으므로 채광이 충분한지 수시로 점검하고 창문의 시야를 가리는 과한 스티커 부착 등을 삼가하여 자연 채광의 효율성을 높인다. 필요시 커튼이나 블라인드를 사용해 채광의 양을 조절한다.

청결유지를 위해 정기적인 소독과 세척 및 청소가 필요하다. 위생적이고 청결한 환경은 영유아의 면역력을 증가시키고 좋은 생활습관을 기르는 데 도움을 줄 수 있다. 따라서 교사는 실내의 청결 유지를 위해 책상, 교구장을 살균소독액을 이용해 닦아주고 교구, 침구 등을 주기적으로 세척 및 소독 관리하여 위생적인 환경에서 영유아가 생활할 수 있도록 배려한다. 이를 위해 실내 시설 및 설비, 놀잇감의 안전위생 점검표를 비치하고, 규칙적으로 청결상태를 점검하여 그 결과를 기록하도록 한다.

영유아의 개인적인 생활습관은 실내 환경만큼이나 중요하다. 영유아기에 형성된 건강한 생활습관과 태도는 성인기까지 지속되므로 건강을 유지하는 데에 필요한 지식, 기술, 생활태도 등을 바르게 형성할 수 있도록 해야 한다. 건강한 생활습관 형성을 위해서는 어릴 때부터 스스로 손을 깨끗이 씻고 몸을 청결하게 유지하며 날씨에 맞게 옷을 입는 습관을 기르는 것이 중요하다. 손 씻기는 질병 감염을 예방할 수 있는 효과적인 방법이므로 식사 시간 전, 화장실 다녀온 후, 바깥놀이 활동 후 등 수시로 손을 씻을 수 있도록 바른 손 씻기 방법을 알려주며 지도한다.

특히 30초 이상 올바른 손 씻기는 대부분의 감염병을 50~70% 예방할 수 있는 효과적인 건강예방 수칙이다. 올바른 손 씻기를 하지 않으면 상당수의 세균이 손에 남아 있게 되므로 영유아 시기부터 손 씻기 단계를 통해 깨끗하게 손을 씻도록 지도한다. 영유아가 손 씻는 것을 자연스럽게 익히는 좋은 방법 중 하나는 교사가 자주 손을 씻어 영유아를 위생적으로 보살피고 청결한 생활습관의 모범이 되는 것이다.

4) 정서적 안정

정서적 안정은 심리적 건강뿐만 아니라 신체적 건강과 밀접한 관련성을 가지고 있다. 영유아가 정서적으로 편안한 환경에서 지내게 될 때 신체적 건강도 증진될 수 있다. 영유아의 정서적 환경은 가정에서 시작하여 성장해 나가면서 또래, 기관, 교사, 지역사회의 타인들과의 관계로 범위가 넓어진다. 그러나 영유아가 정서적으로 불안한 환경에 노출되거나 스트레스를 받게 되면 여러 가지 신체 · 정신적 질환에 걸리게 된다. 따라서 영유아에게 큰 영향을 미치는 성인인 교사와 부모는 영아 시기부터 안정적인 애착을 형성하도록 애쓰고 영유아의 안정을 위협하는 요소들을 제거하여 정서적 안정을 취할 수 있는 환경을 만드는 데 세심한 배려를 기울여야 한다.

정서적 능력은 언어적 표현이 원활하지 못한 영아 때부터 형성되어 기쁘고 슬픈 내적 감정들을 웃음과 울음 또는 표정과 몸짓을 통해 나타낸다. 유아기에는 공포, 분노, 애정, 기쁨, 호기심 등 구체적으로 정서가 분화되고 이와 같은 분화된 정서는 부모, 형제, 또래관계 등의 요인과 관련된다. 그러므로 유아가 속한 사회에서 용인되는 방법으로 정서를 적절하게 표현하는 능력을 기르도록 도와주는 것이 필요하다.

5) 건강진단과 조기 발견

영유아의 건강관리는 건강한 사회 구성원을 형성하여 국가 전체적인 건강을 이루어가는 초석이 되므로 중요하게 다루어져야 한다. 이를 위해 개인이 아닌 지역사회 차원에서 영유아 건강의 실태를 파악하고, 영유아의 건강증진을 위한 환경을 조성하여 실제적인 정책 제도를 실행해야 한다.

질병을 미리 예방하고 건강한 몸을 유지하기 위해서는 가장 먼저 정기적으로 건강검진을 실시하도록 한다. 정기적 건강검진은 개별 영유아의 성장과 발육이 정상적으로 이루어지고 있는지 파악하는 데 도움이 되며, 외부적으로 드러나지 않는 질병 등을 조기에 발견하여 치료할 수 있는 기회를 제공한다. 임산모의 경우, 건강진단을 정기적으로 받게 되면 선천성 기형 등을 조기에 진단할 수 있을 뿐만 아니라 태아가 정상적으로 성장하고 또 발육이 제대로 이루어지는지 확인할 수 있다. 영유아 대상 정기적 건강진단 내용에는 몸무게, 키, 머리둘레, 시력, 청력 등의 신체 계측 및 기능 측정을 포함하여 소아과, 이비인후과, 안과, 치과 전문의에 의한 진단 등을 실시하는 검사로 구성된다. 현재 우리나라는 국민건강보험법에 의해 영유아 건강검진이 무료로 제공되고 있고, 영유아보육법에 1년에 1회의 정기 건강진단을 실시하도록 규정하고 있다.

한편 정기적 검진 외에 영유아가 아픈 증상을 나타내거나 발육에 이상이 있으면 전문의에게 진찰을 받고 신속하게 치료해야 한다. 영유아는 하루가 다르게 성장 발육하는데, 병을 치료하지 않고 방치하면 성장 발달이 지연되거나 심할 경우 회복할 수 없는 지경에 이를 수 있기 때문이다. 따라서 영유아와 오랜 시간을 함께 보내는 교사는 등원할 때 시진을 시작으로 하루 일과를 지내는 동안 영유아의 건강 상태를 세심하게 파악하고 전문가의 진단과 치료가 필요하다고 판단되면 부모에게 알려 전문가의 진찰을 받을 수 있도록 조치한다. 특히 영유아가 열이 나서 평상시보다

무력해 보이거나 감염의 징후가 있을 때 영유아의 상태를 민감하게 관찰하고 신속히 조기 치료를 해야 한다.

영유아 건강관리를 지원하는 대표적인 지역사회 기관은 다음과 같다.

• **어린이 · 사회복지급식관리지원센터**(https://dietary4u.mfds.go.kr)

식품의약품안전처(https://www.mfds.go.kr)에서는 「어린이 식생활안전관리 특별법」 제21조에 근거하여 100인 미만의 소규모 어린이 급식소에 영양 측면에서 적절하고 균형 잡힌 간식 및 점심 식단을 보급하여 성장기 영유아의 건강증진을 도모하고 있다. 또한 대상자에 따른 방문교육과 집합교육을 통하여 어린이 영양 위생관리 능력을 향상시켜 안전한 급식이 이루어지도록 지원한다. 어린이 · 사회복지급식관리지원센터는 영유아대상 영양교육, 영양정보제공, 시설별 맞춤 영양, 위생안전, 식단 컨설팅, 시설관계자 교육 지원, 순회 방문지도, 체험교실 등을 주요사업으로 실시한다.

• **육아종합지원센터**(http://central.childcare.go.kr)

보건복지부에서는 「영유아보육법」 제7조 및 동법 시행령 제12조에 근거하여 영유아 보육에 대한 제반 정보제공 및 상담을 통하여 일반 주민에게 보육에 대한 편의를 도모하고 어린이집과의 연계체제를 구축하여 어린이집 운영의 효율성 제고를 위하여 운영하고 있다. 육아종합지원센터에서는 영유아 건강을 위한 정보로 육아

상식, 건강발달, 영유아를 위한 발달체크(KCDR II), 식단 및 조리법, 영양정보, 나들이 정보 등을 제공하고 있으며, 보육컨설팅, 교직원 상담 및 교육 등 어린이집 지원 기능과 부모교육, 보육 서비스 등 가정양육지원 서비스를 제공하고 있다.

• 질병관리청 예방접종 도우미(https://nip.kdca.go.kr)

질병관리청은 예방접종 관련 정보 지원을 위하여 예방접종 도우미를 운영하고 있으며, 영유아 대상 예방접종 관리 및 지정 의료기관과 보건소 조회, 감염병 의학정보 확인 및 예방법 등을 안내한다.

- **보건복지부에서 발행하는 보육사업안내(2024년) 책자에 제시하고 있는 건강관리 관련 내용은 다음과 같다.**

가. 건강관리(법 제31~제32조, 시행규칙 제33조)

1) 건강관리 및 응급조치

- 어린이집 원장은 영유아와 어린이집 보육교직원에 대하여 정기적으로 건강진단을 실시하는 등 건강관리를 해야 함
- 어린이집의 원장은 영유아에 대하여 매년 정기적으로 「감염병의 예방 및 관리에 관한 법률」 제33조의4에 따른 예방접종통합관리시스템을 활용하여 영유아의 예방접종에 관한 사실을 확인해야 하며, 영유아에 대하여 최초로 보육을 실시하는 경우에는 보육을 실시한 날부터 30일 이내에 확인해야 함
  ※ 매년은 1. 1.~12. 31.를 의미함
  - 확인 결과 예방접종을 받지 아니한 영유아에게는 필요한 예방접종을 받도록 보호자를 지도
  - 영유아의 예방접종 여부 확인 및 관리를 위하여 <서식 Ⅱ-2>생활기록부에 예방접종 여부 및 내역에 관한 사항을 기록하여 관리해야 함
  ※ 예방접종증명서 또는 그 밖에 이에 준하는 증명자료를 제출받는 방법으로도 영유아 예방접종 사실 확인 가능
  ※ 아동의 생활기록부상 '감염병 예방접종' 내역을 확인하여 필수예방접종종류는 반드시 접종하도록 보호자에게 안내
- 어린이집의 장은 영유아에게 질병 · 사고 또는 재해 등으로 인하여 위급상태가 발생한 경우 즉시 응급의료기관에 이송
  ※ 어린이집의 장이 법 제31조에 따른 건강검진을 실시하지 않거나 응급조치를 하지 않은 경우 법 제56조에 따라 과태료 부과
- 아동이 접근할 수 없는 안전한 장소에 응급조치를 위한 비상약품 및 간이 의료기구 등을 비치
  - 어린이집에서 아동에 대해 해열제 · 감기약 등을 투약할 경우 미리 <서식 Ⅱ-4>에 의한 부모의 투약의뢰서 또는 부모의 투약요청 의사를 확인(유선, 문자, SNS 등)하고

투약요청에 대한 증빙 가능 시 투약 실시

※ 투약 시 약품에 기재된 투약기준(용법, 용량, 유효기간 등)을 준수해야 함

- 어린이집의 장은 보육 아동 또는 보육교직원에게 식중독 및 감염병으로 의심되는 증상 발견 시 즉시 시 · 군 · 구청장에게 보고*하되, 「감염병의 예방 및 관리에 관한 법률」에 따른 감염병의 경우에는 보건소에도 신고해야 함

  * (시 · 군 · 구 보고 대상 감염병) 수족구병, 풍진, 유행성결막염, 인플루엔자(유행성 독감), 장염, 홍역, 유행성이하선염(볼거리), 전염성농가진, 수두, 무균성수막염, 결핵, 성홍열, 기타 감염병

  - 보고 받은 시 · 군 · 구에서는 보건소 등 유관 부서와 긴밀히 연락하여 식품위생법 제86조 및 감염병의 예방 및 관리에 관한 법률 제12조에 따른 신고가 원활히 될 수 있도록 함

2) 보육아동 건강진단, 치료 및 예방조치

가) 건강진단(영유아보육법 제31조 및 같은 법 시행규칙 제33조)

- 매년 1회 이상 실시해야 함. 다만, 「국민건강보험법」 제52조, 같은 법 시행령 제25조 및 「의료급여법」 제14조의 규정에 의해 차수에 맞는 영유아건강검진을 실시하거나 보호자가 별도로 건강검진을 실시하여 그 검진 결과 통보서를 제출한 영유아에 대해서는 당해 연도 건강진단을 실시한 것으로 갈음할 수 있음

  ※ 매년 1회는 1. 1.~12. 31.를 의미

  ※ 신규입소 예정 아동의 경우, 전 어린이집에서 당해 연도 내 건강진단을 받았거나 또는 국민건강보험법 등에 의한 영유아건강검진을 실시하였을 경우에는 해당 검사결과통보서로 갈음할 수 있음

  ※ 당해연도 국민건강보험법에 의한 영유아 건강검진기간이 도래하지 않은 경우 입소시 건강검진 결과를 첨부하도록 하지 말고 먼저 입소 조치 후 검진기간 내 검진을 받고 결과를 제출하도록 안내(영유아 건강검진은 생후 71개월까지 생일 전후 받도록 검진기간이 정해져 있음)

  - 차수에 따른 영유아건강검진 실시로 영유아 건강진단을 갈음하므로, 영유아건강검진 마지막 차수를 전년도에 받았다면 올해도 건강검진한 것으로 갈음

- 또한 건강검진 결과자료는 보육통합정보시스템 내 건강검진내역조회로 갈음

• 보호자가 건강검진 거부 시 원장은 건강검진에 대한 안내를 3회 이상 고지 · 안내

- 3회 이상 건강검진을 안내하고 건강검진 결과 통보서 제출을 요구하였음에도 보호자가 건강검진 거부 시 원장은 3회 이상의 안내 · 요구 사실을 확인할 수 있는 서류(보호자가 수신 확인한 가정통신문, 알림장, 키즈노트 등)를 보관하고 건강검진 실시 여부와 거부 사유를 생활기록부 등에 기록

* 영유아보육법 개정에 따라 보호자에게 3회 이상 건강검진을 안내하고 건강검진결과통보서 제출을 요구한 경우는 건강진단 미이행으로 인한 과태료 부과대상에서 제외됨

참고 영유아건강검진 실시기준(건강검진 실시기준 제5조 제3항 및 [별표 3])

• 검사항목: ① 문진과 진찰 ② 신체계측 ③ 발달평가 및 상담 ④ 건강교육 ⑤ 구강검진

• 검진주기: 총 8차에 걸쳐 검진
① 생후 14~35일 ② 생후 4~6개월 ③ 생후 9~12개월 ④ 생후 18~24개월
⑤ 생후 30~36개월 ⑥ 생후 42~48개월 ⑦ 생후 54~60개월 ⑧ 생후 66~71개월

*구강검진의 경우 4차, 5차, 6차, 7차에 포함되어 있으나, 검진기간은 12개월로 연장됨(4차는 18~29개월, 5차는 생후 30~41개월, 6차는 42~53개월, 7차는 54~65개월까지 검진 가능)

※건강검진실시기준(보건복지부 고시 제2022-146호, 2022. 6. 30. 일부개정시행)

※원장은 보호자가 영유아건강검진을 받을 수 있도록 안내 · 협조(검진비: 무료)

- 영유아검진결과 발달장애가 의심되어 정밀평가가 필요하다고 판정받은 의료급여수급권자, 건강보험료 부과금액 하위 30% 이하인 자에 대하여 평균 20만원의 정밀 검사비 지원(주소지 관할 보건소에 문의)

※기타 자세한 사항은 국민건강보험공단(www.nhic.or.kr 또는 ☎ 1577-1000)으로 문의

나) 검진기관

• 「건강검진기본법」 제14조에 의해 영유아검진기관으로 지정된 의료기관(보건소, 의원, 병원, 종합병원) 등에 방문하여 검진을 받아야 함(같은 법에 의거 10. 3. 22.부터 영유아의 경우 출장검진 불가)

다) 검사항목

• 신체계측, 시력검사, 청력검사, 구강검사 등 영유아의 발달단계에 따라 필요한 항목을

검사하며 영유아건강검진 검사항목(건강검진실시기준 제5조제3항)에 준함

라) 건강검진 결과에 대한 조치

- 치료를 요하는 영유아에 대하여 보호자와 협의하여 필요한 조치를 해야 함
- 감염성 질환에 감염된 것으로 밝혀지거나 의심되는 영유아는 어린이집으로부터 격리 치료하도록 조치해야 함
  - 원장은 해당 영유아가 재등원하는 경우 증상 또는 감염력이 소멸됨을 증명하는 의사소견서 또는 진단서 제출 요구 가능

참고 아동관련 자료제공의 제한

- 시설의 장은 건강검진(검사)에 관한 자료를 당해 아동(보호자)의 동의 없이 제3자에게 제공하여서는 아니 됨. 다만, 다음의 경우에는 그러하지 아니함.
  ① 어린이집에 대한 지도 · 감독 권한이 있는 행정기관이 그 업무를 처리하기 위하여 필요한 경우
  ② 통계작성 및 학술연구 등의 목적을 위한 경우로서 특정 개인을 식별할 수 없는 형태로 제공하는 경우
  ③ 범죄의 수사와 공소의 제기 및 유지에 필요한 경우
  ④ 법원의 재판업무수행을 위하여 필요한 경우
  ⑤ 그 밖의 관계법률의 규정에 의하여 제공하는 경우

마) 감염병 확산 방지를 위한 조치사항

- 어린이집에서 보육교사 등이 영유아의 감염병 의심 등 이상 징후 발견 시 즉시 보호자에게 알려 의료기관의 진료를 받도록 안내
- 의사의 진단 결과 감염병에 감염 또는 감염된 것으로 의심되거나 감염될 우려가 있는 영유아, 「감염병의 예방 및 관리에 관한 법률」 제2조제15호의2에 따른 감염병의심자인 영유아는 등원을 중단하고 어린이집으로부터 격리
  * 가정 내 격리 치료 시 불가피한 사유로 보호자가 직접 해당 영유아를 돌보기 곤란한 경우에는 여성가족부의 아이돌봄지원사업 중 질병 감염 아동 특별지원서비스를 적극 이용토록 안내(이용문의: 1577-2514 또는 http://idolbom.go.kr)
  - 단, 해당 감염병(B형간염 등)이 일상적인 접촉을 통해 타인에게 감염의 가능성이 없고, 격리대상질환이 아닌 경우에는 감염병 질환자라 하더라도 등원 중단 및 격리

대상이 아님

▶ 또한, 잠복결핵감염자는 결핵에 해당하는 임상적, 방사선학적 또는 조직학적 소견이 없으며 결핵균 검사에서 음성으로 확인된 자로 신고 및 격리대상이 아님

▶ 해당 질환자가 등원 제한 및 별도의 규제나 불이익을 받지 않도록 각별히 주의

출처: 보건복지부(2024)

6) 치아 건강관리

치아는 음식물을 씹어 영양을 섭취할 수 있도록 잘게 부수어 주는 중요한 역할을 하기 때문에 건강을 유지하기 위해서 치아를 잘 관리하는 것이 필요하다. 영유아기는 일생 동안의 구강건강을 좌우하는 건강한 구강관리 습관을 기르는 매우 중요한 시기이다. 따라서 영유아의 건강한 치아 유지를 위해서는 이를 깨끗이 닦는 습관을 기르도록 하며 충치가 생기지 않도록 예방해야 한다. 또한 치아에 특별한 이상이 없는 경우에도 정기적으로 치과 검진을 받아 건강한 치아를 유지할 수 있도록 관리해야 한다.

보건복지부, 질병관리청, 국민건강보험(2022)의 검진치과의사 상담 매뉴얼에 의하면 영유아의 당장 치료해야 할 유치우식을 지닌 비율은 18~29개월에서 42~53개월로 이 사이에 약 30% 증가하는 것으로 조사되었고, 우식의심치아의 비율도 42~53개월 사이에 15%가량 증가하는 것으로 나타났다. 초기 우식 양상을 보이는 우식발생위험치아율도 42~53개월과 54~65개월 유아의 1/3가량은 적극적인 예방관리가 필요하다. 칫솔질 등 적극적인 치면세균막 관리 교육을 위해서 구강위생 불량률을 살펴보면 18~29개월은 15.6%, 42~53개월은 21.6%, 54~65개월은 20.3%로, 검진 영유아의 1/5 정도는 치면세균막 관리가 전혀 안 되고 있으며, 구강보건지도를 통해 이를 개선해 나갈 필요가 있는 것으로 보고된다.

2021~2022년 조사결과, 만5세 유치우식 경험자율은 66.4% 그중 약 절반인

30.2%는 현재 우식치아를 가지고 있고, 1인당 우식을 경험한 치아의 수는 3.41개이다. 유치우식유병자율은 남아(28.6%)에 비해 여아(31.9%)가 높았다.

| 표 2-1 | 5세 유치우식 유병 및 경험자율

구분	전체 (n=8,344)	남아 (n=4,216)	여아 (n=4,128)	*P*-value*
	분율(표준편차)	분율(표준편차)	분율(표준편차)	
유치우식유병자율(%)	30.2 (0.9)	28.6 (1.2)	31.9 (1.1)	0.023
유치우식경험자율(%)	66.4 (0.9)	65.8 (1.2)	66.9 (1.2)	0.505
우식경험유치지수(개)	3.41 (0.007)	3.37 (0.09)	3.45 (0.10)	0.528

* 남아와 여아의 분율/평균 비교

영유아 구강검진 문진표 (54-65개월)

수검자 성명		주민등록번호	-	보호자 연락처	
보호자 성명		수검자와의 관계		E-mail	

영유아 구강검진은 아이가 만 2세(18~29개월), 3세(30~41개월), 4세(42~53개월), 5세(54~65개월)에 시기별 특성에 적합한 검사를 단계적으로 받을 수 있도록 하고 있습니다. 이 설문조사는 구강검사에 앞서 아이의 상태를 미리 알아보고 진찰을 받을 때 참고하기 위한 것입니다.
비밀이 보장되므로 솔직하고 성실하게 답변해 주십시오. 보호자께서 작성하시되 잘 모르는 문항은 아이를 관찰 후 기재하여 주시기 바랍니다.

(치과)병력과 증상

1. 지난 1년간 아이가 구강검진을 받거나 예방 · 관리 목적으로 치과병(의)원에 간 적이 있습니까?

① 예 ② 아니요

2. 지난 한달 동안, 아이가 치아가 아프다고 한 적이 있습니까?

① 예 ② 아니요

3. 현재 아이에게 충치가 있다고 생각하십니까?

① 예 ② 아니요 ③ 모르겠다

4. 아이의 부모나 형제 자매에게 현재 충치가 있습니까?

① 예 ② 아니요 ③ 모르겠다

5. 아이는 전반적으로 건강합니까? 현재 치료 중인 질병(치과질환 제외)이나 복용 중인 약이 있습니까?

① 예 ② 아니요

식습관

6. 아이가 과자, 사탕, 케이크 등 달거나 치아에 끈끈하게 달라붙는 간식을 하루에 얼마나 먹습니까?

① 먹지 않는다
② 1번
③ 2번
④ 3번
⑤ 4번 이상

7. 아이가 과일주스나 당분이 첨가된 음료(예: 어린이용 음료, 액상 요구르트 등)를 하루에 얼마나 마십니까?

① 마시지 않는다
② 1번
③ 2번
④ 3번
⑤ 4번 이상

구강위생관리

8. 보호자가 아이의 치아를 규칙적으로 닦아줍니까?

① 예 ② 아니요

9. 어제 하루 동안 아이가 치아를 닦은 때를 모두 표시해 주십시오.

① 아침식사 전
② 아침식사 후
③ 점심식사 후
④ 저녁식사 후
⑤ 잠자기 직전

불소이용

10. 현재 아이가 사용 중인 치약에 불소가 들어 있습니까?

① 예 ② 아니요
③ 모르겠다 ④ 치약을 사용하지 않는다

11. 보통 얼마만큼의 치약을 사용합니까?

① 아주 조금(쌀알 크기만큼) ② 작은 완두콩 크기만큼
③ 칫솔머리의 반만큼 ④ 칫솔머리 전체 길이만큼
⑤ 치약을 사용하지 않는다

12. 아이의 충치 예방을 위해 불소를 이용하는 것에 대한 조언을 받은 적이 있습니까?

① 예 ② 아니요

13. 정기적으로 아이에게 불소도포를 해주고 있습니까?

① 예 ② 아니요

특별한 증상 혹은 치과의사에게 묻고 싶은 말을 자유롭게 쓰십시오.

출처: 국민건강보험 홈페이지

| 그림 2-1 | 영유아 구강보건 교육자료

출처: 보건복지부, 질병관리청, 국민건강보험공단(2022)

7) 운동

규칙적인 운동은 성인과 아이 모두의 건강을 유지하기 위한 중요한 요인이다. 운동은 심장과 폐를 튼튼하게 할 수 있고, 신체 각 부위의 고른 발달을 가져온다. 영유아는 가정과 기관에서 끊임없이 움직이면서 자연스럽게 하루에 필요한 운동량을 충족할 수 있다. 특히 국가 차원에서 놀이가 중심이 되는 교육과정 운영을 강조하고 있기 때문에 영유아는 실내외에서 이루어지는 다양한 자유놀이와 활동에 즐겁게 참여하면서 걷고, 달리고, 잡고, 쥐고, 당기고, 구부리는 등의 지속적인 대근육과 소근육 사용을 통해 근육과 골격을 발달시켜 나간다.

또한 영유아기의 운동은 단순히 신체적 발달에 그치지 않고 심리 · 정서적 안정과 사회성 함양에도 크게 도움이 된다. 특히 소대집단 형태로 진행되는 다양한 신체운동놀이를 통해서 자신의 차례를 기다리고 순서를 지키며 협동하는 등 사회생활에 필요한 태도를 익힐 수 있다. 따라서 부모나 교사는 신체의 움직임을 이용하여 즐길 수 있는 터널 통과하기, 잡기놀이, 공놀이, 자전거 타기 등을 통해서 영유아의 전인적인 발달을 도모할 수 있도록 충분한 공간을 조성하여 몸의 움직임을 지원하는 것이 필요하다. 또한 영유아가 신체활동에 적극적이고 활발하게 참여하도록 유도하고 안전하고 즐거운 운동을 즐길 수 있도록 균형 잡힌 실내 놀이와 실외 활동을 계획하며 운동에 필요한 기구나 도구의 정기적인 안전 점검을 통해 안전한 운동환경을 제공해 주도록 한다. WHO 세계보건기구(2023)에서도 건강을 위한 신체활동의 중요성을 강조하고 있다.

영유아와 아동 청소년의 신체 활동은 놀이, 게임, 스포츠, 레크리에이션, 체육, 또는 계획된 운동이 있는데, 이는 심폐 기능과 근육, 뼈 건강, 심혈관 및 대사 건강뿐 아니라 불안과 우울증의 증상을 완화합니다.

<5-17세 아동과 청소년의 건강을 위한 지침>
1. 매일 60분 이상의 적극적인 신체 활동하기
2. 60분 이상의 신체 활동은 건강에 유익함
3. 신체 활동의 대부분은 유산소 운동으로, 일주일에 3번 이상은 근육과 뼈를 강화하는 활동포함

출처: WHO(2010)

chapter 3

교육과정과 건강

영유아의 건강관리는 각 개인별 가정에서만 이루어지는 것이 아니고 동시에 영유아교육기관에서도 동일하게 이루어져야 한다. 이와 관련하여 국가 차원의 교육과정의 내용을 살펴보는 것은 의미가 있다. 본 장에서는 제4차 어린이집 표준보육과정과 2019 개정 누리과정 해설서를 중심으로 영유아의 건강 내용을 알아본다.

3

1 제4차 어린이집 표준보육과정에서의 건강

2019 개정 누리과정의 맥락을 이어 개정된 제4차 어린이집 표준보육과정에서는 6개 영역 중 기본생활 영역에서 건강의 내용을 다루고 있다. 해설서에 기술된 0~1세와 2세의 내용을 나누어 살펴보면 다음과 같다.

[기본생활]

(1) 0~1세

0~1세 영아는 씻고, 먹고, 자고, 배변하는 등의 일상에 적응하면서 어린이집 생활에 편안함을 느끼게 된다. 0~1세 영아는 어린이집 생활에 익숙해지고 주변 환경에 친숙해지면서 적극적인 탐색 및 놀이를 시도하게 되는데, 위험에 대한 인식은 어려우므로 안전에 대한 성인의 주의와 점검이 필수적이다. 기본생활 영역은 0~1세 영아가 건강하고 안전한 일상생활을 편안하고 자연스럽게 경험하는 것을 목표로 한다. 씻고, 먹고, 자는 등 기본적 욕구를 충족시키는 일상생활은 교사와 영아가 애착을 형성하는 긴밀한 시간이자 영아의 상태나 발달을 점검하는 기회가 될 수 있다. 교사는 영아의 개별적 요구를 수용하고, 영아가 스스로 시도해 볼 수 있도록 안전한 환경과 기회를 마련한다. 또한, 적절한 도움과 격려를 제공하여 영아가 편안하고 자연스럽게 일상을 경험하도록 지원한다.

〈목표〉
건강하고 안전한 일상생활을 경험한다.

기본생활 영역의 목표는 0~1세 영아가 건강하고 안전한 일상생활을 자연스럽게 경험하는 것이다. 0~1세 영아가 신체의 청결과 위생, 수유 및 이유식 등의 식사,

편안한 휴식과 배변을 통해 건강한 생활을 경험하며 놀이를 하고 교통수단을 이용하는 등 일상에서 안전한 생활을 경험하는 것을 목표로 하고, 0~1세 기본생활의 내용범주와 내용은 다음과 같다(보건복지부, 2020).

내용범주	내용
건강하게 생활하기	• 도움을 받아 몸을 깨끗이 한다. • 음식을 즐겁게 먹는다. • 하루 일과를 편안하게 경험한다. • 배변의사를 표현한다.
안전하게 생활하기	• 안전한 상황에서 놀이하고 생활한다. • 안전한 상황에서 교통수단을 이용해 본다. • 위험하다는 말에 주의한다.

● 건강하게 생활하기

두 개의 내용범주 중에서 '건강하게 생활하기'의 네 가지 내용에 대한 해설과 실제 예시이다.

내용	해설
• 도움을 받아 몸을 깨끗이 한다.	0~1세 영아가 몸을 깨끗이 할 때의 기분 좋음을 경험하며 위생과 청결에 대한 기본적인 감각을 기르는 것으로 교사의 도움을 받아 손과 몸을 씻고 이를 닦는 경험을 하는 내용이다.
• 음식을 즐겁게 먹는다.	0~1세 영아가 먹는 것에 대한 즐거움을 알고, 수유-이유식-고형식 등 다양한 음식을 섭취하는 과정을 즐겁게 경험하는 내용이다.
• 하루 일과를 편안하게 경험한다.	0~1세 영아가 어린이집에서의 수면, 휴식, 놀이 등의 일과를 건강하고 편안하게 경험하는 내용이다.
• 배변의사를 표현한다.	0~1세 영아가 대소변의 마려움을 인식하고 배변의사를 나타낼 수 있도록 하여 배변훈련을 준비하는 내용이다.

① 영아 경험의 실제	"치카치카 양치해요!"

0세반 4월

민서(8개월)는 교사가 식수를 묻힌 거즈 손수건을 들고 있는 것을 보고는 '아'하며 입을 벌린다.

교사: 민서, 입 닦으려고 기다리고 있었어?

교사가 민서 입으로 거즈를 넣어 잇몸을 닦아주자 민서는 거즈를 물고 씹으려 한다.

교사: 민서 이가 나려고 해서 간지러운가 봐. 이렇게 문질문질 해줄게. 시원하지?

교사가 잇몸을 마사지해 주며, 민서와 눈을 맞춘다.

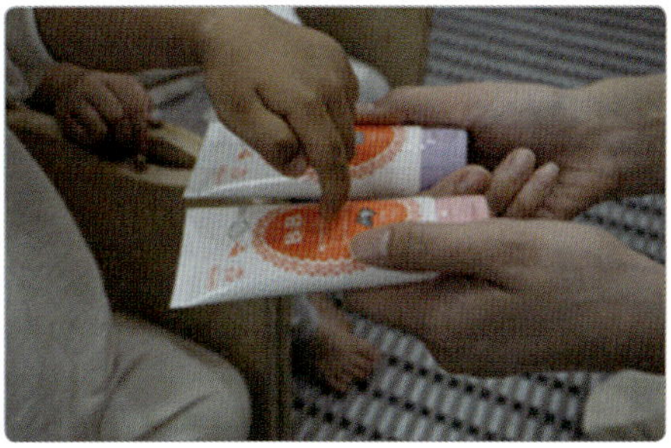

0세반 7월

자기 칫솔을 찾아 든 민유(16개월)에게 교사가 두 가지 맛의 치약을 내민다.

교사: 오늘은 어떤 맛 치약을 쓸까?
민유: (딸기맛 치약을 손으로 가리킨다)
교사: 오늘 민유는 달콤한 딸기맛 치약으로 치카치카 하겠네. 선생님도 딸기맛 좋아해.

1세반 5월

해준이(24개월)는 세면대 앞에서 거울을 보며 양치를 시작한다. 세면대 옆 양치순서에 관한 그림자료를 보며 "아"하며 아랫니를 닦는다. 자신의 모습을 거울로 보다가 다시 그림자료를 본다. 이번에는 "이"하며 다시 거울을 쳐다본다.

1세반 9월

서빈(32개월)과 민서(30개월)는 화장실에 비치된 의자에 앉아서 양치질을 하고 있다.
서로를 바라보며 깔깔거리더니 서빈이가 '아'하며 어금니를 닦으면 민서도 따라 하고,
민서가 '이'하고 앞니를 닦으니 서빈이도 '이'하고 앞니를 닦는다.
옆에서 함께 양치를 하던 교사가 마주 앉으며
"나는 혀도 깨끗이 닦아야지, 에~"하자,
서민이와 민서가 '에'하고 혀를 닦는다.

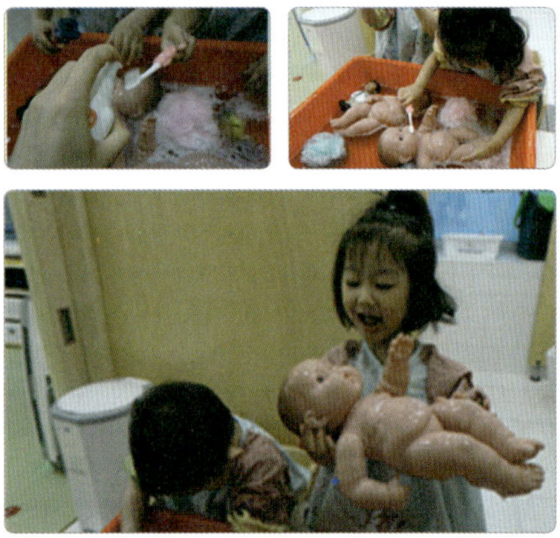

1세반 7월

아인이(30개월)는 인형 목욕놀이 중, 교구바구니에서 칫솔과 치약을 꺼낸다. 교사가 치약을 묻혀 준 칫솔을 아기 인형 입에 대고 "'아' '아' 해야지. 이도 깨끗하게."라고 소근거린다. "아~ 치카치카, 이~ 치카치카, 아이 잘 하네."라고 말하며 인형의 입가를 칫솔로 문지른다.

인형양치를 마치고,
"우리 아기,
아이 기분 좋아."
라며 인형을 물에서 건져낸다.

출처: 제4차 어린이집 표준보육과정 해설서, pp.48-49

② 영아 경험의 실제	"즐겁게 먹어요!"
	0세반 4월 교사가 민서(8개월)를 팔에 안아 급하게 젖병 젖꼭지를 찾으려는 민서의 입 가까이에 대어준다. 교사: 우리 민서가 엄청 배고팠구나. 교사: 꿀꺽, 꿀꺽 우유가 민서 몸으로 들어가는 소리가 나네. 꿀꺽, 꿀꺽! 민서가 우유 빨던 걸 잠시 멈춘다. 교사: 어~ 소리가 안 나네. 조용해졌어. 민서는 곧 다시 우유를 빨기 시작한다. 교사: 꿀꺽 꿀꺽! 교사: 잘 먹네. 민서는 교사와 눈을 맞추며 먹다가 멈추기를 반복하다 깔깔거리며 웃는다.

0세반 4월

교사가 민서(8개월) 앞으로 숟가락을 하나 놓고, 교사가 사용할 숟가락을 챙기는 사이, 민서는 숟가락으로 테이블을 두드린다.

교사는 "배고파? 그럼 우리 같이 먹어 볼까?"라고 말하며 이유식 그릇을 놓아준다. 민서는 숟가락을 이유식 그릇에 푹 넣었다가 빼서 입에 가져간다.

교사가 "입에 쏙 들어가네. 이번에 선생님이 한 입 쏙 해줄게!"라고 말하며 숟가락으로 떠주자 고개를 흔든다.

교사는 "아~ 민서가 하고 싶구나."하면서 그릇을 민서 앞으로 당겨준다.

1세반 3월

적응기간 중인 지윤이(19개월)는 이번 주부터 어린이집에서 점심식사를 하게 되었다.
교사가 식판을 자리에 놓는 동안 지윤이는 바닥에 드러눕는다.
교사: 지윤아~ 그럼 우리 토끼친구랑 같이 먹을까?
지윤이가 일어나서 토끼인형을 가져온다.
지윤: 토끼, 토끼도 밥 먹어.
교사: 우리 토끼는 여기 앉아서 지윤이 밥 잘 먹는 것 좀 봐 줘~ 할까?
지윤이는 토끼인형을 식판 옆에 앉힌다.

교사: 자~ 오늘은 무슨 반찬부터 먹어볼까? 여기 닭고기랑 당근이랑 같이 있네. 토끼야~ 너는 무슨 반찬을 좋아하니?

지윤이는 포크로 닭고기를 찍는다.
교사: 토끼도 닭고기를 좋아할까? 우리 지윤이가 닭고기 먹어볼까?
지윤이는 교사를 한번 보고, 다시 토끼인형을 쳐다보며 닭고기를 입에 넣는다.
교사는 숟가락에 밥을 담아 식판 위에 놓는다.
교사: 다음엔 우리 밥도 한번 먹어볼까? 토끼야 잘 봐줘.

지윤이는 토끼를 한번 쳐다보고 숟가락을 입에 넣는다.

출처: 제4차 어린이집 표준보육과정 해설서, pp.51-52

● 안전하게 생활하기

두 개의 내용범주 중 건강과 연계되는 '안전하게 생활하기'의 세 가지 내용에 대한 해설과 실제 예시이다.

내용	해설
• 안전한 상황에서 놀이하고 생활한다.	0~1세 영아가 안전한 상황에서 놀이하고 생활하도록 하는 내용이다.
• 안전한 상황에서 교통수단을 이용해 본다.	0~1세 영아가 차량으로 이동할 경우 안전 장구를 착용하고 안전하게 이용하는 경험을 하도록 하는 내용이다.
• 위험하다는 말에 주의한다.	0~1세 영아가 위험하다는 말을 듣고 이에 반응을 보이며 주의할 수 있도록 하는 내용이다.

⑤ 영아 경험의 실제	"올라가면 위험해"

누워서 자장자장 놀이를 하던 아영이가 옆에서 그림책을 보는 은빛을 보고 일어나 앉는다.
아영이가 그림책이 있는 책장으로 가서 기어오르자 이를 본 은빛도 책장으로 다가간다.

교사: 아영아, 위험해! 쾅 넘어질 수 있으니 내려오자.

아영이가 교사를 쳐다본다.

책 놀이터에서 아영이가 그림책을 들고 와 책상 위에 올라앉아 살펴본다.

교사: 아영이 책 보고 있구나~ 근데 책상 위에 앉으면 떨어져 다칠 수 있어. 내려와서 보자. 여기 은빛이 옆에 앉아서 볼까?

교사가 아영이의 몸을 돌려주자, 아영이가 교사의 손을 잡고 내려온다.

자동차를 타던 은혁이가 창가에 멈춰 자동차를 밟고 올라서서 창밖을 본다.

교사: 은혁이가 창밖이 보고 싶구나~ 미끌미끌 바퀴가 있는 자동차 위에 올라가면 넘어질 수 있어. 여기 안전한 매트 위에 올라가서 보자.

은혁이는 매트 위에 올라가 창밖을 본다.

호윤이가 책장을 빙글빙글 돌고 있다.
하린이가 의자 위로 올라가 선반의 인형을 잡는다.
호윤이도 책장 난간을 밟고 올라서서 선반 속을 들여다 본다.

교사: 호윤이도 이 위에 뭐가 있나 보고 싶구나? 책장에 매달리면 책장이 무너질 수도 있고, 네가 떨어질 수도 있어. 다칠 수 있으니까 내려와서, 선생님이랑 같이 뭐가 있나 보자.

호윤이가 교사에게 안긴다.

교사는 "선생님이랑 같~이~ 선생님이랑 같~이~ 보자." 라고 노래 부르듯 말하며 호윤이를 안아 올린다.

출처: 제4차 어린이집 표준보육과정 해설서, pp.57–58

(2) 2세

2세 영아는 어린이집에 등원하여 즐겁게 놀이하면서 일상생활을 경험한다. 식사와 휴식, 낮잠을 통해 에너지를 충전하고, 필요할 때 혼자 칫솔질을 하거나 씻어보는 시도를 할 수 있으며, 스스로 배변하는 습관을 갖추어 간다. 또한, 2세 영아는 움직임이 활발하고 주변에 대한 호기심이 많으므로 놀이와 일상생활에서 위험 상황에 조심해 보는 경험을 통해 점차 안전에 대한 인식을 키우게 된다. 기본생활 영역은 2세 영아가 건강하고 안전한 생활습관의 기초를 형성하는 것을 목표로 한다. 교사는 위생과 청결, 급 · 간식, 낮잠, 배변 및 안전 경험을 통해 2세 영아가 즐겁고 쾌적하며 안전하게 일과를 보냄으로써 몸과 마음이 더욱 건강해질 수 있도록 지원하도록 한다.

〈목표〉
건강하고 안전한 생활습관의 기초를 형성한다.

기본생활 영역의 목표는 2세 영아가 건강하고 안전한 생활습관의 기초를 형성하는 것이다. 2세 영아가 신체의 청결과 위생, 즐거운 식사, 배변 습관의 형성, 안전한 놀이와 생활, 위험한 상황에의 대처 등 일상생활에서 건강하고 안전한 생활습관의 기초를 형성하는 것을 목표로 하고, 2세 기본생활의 내용범주와 내용은 다음과 같다(보건복지부, 2020).

내용범주	내용
건강하게 생활하기	• 자신의 몸을 깨끗이 해 본다. • 음식에 관심을 가지고 즐겁게 먹는다. • 하루 일과를 즐겁게 경험한다. • 건강한 배변 습관을 갖는다.
안전하게 생활하기	• 일상에서 안전하게 놀이하고 생활한다. • 교통수단을 안전하게 이용해 본다. • 위험한 상황에 대처하는 방법을 경험한다.

● 건강하게 생활하기

두 개의 내용범주 중에서 '건강하게 생활하기'의 네 가지 내용에 대한 해설과 실제 예시이다.

내용	해설
• 자신의 몸을 깨끗이 해 본다.	2세 영아가 스스로 손과 몸 씻기 및 이 닦기 등을 시도하고 경험하며, 위생적이고 청결한 생활습관의 기초를 형성하는 내용이다.
• 음식에 관심을 가지고 즐겁게 먹는다.	2세 영아가 위생적인 환경에서 다른 사람과 더불어 다양한 음식을 즐기며 건강한 식사 습관의 기초를 형성하는 내용이다.
• 하루 일과를 즐겁게 경험한다.	2세 영아가 놀이, 휴식(수면), 식사 등 어린이집의 규칙적 일과 속에서 즐겁게 생활하고, 일과 중 옷을 입고 신발을 신는 등의 자조기술을 시도하며 자율감을 경험하는 내용이다.
• 건강한 배변습관을 갖는다.	2세 영아가 배변과 관련된 신체 조절능력 발달을 바탕으로 즐겁게 배변훈련을 시도하고 경험해보도록 함으로써 건강하고 자율적인 배변습관을 형성하는 내용이다.

① 영아 경험의 실제	"깨끗이 씻어요"

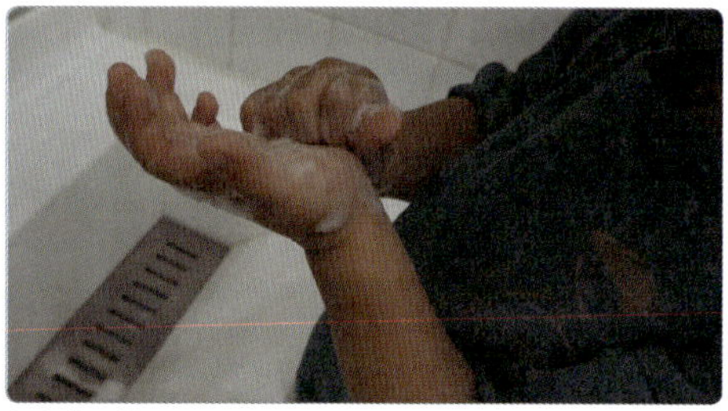

실외놀이를 다녀온 후 영아들이 세 명씩 나뉘어 교사와 함께 손을 씻는다.

교사: 선생님은 이렇게 깍지 껴서 문질문질, 손가락 사이도 깨끗하게 씻어야지! 손을 깨끗이 씻어야 세균이 없어져서 감기에 안 걸려~

민혁: 나는 이렇게 손톱 밑에도 싹싹 닦아요!

지수: 나도 원래 그렇게 해! 이거 봐봐!

교사: 와~ 선생님보다 손을 더 깨끗하게 씻네.

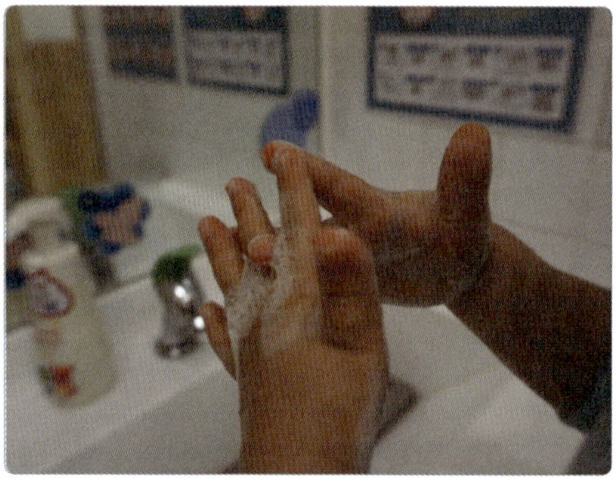

지민이가 소변을 본 후, "쉬 하고, 손 닦아야 돼."라며 혼잣말을 한다.
"선생님, 나 손 씻는 거 보세요."라며
비누 거품을 손가락 사이사이에 묻히고 손가락을 서로 문질러 손을 씻는다.

연수: 아직이야. 거품 있어.
재민이가 물을 잠그려고 하자, 옆에 있던 연수가 재민이의 손을 잡고 물에 가져간다.

재민: 이제 깨끗해.
재민이가 거품을 마저 헹구고 연수에게 손을 내민다.

연수: 좋은 냄새가 나.
재민: 나는 포도 냄새가 나.
연수가 손을 코에 가져다 대며 냄새를 맡자, 재민이도 따라 한다.

출처: 제4차 어린이집 표준보육과정 해설서, pp.144-145

③ 영아 경험의 실제	"즐겁게 먹어요!"

차례대로 손을 씻고 모인 아이들이 교사와 노래를 부른다. 노래가 끝나고 교사가 "지호야, 오늘 누구랑 같이 밥 먹고 싶어요?" 라고 묻자 지호가 "수빈이."라고 대답한다. 교사가 "지호랑 수빈이는 밥 먹고 싶은 자리에 가서 앉아 주세요."라고 하자, 지호와 수빈이가 일어난다. 지호랑 수빈이는 배식이 된 식판이 놓여진 책상으로 다가간다. 비어있는 가장 가까운 자리에 서서 지호가 "여기?"라고 물어보자 수빈이가 고개를 끄덕인다.

교사: 오늘 이 반찬은 뭘까? 바다에 살고요, 다리가 열 개래!

지아: (손가락을 모두 쫙 펴고 박수를 치며) 이렇게 열 개.

민석: 오징어! 나 오징어 좋아해!

지인: 나도! 와~ 맛있겠다.

희연이는 밥을 세 숟가락을 연거푸 먹는다.

교사: (젓가락으로 오징어를 집으며) 오징어 찾았다. 작아서 찾기도 어렵고 젓가락으로 잡기도 어려워.

희연: (포크로 오징어 다리를 찾아 서너 번 반복해서 찍으며) 나도 찾았어요.

교사: 우와. 포크로 콕 찍으니까 더 잘 집히네.

희연: 매울 것 같아.

교사: 매울 것 같진 않은데~ 무슨 맛일지 우리 같이 먹어 볼까?

교사가 오징어를 입에 넣자, 희연이도 따라 한다.

교사: 씹을 때 소리가 나는 것 같아.

희연: '꼭꼭' 소리가 나요.

교사: 희연이가 꼭꼭 잘 씹어서 그런가보다. 희연이랑 같이 먹으니 더 맛있다.

민우가 포크로 고기완자를 찍으며 "이게 제일 맛있어."라고 말한다.
교사가 "그래? 무슨 맛이지?"라고 하며 고기완자의 향을 맡는다.
"고기맛!"이라며 민우가 고기완자를 계속 찍어 먹는다.
교사는 "선생님은 고기도 맛있는데, 숙주나물이 제일 맛있어."라고 하며 숙주나물의 향을 맡는다. 민우는 교사가 숙주나물 먹는 모습을 보다가 자신의 식판에 있는 숙주나물을 본다.
교사가 "아삭아삭 맛있는 숙주, 민우도 한 번 먹어볼래?"라며 권한다.
민우는 포크로 숙주나물 한 가닥을 잡아 앞니로 반을 잡아 조심스럽게 자른다.

출처: 제4차 어린이집 표준보육과정 해설서, pp.150–151

● 안전하게 생활하기

두 개의 내용범주 중 건강과 연계되는 '안전하게 생활하기'의 세 가지 내용에 대한 해설과 실제 예시이다.

내용	해설
• 일상생활에서 안전하게 놀이하고 생활한다.	2세 영아가 안전한 상황과 장소에서 놀이 및 일상생활을 하고 주변의 위험 요소에 주의를 기울이거나 이를 조심하여 안전하게 지내도록 하는 내용이다.
• 교통수단을 안전하게 이용해 본다.	2세 영아가 교통수단을 안전하게 이용해보는 경험을 통해 교통수단의 위험을 인식하고 사고위험으로부터 자신을 보호하는 안전습관의 기초를 형성하는 내용이다.
• 위험한 상황에 대처하는 방법을 경험한다.	2세 영아가 사고, 화재, 재난 등 위험한 상황에서 어른의 지시에 따라 대피하거나 대처하는 방법을 경험해 보도록 함으로써 비상 시 대처능력의 기초를 형성하는 내용이다.

⑤ 영아 경험의 실제	"버스 타고 나들이 가요"

원외 활동을 준비하고 있는데 창밖으로 노란색 견학 차량이 보인다.

영아들: 라니~ 라니~
교사: 그래, 우리 오늘 라니버스 타고 선생님이랑 같이 놀러 가자~

교사: 차 타러 갈 때는 선생님, 엄마, 아빠 손 꼭 잡고 가는 거지~
재겸: (교사를 쳐다보며) 선생님이랑 같이~

교사: 한 명씩 차례차례 올라가자~
유영: (교사를 보며) 차례차례
교사: (유영이의 손을 잡아주며) 한 발, 한 발, 선생님 손 잡고 차에 올라가자(다른 영아들을 보며) 그대로 멈춰라! 기다려 주세요~ 유영이 타고 차례차례 타자

재겸, 태은이가 유영이가 타는 것을 보며 서 있다.
교사: 우리 재겸이 태은이, 안전하게 기다려줬구나~ 이제 재겸이!!!(차례대로 손을 잡아준다)

지수가 카시트에 팔을 끼우려고 한다.
교사는 지수의 카시트 착용을 도와준다.

교사: 지수 차에 타서 제일 먼저 카시트 하는구나~ 카시트 했으니까 안전하게 갈 수 있겠다.
지수: 카시트는 지켜주지요~
교사: 그치 쾅 사고 나면 카시트가 지수 지켜주지~ 카시트를 안 하면 아야~ 많이 다칠 수 있지~
교사: (모든 영아의 카시트 착용을 확인하고) 모두 모두 안전하게 카시트 했나요? 그럼 출발할까요?
영아들: (큰소리로) 네~

출처: 제4차 어린이집 표준보육과정 해설서, p.154

⑥ 영아 경험의 실제	"선생님과 함께 약을 먹어요"
교사: 재언아~ 재언이 기침 콜록콜록 약 먹자 교사가 투약함에서 약을 꺼낸다. 재언이와 예린이가 교사에게 다가온다. 재언: 이거, 이거, 약 주세요. 교사: 그래, 그래~ 여기 재언이 약이라고 적혀 있다. 우리 재언이 약 먹고 어서 낫자~	
	예린이가 약 먹는 재언이를 본다. 교사: 예린아~ 재언이 뭐 하고 있어? 예린: 약 약~ 먹어~ 교사: 그치 재언이 선생님이랑 약 먹고 있지~ 예린이도 지난번에 선생님이랑 감기약 먹었지. 예린: 엄마랑도 감기약 먹었어. 교사: 맞아~ 약은 선생님, 엄마, 아빠랑 같이 먹는거지~
예린이가 인형과 약병을 가져와 인형에게 약을 먹인다. 교사: 예린이 선생님~ 아기가 어디가 아파요? 예린: 배가 아파요~ 교사: 아이고~ 아기가 배가 아프군요~ 예린: 자 이제~ 주사도 맞아야 해요. 예린이는 주사기와 체온계도 가져와 인형에게 약을 먹이고 주사를 놓으며 놀이한다.	

출처: 제4차 어린이집 표준보육과정 해설서, p.156

2 2019 개정 누리과정

[신체운동 · 건강영역]

유아는 몸을 움직여 놀이하는 것을 좋아하며, 자신의 몸을 건강하고 안전하게 지키고자 하는 힘을 가지고 있다. 신체운동 · 건강 영역은 유아가 자신의 몸에 관심을 가지고 신체활동에 즐겁게 참여하며, 건강하고 안전한 생활을 해 나가는 다양한 경험과 관련된 내용이다. 교사는 유아가 몸을 충분히 움직이는 경험을 통해 신체활동의 즐거움을 느끼고 기초 체력을 키우도록 돕는다. 교사는 유아가 일상에서 건강하고 안전한 생활을 실천할 수 있도록 지원할 수 있다.

〈목표〉
실내외에서 신체활동을 즐기고, 건강하고 안전한 생활을 한다.

1) 신체활동에 즐겁게 참여한다.
2) 건강한 생활습관을 기른다.
3) 안전한 생활습관을 기른다.

신체운동 · 건강 영역의 세 가지 내용범주는 서로 유기적인 관계를 가지고 건강과 연계된다. 각 내용범주와 내용은 다음과 같다(교육부, 보건복지부, 2019).

내용	내용범주
신체활동 즐기기	• 신체를 인식하고 움직인다. • 신체 움직임을 조절한다. • 기초적인 이동운동, 제자리 운동, 도구를 이용한 운동을 한다. • 실내외 신체활동에 자발적으로 참여한다.

내용	내용범주
건강하게 생활하기	• 자신의 몸과 주변을 깨끗이 한다. • 몸에 좋은 음식에 관심을 가지고 바른 태도로 즐겁게 먹는다. • 하루 일과에서 적당한 휴식을 취한다. • 질병을 예방하는 방법을 알고 실천한다.
안전하게 생활하기	• 일상에서 안전하게 놀이하고 생활한다. • TV, 컴퓨터, 스마트폰 등을 바르게 사용한다. • 교통안전 규칙을 지킨다. • 안전사고, 화재, 재난, 학대, 유괴 등에 대처하는 방법을 경험한다.

세 개의 내용범주 내용에 대한 해설과 각 실제의 예는 다음과 같다.

● 내용범주: 신체활동 즐기기

내용	해설
• 신체를 인식하고 움직인다.	유아가 자신의 신체에 관심을 가지며 신체 각 부분의 특성을 알고 다양하게 움직이는 내용이다.
• 신체 움직임을 조절한다.	유아가 몸을 움직이며 균형을 잡고, 몸이나 도구의 움직임을 다양하게 조절하는 내용이다. 또한 눈과 손을 협응하며 소근육 움직임을 조절하는 내용이다.
• 기초적인 이동운동, 제자리 운동, 도구를 이용한 운동을 한다.	유아가 한 곳에서 다른 곳으로 몸을 움직이는 걷기·달리기·뛰어넘기 등의 이동운동, 구부리기·뻗기·돌기 등의 제자리 운동, 공·줄·후프 등의 도구를 이용한 운동을 하는 내용이다.
• 실내외 신체활동에 자발적으로 참여한다.	유아가 하루 일과에서 실내외의 다양한 신체 활동에 자발적으로 즐겁게 참여하는 내용이다.

유아 경험의 실제	
유아들은 얼음땡 놀이를 하면서, 술래가 천천히 걸으면 천천히 걷고, 술래가 빠른 걸음으로 걸으면 빠른 걸음으로 달아난다. 그리고 술래에게 잡힐 듯하면 몸의 방향을 재빨리 바꿔 달아나기도 하고, "얼음!"하고 외치며 급히 멈춰서서 즐겁게 웃는다.	
유아들이 후프 돌리기를 한다. 한 유아가 안정된 자세로 후프를 오랫동안 돌린다. 옆에서 지켜보던 다른 유아가 "나도 잘 돌려. 이것 봐."하며 후프를 허리에 놓고 손으로 힘껏 돌린다. 후프가 돌아가는 동안 유아의 허리도 빠르게 움직인다.	

출처: 2019 개정 누리과정 해설서, pp.64–65

● 내용범주: 건강하게 생활하기

내용	해설
• 자신의 몸과 주변을 깨끗이 한다.	유아가 손을 씻고 이를 닦는 등 몸을 깨끗이 하는 적절한 방법을 알고 실천하며, 자기 주변을 깨끗하게 정리정돈하는 내용이다.
• 몸에 좋은 음식에 관심을 가지고 바른 태도로 즐겁게 먹는다.	유아가 몸을 건강하게 하는 음식에 관심을 가지고, 음식을 소중히 여기며, 제자리에 앉아서 골고루 즐겁게 먹는 내용이다.
• 하루 일과에서 적당한 휴식을 취한다.	유아가 피곤하거나, 몸이 아프거나, 몸을 많이 움직여서 쉬고 싶을 때, 적절한 휴식을 취하는 내용이다.
• 질병을 예방하는 방법을 알고 실천한다.	유아가 질병의 위험으로부터 건강을 유지할 수 있는 다양한 생활 방식(몸을 청결히 하기, 날씨와 상황에 알맞은 옷 입기, 찬 음식 적당히 먹기, 정해진 시간에 자고 일어나기, 따뜻한 물 마시기 등)을 경험하는 내용이다.

유아 경험의 실제	
시금치무침 요리 활동 중에, 교사는 유아가 데친 시금치를 맛보고 싶다고 하여 맛보게 한다. 유아들이 "맛있어?", "맛없지?", "난 시금치 안 좋아해. 안 먹을래."라고 말하며 인상을 찌푸린다. 교사가 "시금치에 양념 옷을 입혀 맛있게 변신시켜 줄까?"하고 말한 후, 유아들에게 직접 깨소금, 참기름 등의 여러 양념을 넣고 손으로 무쳐 보게 한다. 유아들은 "우와! 좋은 냄새 난다.", "맛있겠다!", "저도 주세요."라고 말한다.	
유아들은 바깥 놀이터에서 신나게 놀이한 후 교실로 돌아오자마자, "선생님, 정말 더워요. 에어컨 틀어 주세요."라고 다급한 목소리로 요청한다. 교사는 "그래. 선풍기도 켜 놓을게. 그런데 땀을 많이 흘렸으니 얼굴이랑 팔을 씻는 것은 어떨까?"하며 에어컨과 선풍기를 켠다. 유아들은 얼굴과 팔, 손을 씻고 들어와 "이젠 좀 쉬자!"라고 말하며 교실 바닥에 앉기도, 눕기도 한다.	

출처: 2019 개정 누리과정 해설서, pp.66-67

● 내용범주: 안전하게 생활하기

내용	해설
• 일상에서 안전하게 놀이하고 생활한다.	유아가 일상에서 위험한 장소, 상황, 도구 등을 알고, 안전한 놀이 방법과 놀이 규칙을 지키며 놀이하고 생활하는 내용이다.
• TV, 컴퓨터, 스마트폰 등을 바르게 사용한다.	유아가 일상에서 자주 접하는 TV, 컴퓨터, 스마트폰 등을 필요한 상황에서 적절하게 사용하며, 바른 자세로 이용하는 내용이다.
• 교통안전 규칙을 지킨다.	유아가 안전한 보행 및 도로 횡단, 교통기관의 안전한 이용 등 교통안전 규칙을 알고 실천하는 내용이다.
• 안전사고, 화재, 재난, 학대, 유괴 등에 대처하는 방법을 경험한다.	유아가 안전사고, 화재, 재난, 학대, 유괴 등의 위험에 처한 상황을 알고, 주변에 도움을 요청하는 방법을 배우며, 평소 훈련에 따라 대피하는 연습을 하는 등의 안전교육과 관련된 내용이다.

유아 경험의 실제	
화재경보기 소리와 함께 지진 대피 방송이 들리자, 유아들은 재빨리 책상 아래와 벽 쪽으로 대피한다. 지진이 잠시 멈췄다는 안내 방송 후 유아들은 교사의 안내에 따라 침착하면서도 신속하게 바깥으로 대피한다.	
한 유아가 미끄럼틀을 내려오려고 한다. 다른 유아가 미끄럼틀 아래서 바라보다가 올라가려고 한다. 이때, 미끄럼틀을 타고 내려오던 유아가 "야, 비켜, 다쳐!"하고 큰 소리로 외친다. 이 모습을 지켜본 교사는 유아들에게 다가와 안전하게 미끄럼틀을 타기 위한 약속을 정하자고 제안한다.	유아가 색종이를 반으로 접어 한 면에는 모니터를 그리고, 다른 한 면에는 컴퓨터 자판 모양처럼 그린다. 다른 유아들에게 "나는 지금 컴퓨터로 공룡에 대해서 찾아보고 있어." 하며 색종이 자판을 두드린다. 그리고 옆에 있던 친구에게 "같이 찾아볼래?"라고 말한다.

출처: 2019 개정 누리과정 해설서, p.69

chapter 4

발달과 건강

영유아가 건강하게 성장하고 발달하기 위해서 교사는 연령별 발달 과정과 특징을 알고 이에 적합한 건강 지원을 제공해야 한다. 영유아의 발달은 상호 연관되어 있기 때문에 신체, 언어, 인지, 사회, 정서 발달이 서로 통합적으로 이루어진다. 이에 교사는 영유아기 발달 과정을 알고 발달적 특성에 맞춰 지원하는 것이 필요하다. 본 장에서는 영아와 유아의 발달 특성을 고려한 건강에 대해 살펴본다.

4

1 영아

1) 신생아기

(1) 신체적 특징

신생아는 평균 50cm 내외의 키와 평균 3.3kg 정도의 몸무게를 나타내고, 일반적으로 남아가 여아보다 키가 크고 체중이 더 나가는 경향을 보인다(질병관리청, 2022). 신생아의 머리는 몸 전체 길이의 1/4 정도가 되고, 약 34cm 평균 머리둘레와 약 33cm 정도의 가슴둘레를 가지고 있어 머리둘레가 가슴둘레보다 더 크다. 신생아의 피부는 주름이 많고 얇으며 붉은색을 띠고 출생 직후 끈적끈적한 태지와 솜털로 덮여 있는데, 출생 후 며칠이 지나면 신생아의 피부는 건조해지고 솜털도 사라진다(조성연 외, 2014).

| 표 4-1 | WHO Growth Standards와 영유아 신체발육측정조사 측정값 비교

연령	신장(단위: cm)				체중(단위: kg)			
	남아		여아		남아		여아	
	WHO	KIPGroS	WHO	KIPGroS	WHO	KIPGroS	WHO	KIPGroS
출생	49.88	50.00	49.15	49.00	3.35	3.32	3.23	3.13
1개월	54.72	54.78	53.69	53.45	4.47	4.72	4.19	4.25
2개월	58.42	58.95	57.07	56.88	5.57	5.92	5.13	5.38
3개월	61.43	62.18	59.80	59.95	6.38	6.90	5.85	6.20
4개월	63.89	64.90	62.09	62.50	7.00	7.60	6.42	6.82
5개월	65.90	66.70	64.03	64.20	7.51	8.14	6.90	7.27
6개월	67.62	69.00	65.73	66.45	7.93	8.55	7.30	7.65

출처: 질병관리청(2022)

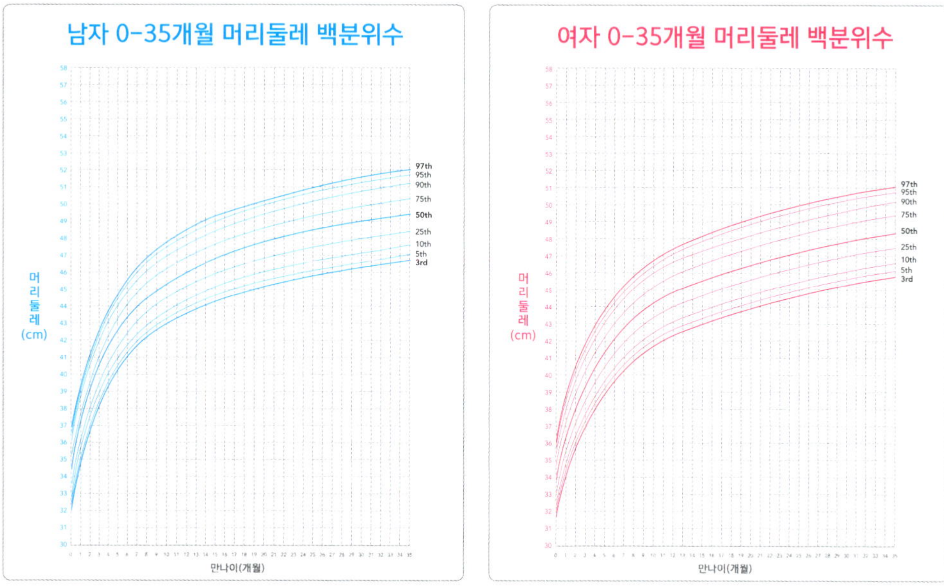

| 그림 4-1 | 연령별 머리둘레 백분위수 성장곡선(3세 미만)

출처: 보건복지부, 질병관리본부(2017)

(2) 생리적 특징

신생아의 호흡은 1분에 30~50회 정도로 성인의 2배 정도 빠르고 불규칙하며 심장박동 역시 성인보다 빠르고 불규칙하지만, 생후 약 열흘 정도 지나면 순환기가 안정되어 심장박동수가 안정화된다.

체온의 경우 일반적으로 성인보다 조금 높은 37~37.5℃ 정도인데, 신생아는 스스로 체온을 조절하는 것이 어려우므로 일정한 체온을 유지할 수 있도록 옷 등으로 조정해주는 일이 필요하다. 신생아는 음식물을 스스로 섭취하기 위한 빨기 반사 행동을 보이고, 위에서 소화 효소가 자동적으로 분비되며 또 장이 차면 괄약근이 열리면서 자연스럽게 배변을 한다.

한편 신생아 시기에는 외부에서 주어진 특정한 자극에 대해 무의식적이고 자동적으로 반응하는 반사 행동을 보인다. 출생 시 신생아는 생존과 직결되는 다양한 반사 행동을 가지고 태어난다. 대표적인 반사행동을 몇 가지 살펴보면 첫째, 입 주변을 자극할 때 반사적으로 빠는 빨기 반사가 있는데 이는 3개월이 지나면서 사라진다. 둘째, 모로 반사는 소리를 비롯한 갑작스런 자극을 받을 때 깜짝 놀라면서 등이 활모양으로 휘고 머리를 뒤로하며 팔다리를 바깥쪽으로 펼쳤다가 몸의 중심으로 모으는 반응이다. 이 또한 3~4개월 이후 사라진다. 셋째, 발바닥을 간질이면 발가락을 폈다 오므리는 바빈스키 반사는 1세 이후에 없어지고, 그 외 1세 이후 사라지는 것으로 손바닥에 물건을 쥐어주면 꽉 잡는 파악 반사가 있다. 생후 6개월이나 늦어도 1년 정도 안에 신경조직이 발달하면서 대부분의 반사 행동이 사라지는 반면, 빛을 반짝이거나 바람을 불면 두 눈을 감는 눈 깜빡거리기 반사는 영구적인 특성이 있다(Santrock, 2005).

(3) 수면과 배변

신생아는 하루에 대략 16~20시간 정도를 자며, 수면의 절반 이상을 활동적 수면 상태인 불규칙 수면(REM: Rapid Eye Movement)으로 보낸다. REM 수면 동안 신생아는 깨어있을 때와 유사한 뇌 활동과 신체 움직임을 보이며, 중추신경계의 성장에 필요한 자극을 받는다(Berk, 2013). 즉 신생아의 충분한 수면은 성장에 매우 중요한 요소이므로 안정적이고 편안한 환경을 마련하는 것이 필요함을 의미한다.

| 그림 4-2 | 영유아기 수면 지도

출처: 경기도육아종합지원센터(2023)

신생아는 생후 1~2일경에 검은 녹색이나 갈색의 끈끈한 태변을 보고, 며칠이 지나면 하루 4~7회 정도 정상적인 대변을 보는데 일반적으로 모유를 먹이는 경우, 대변이 더 묽고 횟수도 많다. 소변은 성인에 비해 빛깔이 엷고 냄새가 진하지 않은 편으로 하루에 10~20회 정도 적은 양을 본다. 이때 기저귀를 자주 갈아주어 피부가 짓무르지 않도록 주의해야 한다(이영 외, 2009).

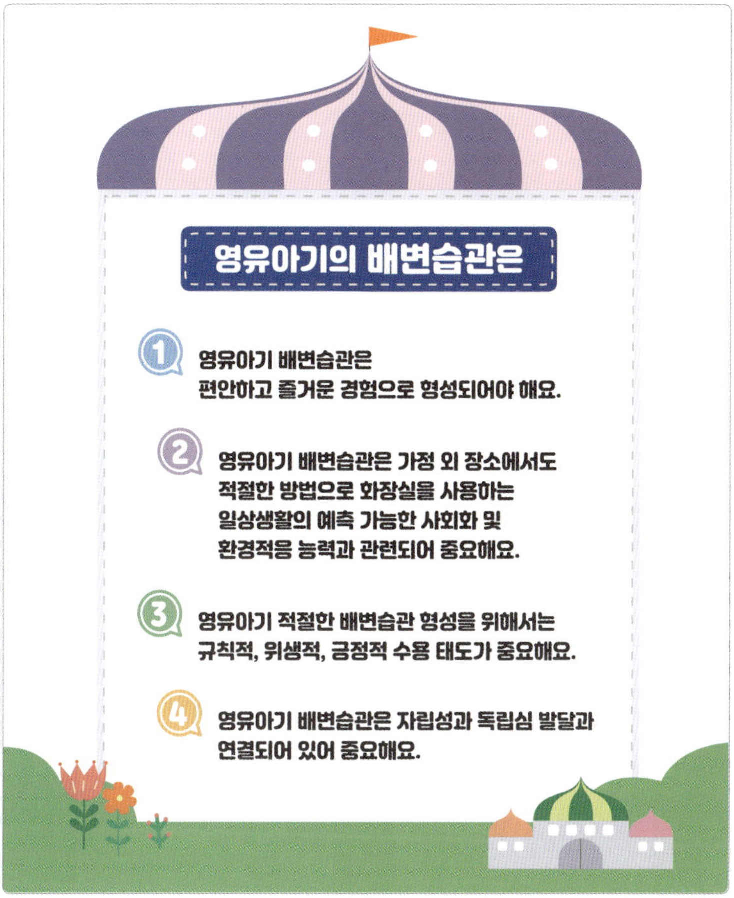

| 그림 4-3 | 영유아기의 배변습관

출처: 경기도육아종합지원센터(2023)

2) 0, 1, 2세

영아기는 신생아기 이후 약 2세까지의 시기를 말하며, 일생 중 가장 급격한 발달을 보이는 신체 발달 외에 기본적인 능력들이 발달하게 되는 중요한 시기이다.

(1) 신체적 특징

영아기는 생애 첫 번째 성장 급등기라고 불린다. 생후 1년 동안 영아의 신장은 출생 시의 약 1.5배, 몸무게는 3배 이상 증가한다. 영아는 몸통이 먼저 빠르게 성장하고 2세부터는 팔다리가 빠르게 성장하며 2세 영아의 머리 크기는 전체 신장의 1/5 정도가 된다. 키와 체중 외에도 근육과 골격의 발달이 급속히 이루어진다. 신생아의 근육조직은 약 39%가 수분으로 구성된 것에 비해 2세경부터 근육섬유가 발달하고 두꺼워진다. 또 골격은 성인에 비해 약하고 부드러우며 그 수가 적으나 점차 뼈의 조직이 경골화되면서 뼈의 크기와 수도 늘어난다(조성연 외, 2014).

2017 소아청소년 성장도표

신체발육 표준치

남자 신장 (cm)	남자 체중 (kg)	남자 체질량지수 (kg/m²)	남자 머리둘레 (cm)	만나이 (개월/세)	여자 신장 (cm)	여자 체중 (kg)	여자 체질량지수 (kg/m²)	여자 머리둘레 (cm)
49.9	3.3		34.5	0개월	49.1	3.2		33.9
54.7	4.5		37.3	1개월	53.7	4.2		36.5
58.4	5.6		39.1	2개월	57.1	5.1		38.3
61.4	6.4		40.5	3개월	59.8	5.8		39.5
63.9	7.0		41.6	4개월	62.1	6.4		40.6
65.9	7.5		42.6	5개월	64.0	6.9		41.5
67.6	7.9		43.3	6개월	65.7	7.3		42.2
69.2	8.3		44.0	7개월	67.3	7.6		42.8
70.6	8.6		44.5	8개월	68.7	7.9		43.4
72.0	8.9		45.0	9개월	70.1	8.2		43.8
73.3	9.2		45.4	10개월	71.5	8.5		44.2
74.5	9.4		45.8	11개월	72.8	8.7		44.6
75.7	9.6		46.1	12개월	74.0	8.9		44.9
76.9	9.9		46.3	13개월	75.2	9.2		45.2
78.0	10.1		46.6	14개월	76.4	9.4		45.4
79.1	10.3		46.8	15개월	77.5	9.6		45.7
80.2	10.5		47.0	16개월	78.6	9.8		45.9
81.2	10.7		47.2	17개월	79.7	10.0		46.1
82.3	10.9		47.4	18개월	80.7	10.2		46.2
83.2	11.1		47.5	19개월	81.7	10.4		46.4
84.2	11.3		47.7	20개월	82.7	10.6		46.6
85.1	11.5		47.8	21개월	83.7	10.9		46.7
86.0	11.8		48.0	22개월	84.6	11.1		46.9
86.9	12.0		48.1	23개월	85.5	11.3		47.0
87.1	12.2	16.0	48.3	2세	85.7	11.5	15.7	47.2
91.9	13.3	15.8	48.9	2세 6개월	90.7	12.7	15.5	47.9
96.5	14.7	15.9	49.8	3세	95.4	14.2	15.8	48.8
99.8	15.8	15.9	50.2	3세 6개월	98.6	15.2	15.7	49.3
103.1	16.8	15.9	50.5	4세	101.9	16.3	15.7	49.6
106.3	17.9	15.9	50.8	4세 6개월	105.1	17.3	15.7	49.9
109.6	19.0	15.9	51.1	5세	108.4	18.4	15.7	50.2
112.8	20.1	16.0	51.4	5세 6개월	111.6	19.5	15.8	50.6
115.9	21.3	16.0	51.7	6세	114.7	20.7	15.8	50.9
119.0	22.7	16.2		6세 6개월	117.8	22.0	15.9	
122.1	24.2	16.4		7세	120.8	23.4	16.1	
127.9	27.5	16.9		8세	126.7	26.6	16.6	
133.4	31.3	17.6		9세	132,6	30.2	17.2	
138.8	35.5	18.4		10세	139.1	34.4	17.8	
144.7	40.2	19.1		11세	145.8	39.1	18.5	
151.4	45.4	19.8		12세	151.7	43.7	19.1	
158.6	50.9	20.3		13세	155.9	47.7	19.7	
165.0	56.0	20.8		14세	158.3	50.5	20.3	
169.2	60.1	21.2		15세	159.5	52.6	20.8	
171.4	63.1	21.6		16세	160.0	53.7	21.0	
172.6	65.0	21.9		17세	160.2	54.1	21.1	
173.6	66.7	22.3		18세	160.6	54.0	21.0	

[주] · 표준치는 2017 소아청소년성장도표 50백분위수 값을 의미 · 2세미만(0-23개월)의 신장은 누운 키, 이상의 신장은 선 키로 측정

보건복지부 질병관리본부

| 그림 4-4 | 신체발육 표준치

출처: 보건복지부, 질병관리본부(2017)

생후 6~8개월경부터 치아가 나오기 시작하여 약 30개월이 되면 유치 20개가 모두 형성된다.

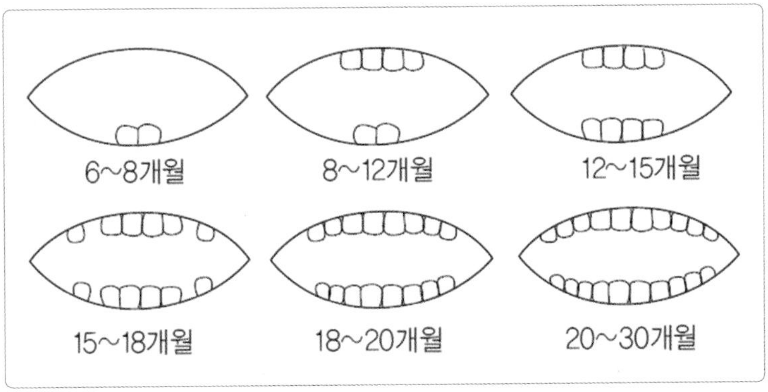

| 그림 4-5 | 유치 나는 순서

출처: 허혜경 외(2015)

(2) 운동적 특징

운동기능은 두미 발달 원칙에 따라 머리, 눈, 목 등의 상체부터 발달하기 시작하여 팔과 다리 등의 하체 방향으로 진행되며, 신체의 중앙에서부터 말초 방향으로 이루어진다. 영아의 대근육 운동능력은 개인차가 존재하나 대체적으로 2개월경 고개 들기, 4개월의 뒤집기를 비롯하여 기기, 앉기, 일어서기 그리고 12개월경 걷기를 시작으로 뛰게 되는 일정한 순서로 발달한다.

소근육 운동능력은 팔과 손이 먼저 시작되고, 손가락의 순으로 발달한다. 처음에는 손바닥을 사용하여 사물을 잡지만 1세 정도가 되면 엄지와 검지로 작은 물체를 집을 수 있게 되고, 눈과 손의 협응이 발달하면서 손을 뻗어 물체를 움켜쥐거나 잡아 던지는 것이 가능해진다.

| 그림 4-6 | 9개월 영아의 대소근육 발달의 예

| 표 4-2 | 영아의 대소근육 발달

월령	대근육 운동발달	소근육 운동발달
1개월	• 엎드렸을 때 머리를 옆으로 돌릴 수 있다.	• 손은 거의 주먹을 쥐고 있다. • 잡는 반사가 강하다. • 딸랑이를 손에 움켜쥔다.
2개월	• 엎드렸을 때 등이 덜 구부려진다.	• 잡는 반사가 사라진다.
3개월	• 앉아 있을 때 머리를 똑바로 들 수 있으나 여전히 앞으로 기울어진다. • 균형 잡힌 몸의 자세를 취한다.	• 딸랑이를 능동적으로 잡긴 하나 손이 닿지 못한다. • 자신의 손을 잡고 담요나 옷을 끌어당긴다.
4개월	• 앉은 자세에서 머리를 잘 가눈다. • 누운 자세에서 옆으로 구른다.	• 손을 관찰하고 가지고 논다. • 양손으로 물체를 쥔다. • 물체를 입으로 가져간다.
5개월	• 엎드린 자세에서 누운 자세로 뒤집는다. • 등을 받쳐 주면 오래 앉는다.	• 자발적으로 물체를 잡을 수 있다. • 발가락을 가지고 논다.
6개월	• 세우면 체중을 지탱한다.	• 떨어진 물체를 잡는다. • 우유병을 쥔다. • 발을 잡고 입으로 당긴다.
7개월	• 양손으로 잡고 앉는다. • 엎드려 있을 때 한 손에 체중을 싣는다.	• 물체를 한 손에서 다른 손으로 이동한다.

8개월	• 기대지 않고 계속 앉는다. • 기구를 잡고 일어설 수 있다.	• 여러 손가락을 사용하여 물체를 잡는다. • 자기 뜻대로 물체를 놓는다.
9개월	• 기기 시작한다. • 자신을 끌어당겨 가구를 잡고 선다.	• 엄지와 검지로 물건을 잡는다.
10개월	• 손을 이용해 몸을 앞으로 끌어당긴다. • 엎드린 자세에서 앉을 수 있다.	• 종을 쥐고 다룬다. • 물체를 거칠게 놓기 시작한다.
11개월	• 가구를 잡고 주위를 돌아다니거나 걷는다.	• 집게 집기를 한다. • 물체를 용기에 하나씩 담는다. • 물건을 떨어뜨려 잡는다.
12개월	• 한 손을 잡고 걷는다. • 혼자서 첫걸음을 시도한다.	• 책장을 넘긴다. • 블록을 쌓으려고 한다.

출처: 강순희 외(2020)

(3) 인지적 특징

영아는 시각, 청각, 후각, 미각, 촉각의 감각기관을 사용하여 외부 환경의 정보를 받아들이고 인지 발달의 기초를 다진다. 오감의 특성은 다음과 같다.

① 시각

감각 능력 중 가장 늦게 발달하는 감각으로 신생아의 가시거리는 30cm 정도에 불가하고 3개월이 되면 움직이는 물체를 눈으로 쫓을 수 있으며, 4개월이 되면 색 변별이 가능해진다. 6개월경에는 낯익은 얼굴과 낯선 얼굴을 구분할 수 있으며, 사물보다는 사람의 얼굴과 유사한 모양을 더 선호하고 길게 응시한다. 생후 1년경이 되면서 점차 성인과 비슷한 시력을 지니게 된다(임민정 외, 2021).

② 청각

태내에서부터 일찍 발달하는 감각으로 영아는 주변의 여러 가지 소리 자극에 민감하게 반응한다. 2~3개월이 되면 양육자의 목소리에 반응을 나타내고, 5~6개월이 되면 소리가 들리는 위치를 찾아낼 수 있다. 1세경 모국어의 말소리를 구별하여 들을 수 있고(Werker & Tees, 1984), 청각을 기초로 점차 언어가 발달하게 된다.

③ 후각과 미각

대체적으로 영아는 냄새에 민감한 반응을 나타내서 달콤한 냄새를 맡으면 부드러운 표정을 짓고, 불쾌한 냄새를 맡으면 얼굴을 찡그리고 고개를 돌리는 반응을 보인다. 영아는 짠맛, 신맛, 쓴맛, 단맛 등을 구분할 수 있고 그 중 단맛을 가장 선호하는 경향이 있다.

④ 촉각

영아는 입과 손을 이용해 사물과 접촉하는 데에 민감하며 촉각으로 새로운 사물을 탐색하는 데 매우 적극적이다. 출생 시 혀와 입술 주위의 촉각이 발달되어 있어 초기에는 입술로, 나중에는 손을 사용하여 사물을 지각하고 탐색한다. 특히 양육자와의 피부 접촉을 통한 부드러운 스킨십은 안정적인 애착 형성이 기초가 되며 이를 통해 영아는 심리적 안정감을 가지고 신뢰감을 형성해 나간다.

한편 피아제는 영아기 인지 발달을 감각기관 및 몸의 움직임을 통해 개념을 습득해 가는 감각운동기 시기로 명명하며, 대상이 지각되지 않을 때에도 여전히 존재한다는 것을 이해하는 대상영속성 개념을 주장한다. 영아의 대상영속성은 감각운동기 동안의 탐색 경험을 통해 획득되고 8~12개월 사이에 점차 발달하여 2세가 되면 분명한 대상영속성 개념을 지니게 된다(정옥분, 2003). 또한 영아는 표상 능력의 발달로 18개월 이후 경험한 것을 기억하고 시간이 지난 후 따라 할 수 있는 지연모방을 나타내며, 감각운동기 마지막 단계인 2세경이 되면 사물을 보지 않아도 머릿속으로 상상할 수 있는 정신적 표상이 가능해진다.

(4) 언어적 특징

영아의 의사소통 방법은 울음을 시작으로 소리 옹알이, 몸짓언어를 사용한 비언어적 형태가 주를 이루다 점차 언어를 사용하여 의사소통하게 된다. 언어를 획득하는 시기는 개인차가 있으며 12개월경이 지나면 영아는 '엄마', '아빠', '맘마' 등의

한 단어 문장을 시작으로 사물이나 사건에 대한 자신의 생각을 표현한다. 이 시기 영아는 새로운 사물이나 상황에 대해 몸짓 또는 말소리를 사용하고, 18개월경이 되면 '엄마 까까', '친구 빠빠' 등 두 개 이상의 단어를 결합한 언어를 사용한다. 영아는 단어습득이 급속하게 이루어지므로 언어폭발기라고 부르기도 하는데, 24개월경에는 200개가 넘는 단어를 이해하고 명사 외에 동사, 형용사를 사용하기도 한다. 영아기는 스스로 말로 나타내는 표현언어보다 상대 말의 내용을 알아듣는 수용언어(혹은 이해언어)가 더 빠르게 발달하는 시기이다.

(5) 사회 · 정서적 특징

영아기는 사회성의 기초를 형성하는 애착형성의 매우 중요한 시기이다. 애착은 영아와 주양육자 사이에 형성되는 친밀한 정서적 유대감을 가리킨다. 애착은 상호적인 관계로 이루어지며, 일상생활 속에서 영아와 주양육자 사이의 반복적이고 지속적인 상호작용을 통해 형성된다. 주양육자와 안정적인 애착을 형성한 영아는 주변 세계에 대한 신뢰감을 가지며, 또래나 다른 사람들에 대해 기대를 보이고 긍정적인 반응을 얻을 수 있다.

영아의 낯가림은 6개월경 시작해서 8~10개월쯤 절정에 이르고, 2세를 지나며 점차 줄어들며 주양육자와 떨어질 때 울거나 불안해하는 분리불안도 사라진다. 안정적인 애착을 형성한 영아는 분리불안 반응을 덜 나타내고, 주양육자를 안전기지로 삼아 안정적으로 주변을 탐색할 수 있다.

영아기의 정서발달은 일차 정서와 이차 정서가 구분된다. 생애 초기에 나타나는 일차 정서는 모든 문화권에서 보편적으로 나타나는 기본 정서로 얼굴 표정만으로 정서상태가 쉽게 파악되는 선천적인 반응이다. 일차 정서에는 기쁨, 슬픔, 공포, 분노 등이 포함된다. 생후 1년경 나타나는 이차 정서는 좀 더 복잡한 수준의 인지능력을 필요로 하고 자기인식과 자신의 행동을 평가하는 능력이 요구되므로 자기인식 정서라고 불린다(Lewis, 1995). 이차 정서에는 당황, 수치, 죄책감, 질투, 자긍심 등이 있다.

영아가 다른 사람의 정서를 인식하고 이해하는 능력은 생후 6~7개월 정도부터 시작된다. 이 시기 영아는 상대의 표정을 통해 정서를 구분할 수 있으며, 이후 낯설거나 모호한 상황일 때 부모의 정서 반응을 살피고 자신의 행동을 조절해 나간다. 18~24개월 영아는 당황하게 만드는 사람이나 불쾌한 자극으로부터 몸을 돌리거나 입술을 다무는 등 부정적인 정서를 통제하려는 경향을 보이기도 한다(Gross, 2008).

2 유아

유아기는 영아기를 지나고 초등학교에 들어가기 이전의 시기를 의미한다. 기본적인 운동능력이 발달하고 상징적 사고가 가능하며 또래와의 상호작용 횟수가 많아진다. 또한 언어 발달이 급속하게 이루어지고 다른 사람과 어울릴 수 있는 사회적 기술을 점차 습득하게 되는 시기이다.

1) 신체적 특징

유아기는 영아기만큼의 급속한 신체 발달이 이루어지지 않지만 여전히 꾸준한 신체적 성장이 진행되는 시기이다. 유아기에는 매년 5~7.5cm 정도 키가 자라고, 2~3kg 정도씩 체중이 증가한다. 5세경이 되면 출생 시 2배 정도의 키와 약 5.5배 정도의 몸무게 증가를 보이며 이러한 성장은 사춘기까지 지속적으로 나타난다.

치아는 2세 반에서 3세 정도가 되면 모두 나오고, 5~6세경 유치가 빠지기 시작하면서 영구치가 생긴다. 유아기에 들어서면 골격이 더욱 단단해져 튼튼해지고, 통통한 살이 빠지면서 머리 비율이 컸던 영아기의 모습을 벗어나 성인과 비슷한 체형으로 변한다.

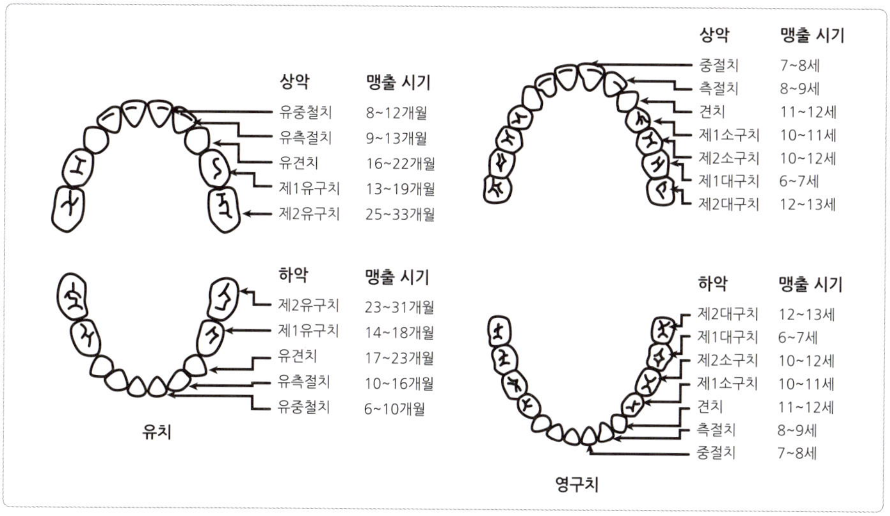

| 그림 4-7 | 유치 영구치 맹출 시기

출처: 보건복지부, 질병관리청, 국민건강보험(2022)

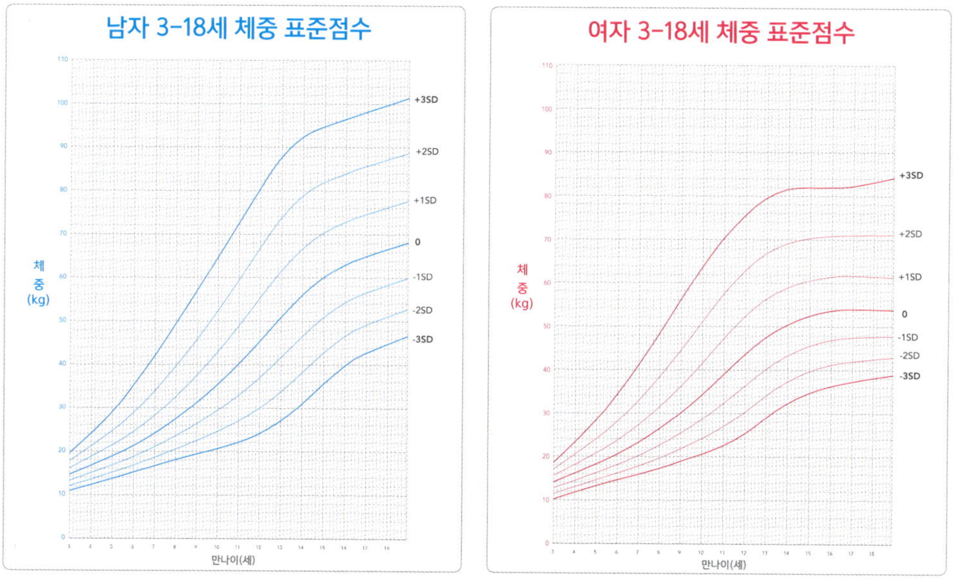

| 그림 4-8 | 연령별 체중 표준점수 성장곡선(3~18세)

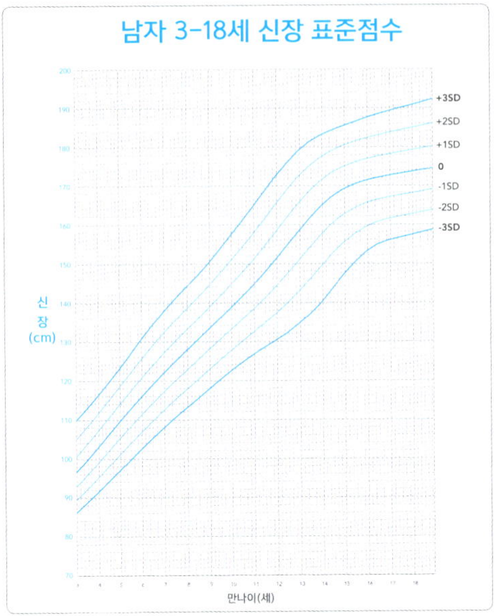

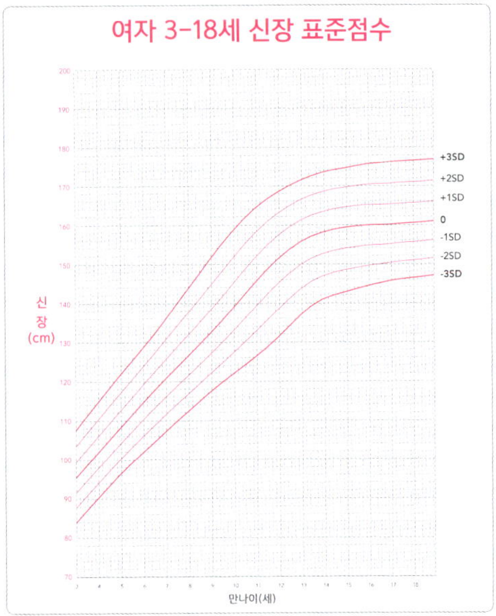

| 그림 4-9 | 연령별 신장 표준점수 성장곡선 3~18세

출처: 보건복지부, 질병관리본부(2017)

2) 운동적 특징

유아기는 영아기에 비해 대근육과 소근육이 현저하게 발달하고 이동 능력 또한 좋아지면서 전반적인 운동 기능이 유능해진다. 3세 유아들은 몸 움직이는 것을 좋아해서 뛰고, 오르고, 달리는 등의 반복적인 운동을 즐기고, 4~5세가 되면 성인과 비슷한 수준으로 자유롭게 몸을 움직일 수 있다. 유아기의 운동기능 발달은 이후 아동 · 청소년기의 다양한 신체운동 능력을 습득하는 데 기본이 되며, 어느 정도 몸을 자유롭게 움직일 수 있는가의 정도에 따라 유아의 자신감과 자아인식을 발달시키는 데 중요한 역할을 한다. 또한 유아기는 눈과 손의 협응력과 소근육을 사용하는 조작기능이 능숙하게 발달함에 따라 3세경 깡총뛰기가 가능하고 색연필을 쥐고 그림을 그릴 수 있으며, 4세가 되면 원하는 방향으로 공을 차거나 혼자서 신발 끈을 맬 수 있다. 5~6세 유아는 다양한 형태의 모양을 그리며 보조바퀴 달린 두발 자전거를 탈 수 있게 된다.

이 시기는 대소근육이 발달하고 운동기능이 점차 발전하면서 먹기, 옷입기, 씻기, 대소변 가리기 등 일상생활에 필요한 다양한 자조 기술을 자연스럽게 습득할 수 있다. 그러므로 일상생활에서 유아가 스스로 할 수 있는 기회를 자주 제공하여 올바른 기본생활습관을 형성할 수 있도록 지원해야 한다.

| 표 4-3 | 유아의 대소근육 발달

월령	대근육 운동발달	소근육 운동발달
24개월	• 한 계단에 두 발을 디디면서 올라가고 내려간다. • 큰 공을 찬다. • 몸을 뻣뻣하게 세우고 달린다.	• 손잡이를 돌려 문을 연다. • 책장을 한 장씩 넘긴다. • 6~7개의 블록을 쌓는다. • 원을 모방하여 그린다. • 옷을 혼자 벗는다.
36개월	• 계단에서 두 발로 뛰어 내릴 수 있다. • 발을 번갈아 가며 계단을 내려온다. • 세발자전거를 탄다. • 방향을 바꾸거나 갑자기 멈추는 것이 어렵다. • 몇 초간 한 발로 선다.	• 블록을 8개 이상 쌓는다. • 손과 손가락 협응이 잘 된다. • 크레용을 손가락으로 잡는다. • 장난감을 밀고 당긴다. • 도움을 받아 옷을 입는다.
4세	• 한 발로 깡총 뛴다. • 안정감 있게 공을 잡는다. • 머리 위로 공을 던진다. • 질주한다. • 한 발씩 교대로 계단을 내려간다.	• 가위로 그어진 선을 자른다. • 큰 구슬을 실에 꿴다. • 네모를 보고 그린다. • 혼자 옷을 입는다.
5세	• 두 발을 교대로 깡총깡총 뛴다. • 공을 잘 던지고 받는다. • 줄넘기한다. • 뒤로 걷는다. • 두발자전거를 탄다. • 눈을 감고 한 발로 선다.	• 사각형과 삼각형을 모사한다. • 단추를 채운다. • 이름을 쓸 수 있다. • 신발 끈을 멘다. • 가위나 간단한 도구를 사용한다.

출처: 강순희 외(2020)

3) 인지적 특징

피아제는 유아기의 인지 발달을 전조작기 단계로 명명하고, 전조작기 유아기 사고의 특징을 다음과 같이 정리하였다.

(1) 자기중심성

유아기 인지적 특징의 가장 대표적인 내용으로 유아가 다른 사람들이 자기와 동일하게 지각하고 느낀다고 생각하는 자기중심적인 사고를 들 수 있다. 예로 3세 유아가 선생님에게 자신이 아끼고 좋아하는 스티커를 선물로 주면서 선생님이 스티커를 받으면 자기가 좋아하는 것처럼 너무 좋아할 것이라고 생각하는 경우이다. 즉 자기가 스티커를 좋아하니 다른 사람도 스티커를 좋아할 거라고 사고하는 것이다. 피아제는 유아가 자신의 관점에 지나치게 집중하기 때문에 다른 사람의 관점에서 생각하지 못하는 자기중심성을 보인다고 설명했다.

(2) 상징적 사고

유아는 사물에 대한 상징을 이해하면서 실제로 존재하지 않더라도 사물을 기억해내고 생각할 수 있는 능력이 있다. 이런 상징적 사고는 유아가 부여하는 단어나 숫자, 이미지 등의 표현 또는 표상을 통해 나타난다. 유아의 상징에 대한 이해는 점차 발달하여 가상놀이로 자연스럽게 드러나는데, 가상에는 사람에 대한 것, 사물에 대한 것, 장소에 대한 것 등이 있다. 예로 의사가 아니지만 의사가 되어 환자를 치료하는 놀이를 하는 것은 사람에 대한 가상이고, 긴 막대를 매고 기타 치는 흉내를 내며 노래하는 것은 사물에 대한 가상이며, 놀이 공간이 동물원이 되기도 하는 것은 장소에 대한 가상의 예이다.

(3) 보존개념

보존개념은 물질의 양이나 수, 길이, 부피, 면적 등의 형태가 바뀌어도 그 속성이 변하지 않는다는 것을 이해하는 능력이다. 피아제에 의하면 유아기는 동시에 여러 면을 고려할 수 있는 탈중심화와 원래로 되돌아가 생각할 수 있는 가역성이 부족하기 때문에 미숙한 보존개념을 지닌다고 주장한다.

그 외 유아기의 인지적 특징으로 살아 있지 않은 사물에도 생명이 있다고 생각하는 물활론적 사고나 논리적인 추리를 하지 못하고, 관련 없는 곳에서 원인을 찾아보는 변환적 추리, 반대로 작용하여 원래의 상태로 되돌릴 수 있음을 이해하지 못하는 비가역성 등이 전조작적 인지 사고 단계에 있는 유아의 인지적인 특징에 속한다.

4) 언어적 특징

유아는 영아에 비해 알고 있는 어휘 수가 현저히 많아 유아기 초기에는 대략 300~500개 정도의 단어를 사용하지만, 5세경이 되면 2,000~3,000개 이상의 단어를 알게 된다. 3세경 유아는 세 단어를 사용하여 문장을 말할 수 있고, 어린 3세 유아의 경우, "아니", "싫어"와 같은 부정문을 자주 사용한다. 4~5세가 되면 부사와 형용사, 조사를 사용하여 문장을 바꾸어 말할 수 있으며, 6세경 성인과 비슷한 정도의 문장을 구성할 수 있게 된다.

유아는 의사소통하기 위해 듣는 사람의 수준에 맞게 내용을 바꾸어 이야기할 수 있고, 사회적 말하기도 점차 향상되어, 차례대로 말하기, 다른 사람의 말 듣기, 자신의 말을 수정하기 등 또래나 다른 사람들과 대화를 나누는 데 필요한 언어기술을 습득한다. 또한 유아기에는 읽기와 쓰기의 문자언어 능력이 발달하여 유아 초기에는 글자에 관심을 보이고, 책에 그려진 그림을 보며 글을 읽다가 점차 아는 글자를 읽

| 표 4-4 | 쓰기 발달 단계

발달단계	발달 내용
1단계	끼적이기
2단계	한두 개의 글자 모양이 우연히 나타남
3단계	식별 가능한 글자가 나타나나 획이 생략 혹은 첨가되거나 뒤바뀜
4단계	글자 형태는 갖추었으나 획순, 모양이 바르지 않음
5단계	글자의 획순이나 모양이 바름
6단계	단어 쓰기
7단계	문장 쓰기

출처: 이숙재 외(2016)

기 시작한다. 쓰기의 경우 영아 시기부터 끼적이기 등 기초적인 형태의 쓰기가 나타나고 점차 창안적 글자쓰기를 보이다 표준화된 쓰기 단계로 발전되어 간다.

5) 사회·정서적 특징

유아기는 인지가 발달하고 사회적 경험이 증가하면서 자아개념이 발달하는 시기이다. 자아개념이란 개인이 스스로에 대해 지니는 감정, 신념, 인식 등을 의미한다. 2세경이 되면 자아인식이 형성되기 시작하고, 3~4세에는 내 것에 대한 소유 개념이 생겨나며, 4~5세가 되면 자신과 타인을 비교할 수 있다. 유아의 자아개념은 이름, 나이, 신체적 특징, 소유물, 행동방식 등 겉으로 관찰될 수 있는 표면적 특성에 의해 구성된다(Harter, 2006). 예를 들면, “나는 ○○○이고, 다섯 살이고, 달리기 잘해요” 등으로 자신에 대해 설명한다. 자아존중감이란 스스로를 유능하고 중요하며 가치 있다고 생각하는 것으로 유아는 자기를 인식하고 평가할 수 있게 되면서 자아존중감이 발달하게 된다. 특히 자신이 좋아하는 놀이에 대한 주변의 관심과 좋은 평가를 통해 긍정적인 자아존중감을 형성해 나갈 수 있기 때문에 이 시기 유아들에게 놀이에 대한 긍정적인 피드백은 매우 중요하다.

유아는 영아보다 관계의 폭이 넓고 다양하기 때문에 다양한 사회적 상황을 경험하는 가운데 사회적 지식과 기술을 습득한다. 어린 유아는 또래를 도와주거나 장난감을 나누어 주는 등의 친사회적 행동을 통해 타인에 대해 관심 가지기, 감정 이입하기, 돕기, 협조하기 등을 경험하며 익힌다. 즉 유아기 또래와의 관계 맺음은 유아의 사회화 과정에 중요한 영향을 미치고 자신이 속한 사회의 문화 규범과 가치를 습득하며 사회적 지식과 기술을 적용하면서 유능감을 기르는 좋은 기회가 된다(이영 외, 2009; 이기숙 외, 2015).

한편, 유아기에는 영아기에 형성된 기본적인 정서를 바탕으로 자아인식과 관련된 사회적 정서가 발달하고, 언어 발달과 함께 타인의 정서를 이해하고 상황에 적절하게 정서를 표현할 수 있는 능력도 생겨난다.

영아의 정서 표현이 기복이 심하고 지속시간이 짧으며 타인을 고려하는 것이 어려운 반면 3~5세 유아는 다른 사람의 기분을 고려하여 자기 마음과 다르게 상대를 기쁘게 해주기 위해 미소를 지을 수 있을 정도의 정서적 표현을 나타낼 수 있다. 또한 유아기에는 언어와 인지가 발달하면서 다른 사람의 정서를 이해하는 능력이 발달한다(Stein & Levine, 1999).

chapter 5

감염관리

영유아는 질병 특히 감염병에 대한 면역이 미숙하고 영유아교육기관에 맡겨질 때 감염병에 취약하므로 그 관리가 매우 중요하다. 특히 영아의 경우, 세균으로 오염된 손가락이나 장난감 또는 여러 물건들을 습관적으로 입으로 가져가는 경향이 있으며, 지속적인 안내가 없으면 손을 잘 씻지 않는 비위생적인 행동방식을 가질 수 있기 때문에 더더욱 감염에 대해 관리해야 한다. 이에 본 장에서는 감염병에 대해 알고 그에 대한 대처 방안 마련을 알아본다.

5

1 영유아기 감염병

영유아교육기관은 여러 아이들이 함께 일정 시간을 거주하기 때문에 집단발병이 일어나기 쉽다. 집단발병이란 아픈 영유아나 교사의 숫자가 평상시의 수준을 넘어서는 것을 말하며, 만약 아픈 영유아가 전체의 10%를 넘는다면 이는 매우 우려되는 상황이다. 홍역과 같이 단 한 명에게 발병해도 집단발병처럼 취급해야 하는 감염병도 있다.

집단발병이 의심되는 경우, 기관 입구 게시판이나 홈페이지 등에 내용을 공지하여 보호자가 알 수 있도록 게시하고, 교사와 영유아가 자주 손을 씻으며 아픈 영유아나 교사는 건강한 사람들로부터 격리시킨다. 또한 놀잇감이나 시설물의 표면을 소독하고 주의하여 청소를 실시한다.

감염병 전파과정은 일반적으로 잠복기, 전구기, 발진기, 회복기의 과정을 거쳐 진행된다. 잠복기는 병원체가 영유아의 몸 안으로 들어와 초기증상을 나타내기 전 시기로 평균 7~10일의 기간을 가진다. 전구기는 일반적인 건강 이상의 초기 증세를 보이는 시기로 감염성이 가장 높을 때이고, 발진기는 발열, 두통, 피로감 등 감염성 질환의 전형적인 증상이 나타나는 시기이다. 회복기는 증상이 사라지고 건강한 상태로 돌아오는 기간을 말한다(임민정 외, 2021).

감염병은 전염성이 강한 질환이기 때문에 감염의 증상이 감지되면 기관에 등원하지 말고 가정에서 개별적인 간호를 받으며 쉬어야 한다. 혹시 감염 상태를 모르고 등원하였을 경우, 기관에서는 빠르게 가정과 연락하고 귀가 조치하여 다른 영유아에게 전염되지 않도록 한다. 법정 감염병과 그중 보건복지부의 감염병 진단 기준에 따라 휴원이 요구되는 대표적인 감염병의 내용은 다음과 같다.

| 표 5-1 | 법정 감염병 분류

구분	제1급 감염병	제2급 감염병	제3급 감염병	제4급 감염병
특성	생물테러감염병 또는 치명률이 높거나 집단 발생의 우려가 커서 발생 또는 유행 즉시 신고, 음압격리와 같은 높은 수준의 격리가 필요한 감염병 (17종)	전파가능성을 고려하여 발생 또는 유행 시 24시간 이내에 신고, 격리가 필요한 감염병 (23종)	발생을 계속 감시할 필요가 있어 발생 또는 유행 시 24시간 이내 신고하여야 하는 감염병 (26종)	유행 여부를 조사하기 위하여 표본감시 활동이 필요한 감염병 (23종)
종류	가. 에볼라바이러스병 나. 마버그열 다. 라싸열 라. 크리미안콩고출혈열 마. 남아메리카출혈열 바. 리프트밸리열 사. 두창 아. 페스트 자. 탄저 차. 보툴리눔독소증 카. 야토병 타. 신종감염병증후군[1] 파. 중증급성호흡기증후군(SARS) 하. 중동호흡기증후군(MERS) 거. 동물인플루엔자 인체감염증 너. 신종인플루엔자 더. 디프테리아	가. 결핵 나. 수두 다. 홍역 라. 콜레라 마. 장티푸스 바. 파라티푸스 사. 세균성이질 아. 장출혈성대장균감염증 자. A형간염 차. 백일해 카. 유행성이하선염 타. 풍진 파. 폴리오 하. 수막구균 감염증 거. b형헤모필루스인플루엔자 너. 폐렴구균 감염증 더. 한센병 러. 성홍열 머. 반코마이신내성황색포도알균(VRSA) 감염증 버. 카바페넴내성장내세균속균종(CRE) 감염증 서. E형간염 *「감염병예방법」제2조제3호 질병관리청장이 보건복지부장관과 협의하여 지정하는 감염병의 종류 가. 코로나바이러스감염증-19 나. 엠폭스	가. 파상풍 나. B형간염 다. 일본뇌염 라. C형간염 마. 말라리아 바. 레지오넬라증 사. 비브리오패혈증 아. 발진티푸스 자. 발진열 차. 쯔쯔가무시증 카. 렙토스피라증 타. 브루셀라증 파. 공수병 하. 신증후군출혈열 거. 후천성면역결핍증(AIDS) 너. 크로이츠펠트-야콥병(CJD) 및 변종크로이츠펠트-야콥병(vCJD) 더. 황열 러. 뎅기열 머. 큐열 버. 웨스트나일열 서. 라임병 어. 진드기매개뇌염 저. 유비저 처. 치쿤구니야열 커. 중증열성혈소판감소증후군(SFTS) 터. 지카바이러스 감염증	가. 인플루엔자 나. 매독 다. 회충증 라. 편충증 마. 요충증 바. 간흡충증 사. 폐흡충증 아. 장흡충증 자. 수족구병 차. 임질 카. 클라미디아 감염증 타. 연성하감 파. 성기단순포진 하. 첨규콘딜롬 거. 반코마이신내성장알균(VRE) 감염증 너. 메티실린내성황색포도알균(MRSA) 감염증 더. 다제내성녹농균(MRPA) 감염증 러. 다제내성아시네토박터바우마니균(MRAB) 감염증 머. 장관감염증[2] 버. 급성호흡기감염증[3] 서. 해외유입기생충감염증[4] 어. 엔테로바이러스감염증 저. 사람유두종바이러스 감염증
감시방법	전수감시	전수감시	전수감시	표본감시
신고[5]	즉시	24시간 이내	24시간 이내	7일 이내

구분	제1급 감염병	제2급 감염병	제3급 감염병	제4급 감염병
보고[6)]	즉시	24시간 이내	24시간 이내	7일 이내

1) 신종감염병증후군 : 급성출혈열증상, 급성호흡기증상, 급성설사증상, 급성황달증상 또는 급성신경증상을 나타내는 신종감염병증후군
2) 장관감염증 : 살모넬라균 감염증, 장염비브리오균 감염증, 장독소성대장균(ETEC) 감염증, 장침습성대장균(EIEC) 감염증, 장병원성대장균(EPEC) 감염증, 캄필로박터균 감염증, 클로스트리듐 퍼프린젠스 감염증, 황색포도알균 감염증, 바실루스 세레우스균 감염증, 예르시니아 엔테로콜리티카 감염증, 리스테리아 모노사이토제네스 감염증, 그룹 A형 로타바이러스 감염증, 아스트로바이러스 감염증, 장내 아데노바이러스 감염증, 노로바이러스 감염증, 사포바이러스 감염증, 이질아메바 감염증, 람블편모충 감염증, 작은와포자충 감염증, 원포자충 감염증
3) 급성호흡기감염병 : 아데노바이러스 감염증, 사람 보카바이러스 감염증, 파라인플루엔자바이러스 감염증, 호흡기세포융합바이러스 감염증, 리노바이러스 감염증, 사람 메타뉴모바이러스 감염증, 사람 코로나바이러스 감염증, 마이코플라스마 폐렴균 감염증, 클라미디아 폐렴균 감염증
4) 해외유입기생충감염증 : 리슈만편모충증, 바베스열원충증, 아프리카수면병, 샤가스병, 주혈흡충증, 광동주혈선충증, 악구충증, 사상충증, 포충증, 톡소포자충증, 메디나충증
5) 신고 : 의사, 치과의사, 한의사, 의료기관의 장 → 관할 보건소로 신고
6) 보고 : 보건소장 → 시장 · 군수 · 구청장 → 특별시장 · 광역시장 · 도지사 → 질병관리청으로 보고

출처: 질병관리청(2023)

1) 수족구병

수족구병(Hand-Foot-and-Mouth Disease)은 콕사키 바이러스 A16 또는 엔테로 바이러스 71에 의해 발병하는 질환으로 뉴욕주 콕사키에서 처음으로 이 바이러스를 분리시킨 데서 그 이름을 따서 명명하였다. 주로 소아에게 유행하는 급성 바이러스성 질환으로 여름과 가을철에 흔히 발생하며 입안의 물집과 궤양, 손과 발의 수포성 발진이 특징이다. 콧물과 가래, 침, 수포 분비물 등 비말 감염, 경구 감염으로 전염된다.

잠복기는 5일 전후이며, 어린 영아에게 전염력이 높기 때문에 집단감염 방지를 위해 수포 발생 후 6일간 또는 딱지가 앉을 때까지 격리 조치하는 것이 좋다.

주요 증상은 발열, 인후통, 식욕부진이고 증세는 대체로 가볍다. 열이 나고 1~2일 후 통증성 피부병변이 혀, 잇몸, 뺨의 안쪽에 생기고, 작고 붉은 반점으로 시작하여 물집이 생긴다. 손바닥과 발바닥에 큰 가려움 없는 피부발진이 나타나며 의학적 치료 없이 일주일에서 열흘 정도에 회복되는 편이다. 수족구병 예방을 위해서는 환자 접촉, 기저귀 교환, 분변으로 오염된 물건의 세척 이후, 비누를 사용하여 손을 깨끗

이 씻도록 한다. 한편 영아가 입안에 생긴 물집 때문에 음식을 씹어 먹지 못할 경우, 아이스크림 등으로 진정시켜 주는 것도 좋다.

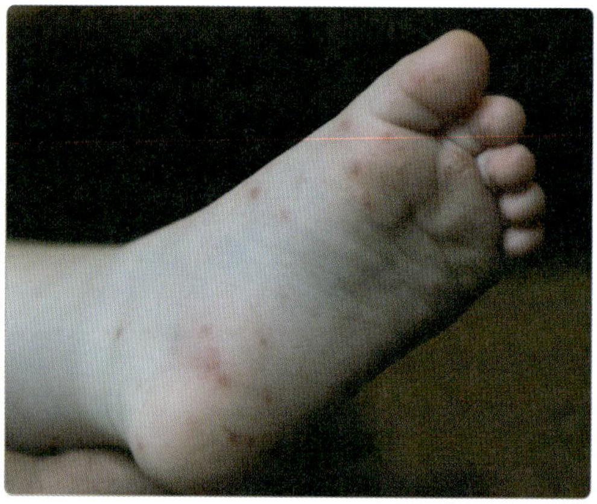

출처: https://www.bing.com/images/

2) 홍역

홍역(Measles)은 홍역 바이러스에 의한 급성 발열성 발진성 질환이다. 6개월에서 1세 이하 어린 영아는 엄마에게서 받은 면역으로 인해 발병률이 낮고 1~10세 아동들에게 높은 발생률을 보인다. 공기로 매개되어 감염되거나 환자의 분비물 접촉을 통해 전파되며 10~12일 정도의 잠복기를 가진다.

전염력이 강한 전구기는 4일 전후로 발열, 기침, 콧물, 결막염 등의 증상이 나타난다. 발진기에는 홍반성 발진이 목 뒤, 귀 아래에서 시작하여 몸통 팔다리 순서로 퍼지고 손바닥과 발바닥에도 발생한다. 발진은 3일 이상 지속되고 일반적으로 발진이 나타난 후 2~3일간 고열이 난다. 회복기에는 발진이 발생했던 순서대로 사라지면서 갈색으로 변하고 피부 껍질이 비늘처럼 떨어지고 체온도 정상으로 돌아온다. 합병증으로 중이염, 기관지염, 모세기관지염 등의 호흡기 질환과 뇌막염을 수반하기도 하고 영아의 경우 설사도 나타난다. 홍역에 걸리지 않는 최선의 예방책은 시기에 맞춰 예방접종을 하는 것이다.

3) 수두

수두(Chicken Pox, Varicella)는 헤르페스바이러스의 감염으로 생기는 발진성 감염병으로, 10세 미만의 소아에서 많이 생기고 감염력이 매우 강하다. 수포액의 직접 접촉이나 공기를 통한 전파로 감염되고 잠복기는 15일 전후, 전구기는 발진이 발생하기 1~2일 전으로 권태감과 미열이 나타난다. 감기 비슷한 증상을 가진 후에 가슴, 배에 물집이 생기기 시작하여 곧 이것이 얼굴, 어깨, 사지로 퍼져나가 온몸에 수포가 생긴다. 이 수포는 매우 가렵고 곧 수포 속의 맑은 액체가 혼탁하게 되어 고름 같은 액체로 변하게 되고 마지막 단계에서는 딱지가 생기며 치유된다. 전염성이 있는 시기는 발진이 생긴 후 1~6일 정도까지이다. 합병증으로는 발진 부위 세균감염, 폐렴, 뇌염, 라이증후군 등이 있다. 치료는 가려움이 심할 때 진정제를 사용할 수 있고 2차 감염이 있을 때 항생제를 쓴다. 안정과 수액요법이 필요하며 가려움증을 감소시키기 위해 병원에서 처방한 연고를 바르기도 한다.

임신 초기 산모가 수두에 감염되면 태아는 선천성 수두 증후군에 걸릴 수 있고 피부에 반흔, 사지위축, 백내장, 실명, 정신지연, 태아 사망 등으로 이어질 수 있다.

이 병은 건강한 사람일 경우에는 뚜렷한 치료 없이도 저절로 낫고 단지 물집 부위의 가려움을 예방하는 로션을 바르는 것으로 충분하지만, 면역기능이 저하된 사람에게는 헤르페스바이러스의 치료제인 아시클로버를 투여하기도 한다(의학검색엔진, 2023).

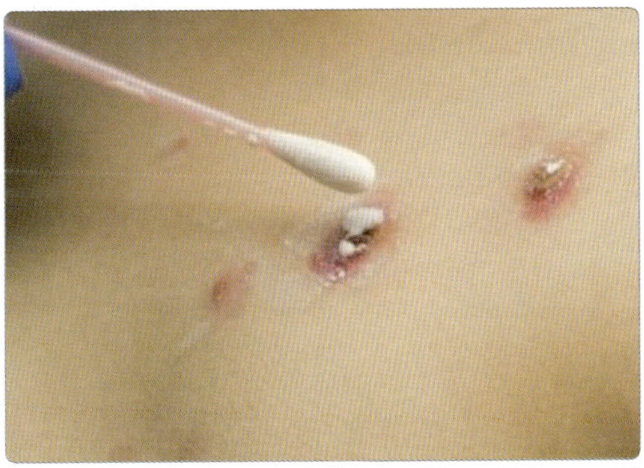

출처: https://search.daum.net/

4) 유행성 이하선염

유행성 이하선염(Mumps)은 바이러스 감염에 의해 나타나는데 이하선이 비대해지고 동통을 특징으로 하는 감염병으로 볼거리나 유행귀밑샘염으로 불린다. 원인은 비말 등의 공기매개 감염, 환자의 타액과 직접접촉으로 전파되며 겨울과 봄에 잘 발생하고, 잠복기는 15일 전후이다. 어린 1세 미만 영아의 감염은 드물고, 3~5세부터 감염되기 시작하여 6~10세가 가장 많으며 간혹 성인이 걸리기도 한다.

전구기는 1~2일이고 증상은 발열, 두통, 근육통, 구토 등이 나타난다. 일반적으로 1~3일째 가장 심한 증상을 나타내다가 3~7일이 지나면 점차 나아진다. 합병증으로 바이러스성 수막염, 고환염, 난소염, 췌장염, 청력장애 등이 있을 수 있다. 한번 앓고 나면 평생 면역이 되고 생백신 처방으로 예방에 좋은 효과를 가진다.

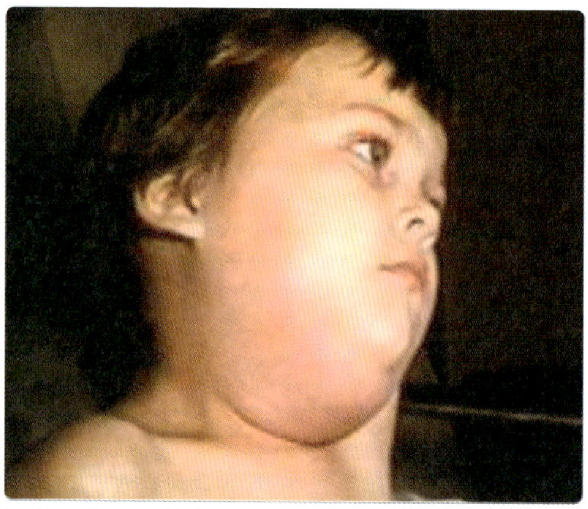

출처: https://www.drthindhomeopathy.com/disease/mumps/

5) 풍진

풍진(Rubella)은 바이러스 감염에 의한 급성 발열성 질환으로 '3일 홍역'이라고도 부른다. 주로 소아기에 흔한 질병인데, 전염성이 아주 강하고 성인기에 걸렸을 경우 일반적으로 소아기 때보다 증상이 심하다. 전염방식은 기침이나 재채기 또는 말할 때 튀어나오는 침에 섞여 있는 작은 바이러스로 전파된다. 잠복기는 대개 17일 정도이고 전염 기간은 발진이 나오기 일주일 전부터 발진 후 4일간이다. 선천성 풍진에 걸린 영아는 출생 이후 수개월까지 바이러스 배출 기간이 다양하다.

전구기에는 무증상일 수 있고, 경한 발열 및 비인두염의 증세가 있으며 귀 뒤, 목 뒤, 후두부의 임파절이 붓고 만지면 아프다. 임파절이 커진 후 발진기가 시작되는데, 발진은 처음 얼굴에 나타나고 2~3시간 내에 머리, 팔, 몸통 등 전신에 급속히 퍼지며 일부는 발에도 나타난다.

임신 첫 3개월 동안, 특히 임신 첫 달에 풍진에 감염되면 태반을 통하여 태아에 전염되기 때문에 선천성 기형, 즉 백내장, 심장질환, 청력손상, 지능발달 지연을 동반한 소두증이 발생하는 선천성 풍진증후군을 나타낸다. 풍진은 특별한 치료가 필요하지 않으나 선천성 풍진은 대증요법과 교정치료를 한다. 예방은 혼합백신을 접종한다.

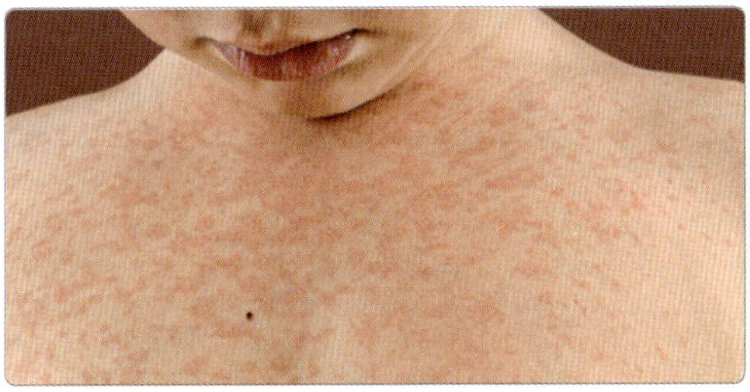

출처: https://www.bing.com/images/

6) 백일해

백일해(Pertussis)는 상기도(위쪽의 기도인 인두, 후두를 말함)가 감염되는 급성 호흡기 질환이다. 잠복기는 일반적으로 7~10일이고, 3~6월 사이 주로 발생한다. 직접접촉 전염과 비말 전파로 감염되며, 환자의 배설물로 오염된 물건에 접촉하여 간접적으로 전염되기도 한다. 초기에 전염성이 강하며 큰 발작성 기침을 하는 것이 특징이다. 처음 약 2주간은 감기처럼 시작되어 콧물이 나오고 미열이 있다가 차츰 기침이 생기면서 결막이 충혈된다. 발병 2주일부터 기침이 심해지면서 짧은 기침을

1~20회 연발하며 경련성 해소발작이 생기거나 구토를 동반하기도 한다. 회복기에는 기침 발작이 잦아들고 횟수도 줄어든다. 합병증으로 기관지 폐렴, 기관지 확장 등의 호흡기 합병증과 설사, 구토, 탈장 등의 소화기 합병증, 객혈, 결막하출혈, 뇌출혈 등의 출혈이 생길 수 있다. 현재 우리나라에서는 백일해에 대한 예방접종을 디프테리아, 파상풍과 같이 실시하고 있다.

7) 유행성 각결막염

유행성 각결막염(Epidemic Keratoconjunctivitis)의 병원체는 아데노 바이러스에 의해 생기며 충혈, 동통, 눈물, 눈부심 등이 나타난다. 결막염은 3~4주 정도, 전염력은 발병 2주 정도부터이다. 치료는 염증을 억제하기 위한 안약이나 세균감염을 예방하기 위한 항균제 안약을 점안한다. 눈병 관련하여 일명 아폴로 눈병으로 알려져 있는 급성 출혈성 결막염의 병원체는 엔테로 바이러스 또는 콕사키 바이러스이며, 갑작스러운 양안 충혈, 동통, 이물감, 눈부심, 눈물 등의 증상을 보인다. 전염력은 증상 발생 후 적어도 4일간 전염력이 있다.

유행성 각결막염을 예방하기 위해서는 개인적으로 비누를 사용하여 흐르는 물에 손을 자주 씻고, 수건이나 개인 소지품(예: 컵 등)을 다른 사람과 함께 사용하지 않으며 눈병 유행 시 사람들이 많이 모이는 밀집된 장소를 피한다. 그리고 눈에 부종, 충혈, 이물감 등이 있을 경우에 손으로 비비거나 만지지 말고 신속하게 안과를 찾아 전문의의 진료를 받도록 한다.

일단 영유아가 유행성 각결막염에 걸렸다면 증상 완화 및 세균에 의한 2차 감염 또는 기타 합병증 예방을 위하여 신속하게 안과 치료를 받아야 하고, 수건이나 소지품은 다른 사람과 같이 사용하지 않으며 개인용품은 끓는 물에 소독하거나 500ppm 농도의 락스(차아염소산나트륨 등)에 10분간 소독한 후 사용한다. 또 눈은 가급적 만지지 않도록 하며, 만지기 전후 반드시 흐르는 물에 손을 깨끗이 씻도록 한다. 전염 기간(약 2주간) 기관 등원은 자제하고 사람들이 많이 모이는 장소를 피해 가정에서 격리하면서 안정을 취하며 편히 쉬도록 한다.

8) 농가진

농가진(Impetigo)은 A군 베타용혈사슬알균의 감염으로 인해 생기는 피부병으로 영유아의 피부에 자주 발생하는 얕은 화농성 감염을 말한다. 물집 농가진(포도알균 농가진)과 비수포 농가진(접촉전염 농가진)의 두 가지 형태로 나타나고, 피부 상처 부위를 통해 세균이 침입하여 발생한다.

먼저 물집 농가진은 신생아에게서 주로 발생하며 무력증, 발열, 설사 등을 동반한다. 처음에는 작은 물집으로 시작되어 큰 물집으로 빠르게 번지는데 쉽게 터지거나 두꺼운 딱지를 형성하지는 않는다. 전체 농가진의 70%를 차지하는 비수포 농가진의 경우, 처음에는 작은 반점 또는 잔물집으로 시작되어 고름집 또는 물집으로 변하는데 터지면 맑은 분비물이 나오고 마르면 황갈색 딱지를 형성한다. 건강한 영유아도 감염될 수 있으나 빈혈, 영양불량, 비위생적 환경, 밀집된 주거생활에서 잘 발생하며 수두나 다른 질환에 겹쳐서 나타날 수 있다.

농가진이 발생한 경우 전염성이 매우 강하므로 반드시 격리 조치하고 영유아의 옷이나 수건 등을 분리 소독한다. 항생제를 복용한 지 24시간이 지나고 새로운 증상이 생기지 않으면 전염성이 없어졌다고 볼 수 있다. 합병증이 없는 경우는 대부분 흉터를 남기지 않고 치유된다.

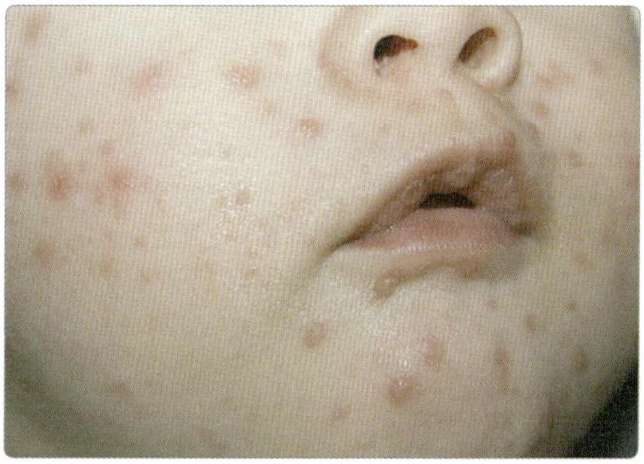

출처: https://www.bing.com/images/

9) 성홍열

성홍열(Scarlet Fever)은 A군 베타용혈성 연쇄구균에 의한 급성 질환으로 5~10세에서 많이 나타난다. 작은 침방울을 통하여 감염되며 보균자의 분비물과 직접접촉으로 전파되고 잠복기는 3일 정도이다. 발열, 인후통, 구토 증상이 생긴 후 12~48시간 안에 발진이 발생하는데, 몸통 상부 즉 얼굴에서 시작하여 팔다리로 퍼져나가 전신에서 선홍색을 보인다. 발진 후에 겨드랑이, 손끝과 발끝 등의 피부가 벗겨진다. 합병증으로 중이염, 축농증, 기관지 폐렴, 류머티스 열 등이 나타날 수 있으므로 조기에 발견하여 초기에 그리고 충분한 기간 동안 항생제로 치료하여 합병증을 방지하는 것이 중요하다. 인후통에는 따뜻한 식염수로 입안을 헹구어 주고 수분을 섭취한다.

10) 일본뇌염

일본뇌염(Japanese Encephalitis) 바이러스를 가지고 있는 매개모기에 물렸을 경우 급성으로 신경계 증상을 일으키는 감염병으로 일본뇌염 매개모기에 물린 사람의 95%는 무증상이며 일부 열을 동반한다. 그러나 극히 드물게 뇌염으로 진행되는 경우, 초기에는 고열, 두통, 구토, 복통, 지각이상이 나타나, 급성기에는 의식장애, 경련, 혼수, 사망에 이를 수 있다. 또 회복기에는 언어장애, 판단능력 저하, 사지운동 저하 등 신경계 합병증으로 후유증 발생 비율이 높은 질병이다.

일본뇌염은 사람이 아닌 뇌염 바이러스를 가진 모기에 물렸을 때 전파된다. 그러므로 일본뇌염 경보가 발생하면 모기가 왕성하게 활동하는 시간대인 새벽과 저녁에 야외 활동을 자제해야 한다. 모든 일본뇌염 매개모기가 바이러스를 가지고 있지는 않지만 일본뇌염 바이러스를 가진 모기에 물렸을 경우 뇌염 등의 합병증으로 진행될 수 있어 각별한 주의가 요구된다.

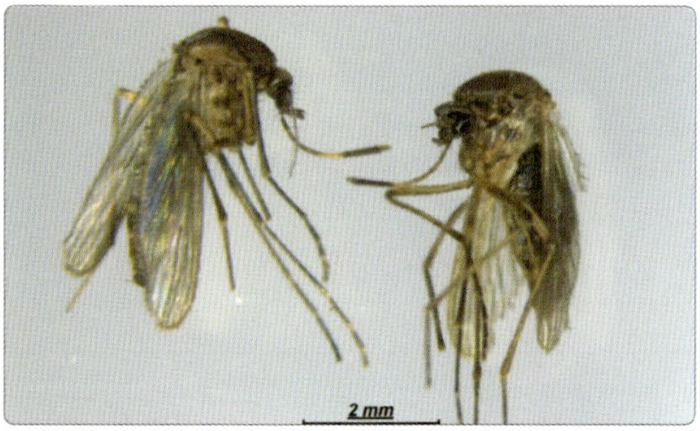

출처: 내외뉴스통신(2023. 3. 26)

11) 독감

독감(Influenza)은 인플루엔자 바이러스 감염에 의한 급성 호흡기 질환으로 주로 11월에서 다음 해 4월까지 유행하며 비말을 통해 전파된다. 일반적으로 전염성이 매우 높다. 잠복기는 1~3일이며 38℃ 이상의 갑작스러운 고열, 두통, 근육통, 피로감 등의 전신증상과 기침, 인후통, 가래 등의 호흡기 증상을 보인다. 인플루엔자 유행 기간 중 38℃ 이상의 갑작스러운 발열과 함께 기침 또는 인후통을 보일 때는 인플루엔자를 의심하여야 한다.

격리는 진단지연 및 급속한 전염으로 그 의미가 별로 없을 수 있으나, 영유아의 경우 가정보육을 통한 격리가 필요하다. WHO 세계보건기구에서 매년 유행 예상 인플루엔자 바이러스를 공시하고 백신을 개발하여 유통하므로 매년 10~12월 또는 유행 시작 1~2주 전 접종을 권한다. 독감은 인플루엔자 백신으로 70~90% 정도의 예방효과를 기대할 수가 있으며, 생후 6개월에서 23개월의 영유아 및 임신부 등은 고위험군으로 예방접종의 우선 대상자가 된다.

출처: 질병관리청 예방접종도우미(2024)

12) 노로바이러스 장염

노로바이러스 장염(Norovirus Gastroenteritis)은 사람의 위와 장에 염증을 일으키는 노로바이러스에 감염되어 일어나는 식중독을 의미한다. 대부분의 바이러스는 낮은 기온에서 번식력이 떨어지지만, 노로바이러스는 낮은 기온에서 오히려 활동이 활발해져서 겨울철 식중독의 주된 원인이 된다.

주요 감염 원인은 노로바이러스에 감염된 식품이나 음료를 섭취하여 감염되거나 다른 질병에 걸린 사람에게 옮기도 한다. 사람에서 사람으로 쉽게 퍼지며, 소량의 바이러스만으로도 감염될 수 있을 정도로 전염성이 높은 것이 특징이다.

노로바이러스에 감염되면 보통 24~48시간의 잠복기를 거치고 구토, 메스꺼움, 오한, 복통, 설사 등의 증상이 나타나고, 근육통, 권태, 두통, 발열 등을 유발하기도 한다. 영유아의 경우는 구토와 물처럼 묽은 설사를 하고, 심한 경우 탈수와 복통 증상을 보이기도 한다.

노로바이러스에 대한 항바이러스제는 없으며, 감염을 예방할 백신도 없다. 대부분 치료하지 않아도 며칠 내 자연적으로 회복되고, 심한 탈수나 전해질 불균형이 발생하면 수액 요법으로 치료한다. 노로바이러스는 70℃에서 5분간 가열하거나,

100℃에서 1분간 가열하면 완전히 소멸한다.

노로바이러스 감염을 예방하기 위해서 다음 사항을 준수한다.

- 노로바이러스 감염은 주로 손을 매개로 이루어지므로, 철저히 손을 씻는다.
- 과일과 채소는 깨끗이 씻고, 음식물은 온도가 75℃ 이상 되도록 충분히 익혀 먹는다.
- 질병 발생 후 오염된 표면은 소독제로 철저히 세척하고 살균한다.
- 바이러스에 감염된 옷과 이불 등은 즉시 비누와 뜨거운 물로 세탁한다.

출처: 보건복지부 트위터

13) 코로나바이러스감염증-19(COVID-19)

코로나바이러스감염증-19는 코로나바이러스 감염에 의한 신종 감염병으로 호흡기 증후군을 말한다. 대개 감염자의 침방울이나 감염자와 2m 이내 밀접 접촉으로 전파되며, 밀폐된 공간 등 특정 환경에서는 공기 전파나 표면 접촉을 통해서도 제한적으로 감염될 수 있다. 잠복기는 14일 정도이며 평균 5~7일로 본다.

주요 증상은 발열(37.5℃ 이상), 기침, 호흡곤란, 오한, 근육통, 두통, 인후통, 후각 · 미각 소실 등이며, 피로, 식욕감소, 가래, 소화기 증상(오심, 구토, 설사 등), 어지러움, 콧물이나 코막힘, 객혈, 흉통, 결막염, 피부 증상 등이 다양하게 나타나기도 한다. 치료는 수액을 보충하거나 해열제 처방 등 대증치료가 이루어지며, 감염이 의심되거나 증상이 나타나면 격리 후 진단검사 및 의료처치를 받도록 한다.

코로나바이러스감염증-19의 예방 중 가장 기본적인 방법은 올바른 손 씻기의 습관화이다. 외출 후, 배변 후, 식사 전 · 후, 기저귀 교체 전 · 후, 코를 풀거나 기침 · 재채기 후 흐르는 물에 비누로 30초 이상 손을 씻는 것이 필요하다. 더불어 기침 예절을 준수해야 한다. 기침할 때는 휴지나 옷소매 위쪽으로 입과 코를 가리고 하고, 호흡기 증상이 있는 경우 반드시 마스크를 착용한다. 또한 씻지 않은 손으로 눈, 코, 입 만지지 않는 것을 준수해야 한다(질병관리청, 2024).

2023.11.2.

질병관리청

고위험군 영유아 및 소아는 코로나19 예방접종에 참여해주세요!

Q. 고위험군에는 어떤 질병이 포함되나요?

영유아(6개월-4세) 고위험군

- 심각한 면역 저하자 : 고용량 스테로이드(prednisone 기준 20 mg/일 또는 2 mg/kg/일 이상)를 장기간(14일 이상) 사용하는 경우, 혈액암 등 항암치료 중인 경우, 면역억제제 치료를 받고 있는 경우, 장기이식환자, 중증면역결핍질환 및 HIV 감염 등
- 골수 또는 조혈모세포 이식, 또는 키메라 항원 T 세포(CAR-T) 요법을 받고 있는 경우
- 만성폐질환, 만성심장질환, 만성간질환, 만성신질환, 신경-근육질환
- 중증뇌성마비 또는 다운 증후군(삼염색체증 21)과 같이 일상생활에 자주 도움이 필요한 장애
- 이외에도, 상기 기준에 준하는 고위험군 영유아(6개월-4세)로서 접종이 필요하다고 판단되는 경우 의사소견에 따라 접종 권고

소아(5세-11세) 고위험군

- 만성폐질환, 만성심장질환, 만성간질환, 만성신질환, 신경-근육질환
- 당뇨, 비만, 면역저하자(면역억제제 복용자)
- 만성질환으로 사회복지시설 등 집단시설에서 치료, 요양, 수용 중인 소아
- 이외에도, 상기 기준에 준하는 고위험군 5-11세 소아로서 접종이 필요하다고 판단되는 경우 의사소견에 따라 접종 권고

Q. '23-'24절기 영유아 및 소아 코로나19 예방접종은?

권고대상 영유아(6개월-4세) 및 소아(5세-11세) 고위험군 * 희망하는 경우, 고위험군 외 접종가능

접종일정 2023.11.01.(수)~2024.3.31.(일)

접종장소 위탁의료기관(병·의원) 및 보건소
*사전 예약 없이도 **당일에 바로 접종이 가능**합니다(사전예약 누리집(https://ncvr.kdca.go.kr) 접속)

접종백신

구분		접종백신
소아(5-11세)		이전 접종력과 관계 없이 모더나 백신 1회
영유아 (6개월-4세)	미접종자	모더나 백신 2회 또는 화이자 백신* 3회
	기접종자	화이자 백신* -이전 접종 횟수에 따라 1회 또는 2회

* 백신 도입 후 접종 가능

Q. 잠깐, 코로나19 백신과 인플루엔자 백신을 같이 맞아도 될까요?

◆ 가능하다면 **두 백신을 같은 날 동시에 맞으실 것을 권고**합니다.
◆ 두 백신을 동시에 접종하는 것과 각각 접종하는 것을 비교하였을 때, **면역 형성이나 안전성에서 유의미한 차이가 없었습니다.**

CHAPTER 5

감염관리

2023. 11. 28 질병관리청

'23-'24절기 코로나19백신 접종 실시기준 요약

12세 이상

미접종자 또는 1회 이상 코로나19 백신 접종자 ↔ 접종간격 90일 이상 ↔ XBB.1.5 (모더나·화이자·노바백스 백신) 1회 접종

5-11세

미접종자 또는 1회 이상 코로나19 백신 접종자 ↔ 접종간격 90일 이상 ↔ (모더나XBB.1.5 백신※) 1회 접종

※ (모더나 백신) 12세 이상 대비 절반 용량(0.25ml) 접종 → 1회 접종 완료 후 남은 잔량 반드시 모두 폐기, 타인 접종 불가

6개월-4세

① 미접종자

(모더나XBB.1.5 백신)

(모더나XBB.1.5 백신※) 1차 접종 ↔ 접종간격 8주 이상 ↔ 2차 접종

※ (모더나 백신) 12세 이상 대비 절반 용량(0.25ml) 접종 → 1회 접종 완료 후 남은 잔량 반드시 모두 폐기, 타인 접종 불가

(영유아용 화이자XBB.1.5백신)

(영유아용 화이자XBB.1.5 백신) 1차 접종 ↔ 접종간격 8주 이상 ↔ 2차 접종 ↔ 접종간격 8주 이상 ↔ 3차 접종

② 이전 화이자 단가백신 1회 접종자

(영유아용 화이자XBB.1.5 백신)

이전 단가백신 접종 ↔ 접종간격 8주 이상 ↔ (영유아용 화이자XBB.1.5 백신) 1차 접종 ↔ 접종간격 8주 이상 ↔ 2차 접종

③ 이전 화이자 단가백신 2회 이상 접종자

(영유아용 화이자XBB.1.5 백신)

이전 단가백신 접종 ↔ 접종간격 8주 이상 ↔ (영유아용 화이자XBB.1.5 백신) 1차 접종

출처: 질병관리청 홈페이지

2 감염병 관리

영유아 대상 감염병 관리에 대한 일반적 지침 및 격리의 내용은 다음과 같다.

1) 감염병이 의심되는 영유아의 일반적 지침

- 아픈 영유아가 발생하면 즉시 다른 영유아들과 격리한다.
- 영유아의 증상을 관찰하고 기록한다(평소와 다른 행동, 기침, 발열, 식욕저하 충혈, 설사, 구토, 발진 등).
- 병원 진료가 필요할 경우 보호자에게 연락하여 치료를 받고 가정보육을 한다.
- 아픈 영유아가 사용한 장난감을 구별하여 소독한다.
- 증상이 유사한 경우에도 의사의 진단이 있기 전까지 아픈 영유아들을 같은 장소에 있게 하지 않는다.
- 법정 감염병일 경우 전문의의 지시를 따르고 보건소나 협력병원의 자문을 구하여 조치한다.
- 보호자가 올 때까지 영유아와 교사의 손을 잘 씻도록 한다.
  - 손을 씻을 때는 30초 이상 손바닥, 손등을 서로 마주하여 문지르고 손깍지와 손가락을 문지르며 손톱 밑도 깨끗하게 씻는다.
  - 기침 · 재채기할 땐 휴지나 손수건 혹은 옷소매로 입과 코를 가리고 하고, 기침 · 재채기 후 비누로 30초 이상 손을 씻는다.

올바른 손 씻기 6단계

기침 예절 수칙

출처: 질병관리청(2023)

2) 격리가 필요한 경우와 격리 기간

- 발열과 함께 구역질, 구토 등이 있을 때
- 열과 함께 몸에 발진이 돋았을 때
- 설사, 구토, 황달이 관찰될 때
- 최근 24시간 내 두 번 이상 구토할 때
- 피부나 눈에 황달이 관찰될 때
- 영유아가 계속 보채고 달래지지 않고 지속적으로 울 때

| 표 5-2 | 격리 기간

설사	설사를 마친 후 24시간
머릿니	첫 치료시작 24시간
A형 간염	황달시작 시점에서 7일간
농가진	항생제 사용 시작시점에서 24시간
독감	증상 시작 후 5일간
홍역	발진 발생 후 5일간
뇌막염	의사에 의해 괜찮다는 판정을 받을 때까지
유행성 이하선염	볼이 붓기 시작 시점에서 9일간
백일해	항생제 사용 시작 시점에서 5일간, 항생제 사용하지 않은 상황이면 3주간
폐렴	의사에 의해 괜찮다는 판정을 받을 때까지
풍진	발진 발생 후 7일간
옴	치료 시작 시점에서 24시간
성홍열	항생제 치료 시작 시점에서 24시간
이질	대변 검사에서 2회 연속 음성인 경우
결핵	결핵 전문 소아청소년과 상담
구토	구토가 멎을 때까지
수두	발진 발생 후 5일, 더 이상 생기지 않고 딱지가 다 생길 때까지

출처: 보건복지부(2011)

3) 감염병이 의심되는 교사의 격리 지침

- 영유아와 동일한 격리 지침을 적용한다.
- 감염병이 의심되는 교사는 진단 전이라도 영유아를 보육해서는 안 된다.
- 기본적으로 손을 자주 씻고, 감염이 의심이 될 경우 영유아와의 접촉을 줄인다.
- 감염관리에 대한 내용을 문서화하고 근무 전 사전교육을 제공한다.
- 임신 중인 교사, 특히 임신 초기인 경우 수두, 풍진 등의 감염에 더욱 주의한다.

| 표 5-3 | 보육통합정보시스템 감염병 발생 보고서 양식

보육통합정보시스템 감염병 발생 보고서 양식

<작성 방법>
- 보고 질환: 수족구병 등 12가지 감염병 외 기타 감염병
  ※ 질병종류는 유행정도에 따라 변경될 수 있음
- 보고대상자: 해당질병으로 **'의사진단을 받은 아동'에 한하여 연령별 아동 수 기재**
- 보고시기: 매주 월요일에 보고(지난주 월~토에 발생한 현황을 집계하여 보고)

보고대상기간	년 월 주(전주 월~토까지)						
연령별 / 질 병 명	0세	1세	2세	3세	4세	5세 이상	보육교직원
수족구병	명	명	명	명	명	명	명
풍진	명	명	명	명	명	명	명
유행성 결막염	명	명	명	명	명	명	명
인플루엔자(유행성 독감)	명	명	명	명	명	명	명
장염	명	명	명	명	명	명	명
홍역	명	명	명	명	명	명	명
유행성이하선염(볼거리)	명	명	명	명	명	명	명
전염성농가진	명	명	명	명	명	명	명
수두	명	명	명	명	명	명	명
무균성수막염	명	명	명	명	명	명	명
결핵	명	명	명	명	명	명	명
성홍열	명	명	명	명	명	명	명
기타 감염병	명	명	명	명	명	명	명
아동상태	□ 자택격리 중: ○명 □ 등원중: ○명 □ 사망: ○명 □ 기타 ( ) 직접입력						
조치사항	(해당사항을 모두 체크) □ 어린이집 소독실시 □ 타아동의 감염여부 확인(검진실시 등) ※ 의심 증상 아동은 즉시 병원내원 조치 □ 각 가정에 감염병 발생사실 공지 □ 기타 ( ) 직접입력						
조치계획	(해당사항을 모두 체크) □ 어린이집 소독실시 □ 타아동의 감염여부 확인 □ 각 가정에 감염병 발생사실 공지 □ 기타 ( ) 직접입력						
교직원 상태	□ 자택격리 중: ○명 □ 출근중: ○명 □ 사망: ○명 □ 기타 ( ) 직접입력						
조치사항	(해당사항을 모두 체크) □ 보육시설 소독실시 □ 어린이집내 감염여부 확인(검진실시 등) ※ 의심 증상 아동은 즉시 병원내원 조치 □ 각 가정에 감염병 발생사실 공지 □ 기타 ( ) 직접입력						
조치계획	(해당사항을 모두 체크) □ 보육시설 소독실시 □ 어린이집내 감염여부 확인(검진실시 등) □ 각 가정에 감염병 발생사실 공지 □ 기타 ( ) 직접입력						

출처: 보건복지부(2024)

chapter 6

건강검진과 예방접종

영유아기에 형성된 건강은 생애 발달과 성장의 기초를 형성하고 이후 건강한 삶을 유지하는 데 기반을 이룬다. 「유아교육법」 및 「영유아보육법」에 의하면, 유치원과 어린이집의 장은 영유아와 교직원이 정기적으로 건강진단을 실시할 수 있도록 관리해야 한다. 본 장에서는 영유아와 교직원을 대상으로 한 건강검진의 방법과 내용을 살펴본다.

6

1 건강검진

1) 영유아의 건강검진

영유아 건강검진은 생후 14일부터 71개월까지의 영유아를 대상으로 하는 성장 단계별 건강검진 프로그램이다. 영유아 기관의 장은 「국민건강보험법」 제52조, 같은 법 시행령 제25조 및 「의료급여법」 제14조의 규정에 의해 차수에 맞는 영유아 건강검진을 매년 1회 이상 실시해야 한다. 다만, 보호자가 별도로 건강검진을 실시하여 검사결과 통보서를 기관에 제출할 경우에는 건강검진을 생략할 수 있다. 보호자가 건강검진을 거부할 경우, 원장은 건강검진에 대한 안내를 3회 이상 고지해야 하고, 안내 후에도 거부할 경우에는 건강검진 실시 여부와 거부 사유를 생활기록부 등에 기록하여 관리하도록 한다(보건복지부, 2023).

출처: 국민건강보험공단 홈페이지

(1) 건강검진의 시기 및 항목

영유아 건강검진은 「건강검진기본법」 제11조(건강검진종합계획) 및 제12조(국가검진의 시행)에 따라 국민건강보험과 국가 및 지방자치단체에서 무상으로 실시한다. 영유아 건강검진은 생후 2주부터 71개월 사이 영유아를 대상으로 성장 시기별로 성장 및 발달검사, 구강검진 등을 총 8차(일반검진 8회, 구강검진 3회)에 걸쳐 실시한다. 2021년 1월 1일 출생자부터 적용되는 영유아 초기 건강검진은 발달성 고관절 이형성증 등 생후 초기 발견 가능한 질환을 조기 발견하여 정상적인 성장 및 발달을 지원하는 목적을 지닌다. 영유아 건강검진은 다음의 6개 항목으로 구성된다(국민건강보험공단, 2023).

| 표 6-1 | 취학 전 준비 검진 항목

검진 시기			취학 전 준비
1차	건강검진	생후 14~35일	문진 및 진찰, 신체계측, 건강교육
2차	건강검진	생후 4~6개월	문진 및 진찰, 신체계측, 건강교육
3차	건강검진	생후 9~12개월	문진 및 진찰, 신체계측, 발달선별검사 및 상담, 건강교육
4차	건강검진	생후 18~24개월	문진 및 진찰, 신체계측, 발달선별검사 및 상담, 건강교육
	구강검진	생후 18~29개월	구강문진 및 진찰, 구강보건교육
5차	건강검진	생후 30~36개월	문진 및 진찰, 신체계측, 발달선별검사 및 상담, 건강교육
	구강검진	생후 30~41개월	구강문진 및 진찰, 구강보건교육
6차	건강검진	생후 42~48개월	문진 및 진찰(귓속말검사), 신체계측, 발달선별검사 및 상담, 건강교육
	구강검진	생후 42~53개월	구강문진 및 진찰, 구강보건교육
7차	건강검진	생후 54~60개월	문진 및 진찰, 신체계측, 발달선별검사 및 상담, 건강교육
	구강검진	생후 54~65개월	구강문진 및 진찰, 구강보건교육
8차	건강검진	생후 66~71개월	문진 및 진찰(예방접종확인), 신체계측, 발달선별검사 및 상담, 건강교육

출처: 국민건강보험공단 홈페이지

① 문진 및 진찰: 문진표, 진찰, 청각 및 시각문진, 시력검사, 귓속말검사, 예방접종 확인

② 신체계측: 키, 몸무게, 체질량, 머리둘레

③ 건강교육: 안전사고 예방, 영양, 수면, 구강, 대소변가리기, 전자미디어 노출, 정서 및 사회성, 개인위생, 취학전 준비교육

④ 발달선별검사 및 상담: 한국 영유아 발달선별검사(K-DST) 사용

⑤ 구강문진 및 진찰

⑥ 구강보건교육: 매뉴얼을 이용한 보호자 및 유아 구강보건교육

출처: 국민건강보험공단 홈페이지

| 표 6-2 | 영유아 구강검진 결과 통보서(18~29개월)

영유아 구강검진 결과 통보서 (18-29개월)

성명　　주민등록번호　　–　　검진일자　년　월　일

1 | 구강검진 종합 소견

- **판정** □ 양호 □ 주의 □ 추가검사필요

구강질환이 확인(또는 의심)됩니다.	다음 사항에 대한 후속조치가 필요합니다.	다음 사항에 대한 생활습관 개선이 필요합니다.

2 | 구강검진 결과는?

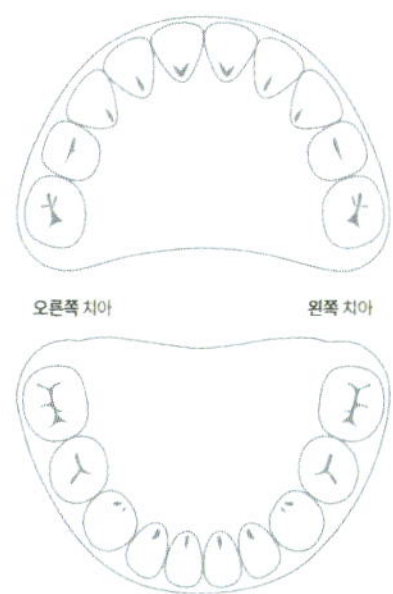

우식(충치)치아	●	수복(때우거나 씌운) 치아	F
우식(충치)의심치아	◐	미맹출 치아	═
우식발생위험 치아	◎		

- **치아 통증(문진)** □ 없음 □ 있음
- **치아검사, 치아우식(충치) 검사**
  1. 우식(충치)치아 □ 없음 □ 있음
  2. 우식(충치)의심치아 □ 없음 □ 있음
  3. 우식발생위험치아 □ 없음 □ 있음
  4. 수복(때우거나 씌운)치아 □ 없음 □ 있음
  5. 미맹출치아 □ 없음 □ 있음
- **구강위생상태** (음식물 잔사 및 치면세균막)
  □ 우수 □ 보통 □ 개선요망
- **기타 이상 소견**

★ 위 검사는 사진으로 판정한 간이선별검사이며, 보다 정확한 검사를 위한 정밀검사를 필요로 합니다.

3 | 치아 우식 위험도는? 고위험 중위험 저위험

	현재	목표	건강신호등
구강위생관리	규칙적 칫솔질 (보호자 시행·감독)	하루 2회 이상 칫솔질 잠자기 전 칫솔질 실천 치실 사용 권장	
불소이용	불소치약 사용 정기적 불소도포	불소치약 사용 (치약의 양 : 쌀 알 크기) 정기적 불소도포 받기	
설탕섭취	당 함유 간식 섭취 당 함유 음료 섭취	당이 함유된 간식, 음료 하루 총 3회 이하 섭취	
생활습관	분유병 사용 치과 병 의원 방문	분유병 떼기 (분유병 급유 후 구강관리) 연 1회 이상 치과 방문하기	
병력	치료 중 질병 | 약 복용 유무 가족의 현재 치아우식(충치)	철저한 구강관리	

* 위 결과는 문진표를 바탕으로 현재 상태와 목표치를 제시한 것입니다. 건강신호등에서 주의 또는 위험에 해당하는 요인에 대해서는 적극적인 개선 노력이 필요합니다.
위 목표 상태는 일반적인 권고안에 따른 것으로, 개인의 건강수준에 따라 달라질 수 있으므로 치과의사와 상담하십시오.

귀하의 구강검진 결과를 위와 같이 통보합니다. | **판정일** 0000년 00월 00일 | **치과의사** 면허번호 000000 / 성명 000 / (서명란) | **요양기관기호** 0000000

본 구강검진 결과 통보서는 상급병원에서 요양급여(진료)가 필요하다는 구강검진 종합소견이 있는 경우 요양급여의뢰서(진료의뢰서)로 갈음됩니다.

출처: 보건복지부, 질병관리청, 국민건강보험(2022)

(2) 건강검진의 방법

영유아 건강검진은 「건강검진기본법」 제14조에 따라 영유아 검진기관으로 지정된 의료기관(보건소, 의원, 병원) 등을 방문하여 영유아 건강검진 주기에 맞춰서 검진을 받아야 한다. 유치원이나 어린이집에 입학하는 영유아는 건강검진 결과통보서를 제출해야 하며, 당해 연도 검진기간이 도래하지 않은 경우 입소한 후 검진기간이 되었을 때 검진결과를 제출하도록 한다.

건강검진은 영유아의 정상적인 성장과 발달을 확인하기 위한 검진으로 양호판정을 받은 경우라도 추후 성장발달 과정에서 이상 소견이 발견될 수 있고, 검진 결과가 '양호'로 판정되었더라도 지속적인 건강관리를 해야 한다. 판정결과가 '주의'나 '정밀평가 필요'인 경우 의사와 상담하여 조치를 취하도록 하고, 다음 검진 시에 결과통보서를 지참하면 검진 결과 판정에 많은 도움을 받을 수 있다. 건강검진에서 귓속말 검사를 통해 난청을 확인할 수도 있다.

선천성 난청검사 및 보청기 지원사업

2021년부터 영유아 보청기 양측 확대 지원

01 지원대상(공통)

- ❖ 기준 중위소득 180% 이하 가구
- ❖ 다자녀 가구는 소득수준 관계없이 지원 가능

02 난청 검사비(선별/확진) 지원

- ❖ 지원내용
  - 신생아 외래 청각선별검사 본인부담금 및 선별검사에서 재검 판정된 경우 난청 확진검사비 지원

03 보청기 지원

- ❖ 지원 요건(모두 충족 시)
  - ① 난청으로 확진받은 36개월 미만 영유아
  - ② 양측성 난청이며, 청력이 좋은 귀의 평균청력역치가 40-59dB 범위의 난청이 있는 경우 (청각장애등급을 받은 환아는 제외)
- ❖ 지원내용
  - 영유아 1명당 2개(2021년부터 양측 1→2개 지원)까지 보청기 지원(개당 131만원 한도)

※ 자세한 사항은 관할 보건소, 보건복지상담센터(129) 문의 또는 신생아청각선별검사 사이트 (www.hearingscreening.or.kr) 참고

영유아
건강검진
**귓속말
검사**

42~48개월

"귓속말 검사 후 문진표를 작성 하시기 바랍니다"

"맨 뒷장에 귓속말 검사 그림판이 있습니다"

06 / 07

★ 중등도 이상의 난청을 발견하기 위하여 **만4세 시기에 '귓속말 검사' 를 가정에서 실시**합니다.
그림카드를 사용하여 실시 후, **걱정되는 부분이 있으면 상담**해 주세요.
그림카드에 사용되는 단어는 **주파수별 대표하는 음소들로 구성**되어 있습니다.

① 그림을 아이를 향해서 놓고 서로 마주 보고 앉는다.
② **"여기 있는 그림의 이름을 말할 테니, 엄마(아빠)가 말하는 그림을 가리켜봐"** 라고 아이에게 말하고, 보통의 목소리(대화할때의 목소리)로 그림카드에 표시된 그림의 이름을 말해서, 아이가 6개의 그림 전부를 정확하게 가리킬 수 있도록 한다.
③ 자세를 바꾸어 아이의 우측 귀에서 **어른 한팔 정도 떨어진 거리(60cm) 정도에 위치**하고 좌측 귀를 아이의 손가락으로 막도록 한다.
④ **"이번엔 작은 소리로 그림의 이름을 말할 테니 잘 듣고 따라 말하면서 가리켜봐."** 라고 아이에게 말하고 입을 손등이나 종이로 완전히 가리고 6개의 그림 이름을 속삭이는 목소리로 1번씩만 말하여 바르게 가리키면 아래의 표에 O, 가리키지 못하면 X를 기입한다.
⑤ 좌측 옆으로 위치를 바꾸어 우측 귀를 막도록 하여 같은 방법으로 시행한다.
(양측 어느 하나라도 맞추지 못하여 "X" 인 경우 해당 문진표에 결과를 표시해주세요.)

〈우측 귀〉

햇님	김밥	칫솔	케익	트럭	만두

〈좌측 귀〉

케익	트럭	햇님	칫솔	만두	김밥

좌측 위로부터 시계방향으로 햇님, 김밥, 케익, 만두, 트럭, 칫솔

[귓속말 검사에 사용하는 그림판]

출처: 한국 유아 귓속말검사 안내서

★ 검사 주의 사항
- 검사를 시행하는 보호자가 청력손실이 의심되는 경우 청력이 양호한 다른 보호자가 검사를 시행합니다.
- 검사 시 그림 이름은 1회만 말해주고 되물어도 다시 말해주어서는 안 됩니다.
- '보통 크기의 목소리' 는 조용한 곳에서 편안히 전화 받을 때 말하는 크기 정도입니다.
- '속삭이는 소리' 는 다른 사람이 듣지 않게 귀에 대고 말할 때 성대를 울리지 않고(목에 손을 댔을 때 진동을 느끼지 못함) 작게 내는 소리입니다. 아이 귀에 가까이 가지 않고 한팔 간격으로 떨어진 채로 속삭여 주세요.

출처: 국민건강보험공단 홈페이지

(3) 영유아 건강검진 관련 Q & A

다음은 국민건강보험공단 홈페이지에 수록된 건강검진에 대한 궁금한 사항들과 그에 대한 답변으로 이를 통해 영유아 건강검진에 대한 이해를 높이고자 한다. 내용은 다음과 같다.

Q1: 영유아 건강검진은 어떤 제도입니까?

A1: 영유아의 건강증진을 도모하고 건강한 미래 인적자본으로 성장하도록 지원하는 사업입니다. 생후 14일~71개월 기간에 월령별로 총12회(4차례의 구강검진 포함)에 걸쳐 본인 부담 비용 없이 건강검진을 받을 수 있으며, 영유아 월령에 적합한 건강검진 프로그램으로 영유아의 성장, 발달사항을 추적 관리하고 보호자에게 적절한 교육 프로그램을 제공합니다. 기존 검사 위주의 검진에서 벗어나 영유아의 특성을 고려

하여 문진 및 진찰, 신체계측, 건강교육, 발달평가 및 상담으로 설계한 맞춤형 검진프로그램입니다.

Q2: 영유아 검진은 왜 받아야 하며, 어떤 효과가 있나요?

A2: 영유아는 6세 이전에 신체와 두뇌의 80%가 완성되며, 이 시기의 질환이나 성장, 발달 이상은 평생 영향을 미치기 때문에 예방과 조기 검진이 무엇보다도 중요합니다. 영유아의 성장, 발달 사항을 월령에 따라 추적 관리하는 건강검진을 통하여 발달지연, 과체중 등 성장 이상과 발달 이상을 조기에 진단할 수 있습니다. 검진을 통해 발견된 영유아기의 질환이나 성장, 발달 이상을 조기치료 할 경우 완치율이 높아 건강한 삶을 유지할 수 있습니다.

Q3: 영유아 건강검진 시 주의사항은 어떻게 되나요?

A3: 검진 시기를 넘기지 않도록 합니다. 영유아 건강검진은 생후 14일부터 71개월까지 검진시기별로 1회에 한하여 받을 수 있습니다(건강검진 8회, 구강검진 4회). 문진표 및 발달선별 검사지는 보호자가 직접 작성합니다. 보호자는 공단 홈페이지 · 모바일앱(The건강보험) 또는 검진기관에 비치된 문진표 및 발달선별검사지를 작성해야 합니다.

※ 공단 홈페이지(https://www.nhis.or.kr) 〉 인증서 로그인 〉 건강iN 〉 가족건강 관리 〉 자녀(영유아)건강검진정보 〉 문진표/발달선별 검사지 작성

※ 모바일앱(The건강보험) 〉 인증서 로그인 〉 전체메뉴 〉 건강iN 〉 자녀 건강(검진) 〉 문진표 및 발달선별 검사지 작성

건강검진		구강검진	
구분	실시시기	구분	실시시기
1차	생후 14~35일		
2차	생후 4~6개월	-	-
3차	생후 9~12개월	-	-
4차	생후 18~24개월	1차	생후 18~29개월
5차	생후 30~36개월	2차	생후 30~41개월

6차	생후 42~48개월	3차	생후 42~53개월
7차	생후 54~60개월	4차	생후 54~65개월
8차	생후 66~71개월	-	-

Q4: 영유아 건강검진 기관은 어디서 확인할 수 있나요?

A4: 전국에 지정된 모든 영유아 검진기관은 홈페이지 · 모바일앱(The건강보험)에서 확인할 수 있습니다.

※ 공단 홈페이지(https://www.nhis.or.kr) 〉 건강iN 〉 검진기관/병원찾기 〉 검진 기관정보 〉 검진기관 찾기

※ 모바일앱(The건강보험) 〉 건강iN 〉 자녀 건강(검진) 〉 기관찾기 〉 영유아 검진기관 찾기

※ 검진기관의 사정에 따라 예약이 조기에 마감될 수 있으니 검진가능기간을 고려하여 반드시 사전예약 후 검진을 받으시기 바랍니다.

Q5: 영유아 건강검진비용은 얼마를 부담해야 합니까?

A5: 검진비용은 개인이 부담하지 않고 건강보험재정 및 국가예산으로 부담합니다. 검진시기별 평균비용은 40,860원(2023년 수가 기준)입니다.

검진시기	1인당 검진비(원)
생후 14~35일	27,100
생후 4~6개월	29,200
생후 9~12개월	37,120
생후 18~24개월	53,120(구강검진비용 15,340 포함)
생후 30~36개월	51,020(구강검진비용 15,340 포함)
생후 42~48개월	46,820(구강검진비용 15,340 포함)
생후 54~60개월	46,820(구강검진비용 15,340 포함)
생후 66~71개월	33,580

※ 검진비용: 검진기관에 건강보험재정 및 국가예산으로 검진비 전액지급

Q6: 영유아 건강검진 대상자 여부, 검진 가능기간 확인은 어떻게 합니까?

A6: 공단에서 검진시기가 도래하면 전자문서 또는 우편으로 보내 드리는 영유아 건강검진표로 확인할 수 있습니다.

※ 우편은 모바일 전자문서 미열람자에 한해 발송합니다.
- 영유아 검진대상자 확인
- 홈페이지·모바일앱(The건강보험)에서 출생일로 조회

※ 공단 홈페이지(https://www.nhis.or.kr) 〉 인증서 로그인 〉 건강iN 〉 가족건강관리 〉 자녀(영유아) 건강검진정보 〉 검진대상조회

※ 모바일앱(The건강보험) 〉 인증서 로그인 〉 전체메뉴 〉 건강iN 〉 자녀건강(검진) 〉 영유아 검진대상 조회
- 고객센터(1577-1000) 문의
- 영유아 검진결과조회는 홈페이지·모바일앱에서 확인 가능합니다.
- 공단 홈페이지(https://www.nhis.or.kr) 〉 인증서 로그인 〉 건강iN 〉 가족건강관리 〉 자녀(영유아) 건강검진정보 〉 영유아건강검진 결과조회
- 모바일앱(The건강보험) 〉 인증서 로그인 〉 전체메뉴 〉 건강iN 〉 자녀건강(검진) 〉 영유아 건강검진결과조회

※ 영유아 건강검진결과통보서 상세내역 확인 및 프린트는 홈페이지에서만 가능합니다.

※ 공단의 영유아 건강검진결과는 어린이집 및 유치원 재원 영유아 건강검진으로 대체 가능합니다.

Q7: 영유아 건강검진은 모든 질환의 발견이 가능하나요?

A7: 영유아 건강검진은 기존의 검체 · 검사 위주의 검진에서 벗어나 영유아의 성장 및 발달 사항을 추적 관리하고 보호자에게 적절한 육아 지침을 제공하는 것을 우선적으로 하는 검진 프로그램입니다. 따라서, 확진을 위한 검사보다 건강검진의 본래의 취지에 따라 영유아에서 특히 문제가 되는 질환들의 고위험군을 선별해내기 위한 진찰 위주의 검사로 이루어져 있습니다.

Q8: 영유아 검진결과 이상 소견이 있는 경우 2차 검진을 받을 수 있나요?

A8: 현재 영유아 건강검진은 2차 검진이 없으며, 검진결과 이상소견이 있을 경우(질환 의심 등으로 '정밀평가 필요'로 판정된 경우 등) 전문 의료기관으로 안내하고 있습니다. 검진을 담당한 의사의 상담, 종합판정, 소견 및 조치사항 등 검진결과에 따라 전문병원(대학병원 등)의 정밀검진 및 진료가 필요한 경우, 영유아건강검진결과통보서와 건강보험증을 지참하여 2단계 진료를 받아야 하며, 이때 비용은 동 사업에서 지원하지 않으며, 관련 법령에 따라 본인부담금을 지불해야 합니다.

※ 다만, 발달평가결과 '심화평가 권고 영유아' 중 기초생활수급자(의료·주거·생계)는 최대 40만 원, 건강보험가입자는 최대 20만 원까지 거주지 관할 보건소(보건의료원)로부터 발달 정밀검사비를 지원받을 수 있습니다.

Q9: 검진 가능기간 내에 영유아 검진을 받지 못했는데 연장이 가능할까요?

A9: 공단에서 진행하는 영유아 검진은 반드시 검진 가능기간 내에 검진을 받아야 합니다. 영유아 시기는 급속한 성장 및 발달(월령별 문진 및 발달평가)이 이루어지므로 성장단계별로 해당 시기에 검진을 받지 아니하면 검진효과가 떨어지므로 검진기간 연장은 불가능합니다.

Q10: 영유아 건강검진은 「영유아보육법」,「유아교육법」에 따른 건강검진인가요?

A10: 영유아 건강검진은 「국민건강보험법」 및 「의료급여법」에 따라 6세 미만(생후 14일~71개월) 영유아를 대상으로 실시하며, 「영유아보육법」 및 「유아교육법」에 따른 건강검진과 다른 제도입니다. 다만, 동일 대상에 대해 건강검진이 중복 실시되지 않도록 보육시설에 다니는 아이들의 건강검진을 '영유아 건강검진'으로 갈음하도록 방침을 정한 것입니다.

※ 유사사례: 현행 「산업안전보건법」에 따른 근로자 건강진단은 「국민건강보험법」에 따른 일반건강검진으로 갈음할 수 있음

Q11: 발달선별검사 결과 '심화평가 권고'로 판정 받으면 어떤 조치를 해야 하나요?

A11: '심화평가 권고' 판정은 발달지연이 의심된다는 의미이며, 발달지연으로 진단된 것은 아닙니다. 아이들의 발달 속도는 차이가 있고 불균형적일 수 있어 발달지연이 의심되다가도 정상적으로 잘 자라는 경우가 많습니다. 그러나 통계적으로 선별검사에서 '심화평가 권고'에 해당하는 경우 약 75% 정도에서 실제 발달 장애가 발생할 가능성이 있으므로 주치의와 상의하신 후 발달 정밀검사가 가능한 전문 의료기관에서 정확한 진단 평가를 받으실 것을 권합니다.

Q12: 영유아 건강검진 웹(Web) 문진표와 발달선별검사지 작성은 어떻게 할 수 있나요?

A12: 공단 홈페이지(https://www.nhis.or.kr) 〉 인증서 로그인 〉 건강iN 〉 가족건강관리 〉 문진표/발달선별검사지 작성 메뉴 클릭 〉 작성하기 〉 저장하기

모바일앱(The건강보험) 〉 인증서 로그인 〉 전체메뉴 〉 건강iN 〉 자녀 건강(검진) 〉 문진표 및 발달선별검사지 작성 메뉴 클릭 〉 작성하기 〉 저장하기

문진표/발달선별검사지를 저장하면 작성자(보호자)의 생년월일 중 월일(숫자4자리)이 등록번호로 자동 설정되며, 검진기관 방문 시 알려주셔야 합니다.

※ 해당 서비스는 영유아와 보호자(법정대리인)의 관계가 확인되는 경우에만 이용이 가능합니다.

① 부모(법정대리인)가 건강보험증의 가입자(세대주)이고 영유아와 함께 등록된 경우 → 문진표/발달선별검사지 작성 메뉴 공동인증서 로그인 〉 웹서비스 이용

② 부모(법정대리인)가 건강보험증에 영유아와 함께 등록되지 않은 경우 → 「영유아 문진표 작성」하단의「영유아와 보호자 관계확인 신청」 → 승인 완료되면 웹서비스 이용 가능(공단 전산으로 가족관계 확인이 어려운 경우 가족관계등록부 등을 영유아(자녀)소속 지사로 제출)

2) 교직원의 건강검진

영유아의 건강을 지원하기 위해서는 영유아들과 함께 생활하는 교직원들의 건강관리가 매우 중요하다. 유치원과 어린이집 원장은 영유아의 건강검진과 더불어 교직원의 건강검진을 매년 1회 이상 정기적으로 실시하고 증빙자료를 기록하여 보관해 두어야 한다.

교직원을 신규 채용할 때에는 채용신체검사서(공무원 채용신체검사서 준용 가능)를 구비하고, 그 외의 경우 「국민건강보험법」에 따라 일반 건강검진을 실시한다. 식품위생법 제40조제1항 및 동법 시행규칙 제49조에 의해 영양사, 조리사, 조리원은 건강진단서를 첨부하여 제출하도록 한다. 건강진단 항목에는 장티푸스, 결핵, 전염성 피부질환 등 전염성 질환이 포함되어야 하고, 대체교사, 특별활동강사, 실습생, 자원봉사자 등도 건강진단을 실시하도록 한다.

건강진단을 실시한 결과 전염성 질환에 감염된 것으로 밝혀지거나 의심되는 교직

원은 즉시 격리하고, 완치될 때까지 휴직하거나 면직 등의 조치를 취한다.

- 어린이집 보육교직원 및 어린이집에 함께 거주하는 자의 건강진단 시 일반건강검진 검사항목(건강검진실시기준 제5조제1항)에 준함

참고 일반건강검진 검사항목(건강검진실시기준 제5조제1항)

- 검사항목: ① 문진과 진찰 ② 신체계측, 혈압측정, 시력 · 청력 측정 ③ 흉부방사선 촬영, 요검사, 혈액검사 ④ 구강검진 ⑤ 건강위험평가 ⑥ 인지기능장애 검사 ⑦ 1차 검진 결과 상담
  ※위 항목은 직장건강검진 기준과 같으나 연령에 따라 일부항목이 달라질 수 있음

- 어린이집 보육교직원에 대한 결핵 및 잠복결핵감염 검진 의무화(「결핵예방법」 제11조제1항, 제2항, 「결핵예방법 시행규칙」 제4조)

참고 결핵검진 등의 주기 및 실시방법(「결핵예방법 시행규칙」 제4조)

- 결핵검진: 매년 실시할 것(임상적 · 방사선학적 또는 조직학적 검사, 객담(喀痰)의 결핵균 검사 등)
  ※일반건강검진 실시로 갈음 가능
- 잠복결핵검진: 어린이집에 소속된 기간(다른 기관 · 학교 등으로 그 소속을 변경하여 근무한 기간을 포함) 중 1회 실시(면역학적 검사)
- 상기 지침에도 불구하고 신규채용된 사람에 대해서는 신규채용을 한 날부터 1개월 이내에 최초의 결핵검진 등(결핵검진, 잠복결핵검진 포함)을 실시해야 하고, 휴직 · 파견 등의 사유로 6개월 이상 업무에 종사하지 않다가 다시 업무에 종사하게 된 사람에 대해서는 다시 업무에 종사하게 된 날부터 1개월 이내에 결핵검진을 실시
- 보육교직원 잠복결핵감염 판정 시 치료 권고
- 보육교직원이 결핵 의심 판정을 받은 경우 배양검사 기간(3~8주)*동안 어린이집으로부터 격리 조치(업무 배제)토록 하고 대체교사 등을 배치하여 보육에 지장이 없도록 조치
  *결핵진료지침 4판에 근거(질병관리청 결핵정책과)

출처: 보육사업안내(2023)

2 예방접종

영유아 대상 예방접종은 감염병 예방에 가장 효과적인 방법으로 영유아의 건강한 미래를 위해서 반드시 요구되는 의료서비스이다. 어린이집과 유치원 원장은 매년 재원 영유아의 예방접종 여부를 확인해야 하고, 최초 보육을 실시하는 경우에는 입소 30일 이내에 확인한다. 예방접종을 받지 않은 영유아에게는 필요한 예방접종을 실시하도록 보호자에게 안내하고, 생활기록부에 예방접종 여부와 내역에 관한 사항을 기록하여 관리한다. 질병관리청의 예방접종도우미 사이트(nip.kcda.go.kr) 또는 스마트폰 앱을 이용하면 영유아의 예방접종 기록을 쉽게 확인하고 관리할 수 있다.

1) 예방접종의 실시

예방접종은 두 가지로 구분되는데 국가필수 예방접종과 기타 예방접종으로 구성된다. 국가예방접종은 국가가 권장하는 예방접종으로서 무료 접종이 지원되며, 기타 예방접종은 이 외 민간 의료기관에서 접종이 가능한 예방접종을 말한다.

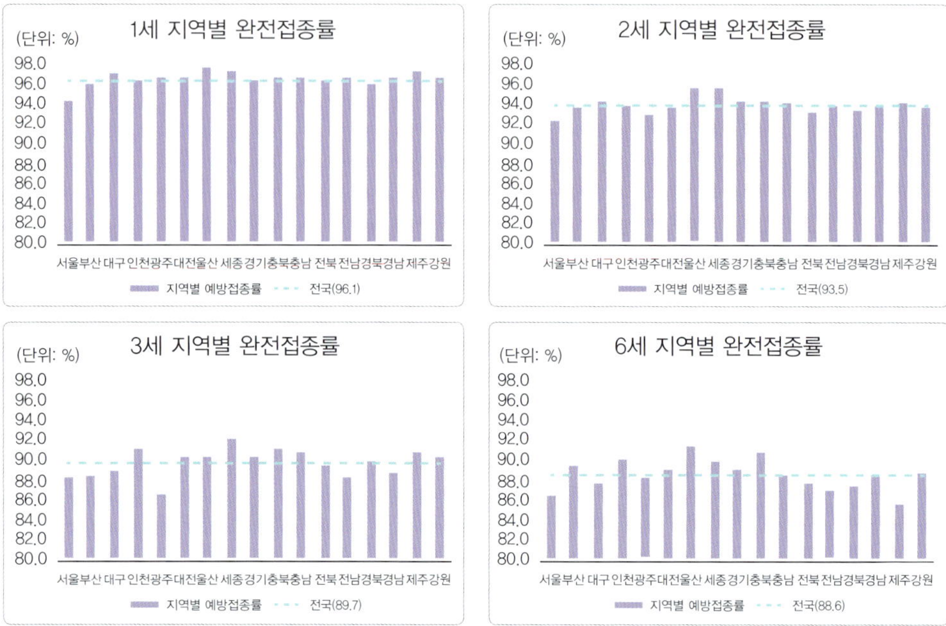

| 그림 6-1 | 우리나라 지역별 영유아 예방접종률

출처: 질병관리청(2023)

| 표 6-3 | 백신별, 연령시기별 예방접종률(2022)

구분	BCG결핵	HepBb형 간염	DTaP 디프테리아, 파상풍, 백일해	IPV폴리오	Hibb형 헤모필루스 인플루엔자	PCV폐렴 구균	MMR, 홍역, 유행성 이하선염, 풍진	Var수두	HepAA형 간염	JE일본 뇌염	연령시기 별완전접 종률
접종자	402,582	401,790	387,051	392,206	396,645	400,211	393,356	402,418	399,200	380,739	364,441
접종률	97.8	97.6	94.1	95.3	96.4	97.3	95.6	97.8	97.0	92.5	88.6
접종자	300,437	299,006	294,644	299,659	295,392	297,693	299,861	299,678	293,627	282,727	275,910
접종률	97.7	97.2	95.8	97.4	96.0	96.8	97.5	97.4	95.4	91.9	89.7
접종자	271,074	269,939	264,065	270,573	265,995	267,399	270,186	270,143	-	-	259,632
접종률	97.6	97.2	95.1	97.4	95.8	96.3	97.3	97.3	-	-	93.5
접종자	259,041	257,203	258,215	258,119	258,252	257,666	-	-	-	-	254,997
접종률	97.6	97.0	97.3	97.3	97.3	97.1	-	-	-	-	96.1

출처: 질병관리청(2023)

2) 예방접종 시 유의할 점

예방접종 전과 후에 유의할 사항은 다음과 같다.

| 표 6-4 | 예방접종 전과 후에 유의할 사항

접종 전	접종 후
• 접종 기관에는 영유아의 건강상태를 잘 알고 있는 사람이 같이 간다. • 영유아의 체온을 측정하여 열이 없는 것을 확인하고 방문한다.(37.5℃ 이상 열이 있을 때는 접종을 피한다) • 접종 전 미리 목욕을 하고 청결관리에 유의한다. • 예방접종 후 발생할 수 있는 이상반응에 대해 알아둔다.	• 접종 후 20~30분간 접종 기관에 머물며 영유아의 상태를 관찰한다. • 귀가 후 적어도 3시간 이상 주의 깊게 관찰한다. • 접종 당일과 다음 날은 과격한 운동을 하지 않는다. • 접종 당일은 목욕을 하지 않는다. • 접종부위에 발적, 통증, 부종이 생기면 찬 물수건을 대어준다. • 영유아는 바로 눕혀서 재운다.

출처: 인천광역시 연수구 보건소 홈페이지

예방 접종이 부적합한 경우는 현재 각종 질환(예: 초기 감기)을 앓고 있거나 최근 앓은 일이 있었거나, 알레르기 등의 특이 체질이거나, 홍역, 볼거리, 수두 등이 완치된 후 2개월 이내거나, 설사를 하거나 습진 등 전신 피부병이 있거나, 과거 예방 주사를 받고 상태가 나빴던 일이 있는 경우이다.

| 표 6-5 | 어린이 필수예방접종 표준일정표

대상감염병	백신종류	횟수	출생 ~1개월 이내	1개월	2개월	4개월	6개월	12개월	15개월	18개월	19~23개월	24~35개월	만4세	만6세	만11세	만12세
B형간염	HepB	3	1차	2차			3차									
결핵	BCG(피내용)	1	1회													
디프테리아·파상풍·백일해	DTaP	5			1차	2차	3차		4차				5차			
	Td/Tdap	1													6차	
폴리오	IPV	4			1차	2차	3차						4차			
b형헤모필루스 인플루엔자	Hib	4			1차	2차	3차	4차								
폐렴구균	PCV	4			1차	2차	3차	4차								
	PPSV	–									고위험군에 한하여 접종					
로타바이러스감염증	RV1	2			1차	2차										
	RV5	3			1차	2차	3차									
홍역·유행선이하선염·풍진	MMR	2						1차					2차			
수두	VAR	1						1회								
A형간염	HepA	2						1~2차								
일본뇌염	IJEV (불활성화 백신)	5						1~2차				3차		4차		5차
	LJEV (약독화 생백신)	2						1차				2차				
사람유두종바이러스 감염증	HPV	2													1~2차	
인플루엔자	IIV	–					매년 접종									

※ 생후 2, 4, 6개월, 만 4~6세에 DTaP, IPV 백신 대신 DTaP-IPV 혼합백신으로 접종할 수 있음

※ 예방접종시기가 동일한 경우 DTaP-IPV/Hib(디프테리아, 백일해, 파상풍, 폴리오, b형헤모필루스인플루엔자)혼합백신으로 접종 가능
(혼합백신 접종시에는 기초접종 3회를 동일 제조사의 백시능로 접종하는 것이 원칙임)

출처: 질병관리청(2024)

| 표 6-6 | 각 백신의 최소 접종간격

대상 감염병	백신	접종차수	접종 권장시기	최소 접종연령	다음 접종간격	다음 접종 최소 접종간격
B형간염	HepB	1차	출생 시	출생 시	1개월	4주
		2차	생후 1개월	생후 4주	5개월	8주
		3차	생후 6개월	생후 24주	–	–
디프테리아·파상풍·백일해	DTaP	1차	생후 2개월	생후 6주	2개월	4주
		2차	생후 4개월	생후 10주	2개월	4주
		3차	생후 6개월	생후 14주	6~12개월	6개월
		4차	생후 15~18개월	생후 12개월	3년	6개월
		5차	4~6세	4세	–	–
	Tdap	–	11세 이상	11세	–	–
디프테리아·파상풍	Td	–	11~12세	7세	10년	5년
폴리오	IPV	1차	생후 2개월	생후 6주	2개월	4주
		2차	생후 4개월	생후 10주	2~14개월	4주
		3차	생후 6~18개월	생후 14주	3~5년	6개월
		4차	4~6세	4세	–	–
b형헤모필루스인플루엔자	Hib	1차	생후 2개월	생후 6주	2개월	4주
		2차	생후 4개월	생후 10주	2개월	4주
		3차	생후 6개월	생후 14주	6~9개월	8주
		4차	생후 12~15개월	생후 12개월	–	–
폐렴구균 감염증	PCV (단백결합)	1차	생후 2개월	생후 6주	8주	4주
		2차	생후 4개월	생후 10주	8주	4주
		3차	생후 6개월	생후 14주	6개월	8주
		4차	생후 12~15개월	생후 12개월	–	–
	PPSV23 (23rk ekekd)	1차	–	2세	5년	5년
		2차	–	7세	–	–
홍역·유행성이하선염·풍진	MMR	1차	생후 12~15개월	생후 12개월	3~5년	4주
		2차	4~6세	생후 13개월	–	–
수두	VAR	–	생후 12~15개월	생후 12개월	4주	4주
일본뇌염	IJEV (불활성화 백신)	1차	생후 12~23개월	생후 12개월	1개월	4주
		2차	생후 13~23개월	생후 12개월	11개월	6개월
		3차	생후 24~35개월	생후 18개월	3~4년	2년
		4차	6세	5세	6년	5년
		5차	12세	11세	–	–
	LJEV (약독화 생백신)	1차	생후 12~23개월	생후 12개월	12개월	4주
		2차	생후 24~35개월	생후 13개월	–	–
A형간염	HepA	1차	생후 12~23개월	생후 12개월	6~18개월	6개월
		2차	생후 18개월	생후 18개월	–	–
사람유두종바이러스 감염증	HPV(2회 접종)	1차	11~12세	9세	6~12개월	5개월
		2차	11~12세	9세	–	–
	HPV(3회 접종)	1차	11~12세	9세	(HPV2) 1개월 (HPV4) 2개월	4주
		2차	11~12세	9세	(HPV2) 5개월 (HPV2) 4개월	12주
		3차	11~12세	9세	–	–
인플루엔자	IIV(불활성화 백신)	–	생후 6개월 이상	생후 6개월	1개월	4주
로타바이러스 감염증	RV (경구용 생백신)	1차	생후 2개월	생후 6주	2개월	4주
		2차	생후 4개월	생후 10주	2개월	4주
		3차	생후 6개월	생후 14주	–	–

출처: 질병관리청 예방접종도우미(2023)

3) 필수예방접종 안내 서비스

휴대전화 문자 전송을 통한 사전 알림 절차

보호자가 예방접종 예진표 작성 시 사전알림 서비스 수신에 동의하고 접종 기관에서 휴대전화번호를 시스템에 입력하면 서비스가 제공된다.

● 사전 예약 경우

- 보호자가 다음 예정일을 예약했다면 예약 이틀 전에 접종기관명으로 문자를 발송하는데 사례는 다음과 같다.

〈예시〉 안녕하세요

ㅇㅇㅇ님 다음 예방접종일 안내입니다
다음 예방접종:
B형간염(유전자재조합) 2차
예방접종 예약일은 2000년 ㅇ월 ㅇㅇ일입니다.
예약일에 접종기관 방문이 어려울 경우, 접종기관에 문의하여 예방접종일을 변경하시기 바랍니다.
만약 예방접종 등과 관련한 통역이 필요한 경우 다누리콜센터 ☎ 1577-1366로 문의하시기 바랍니다.
(예약한 기관명)

● 사전 미예약 경우

- 보호자가 다음 예약일을 사전 예약하지 않으면 표준예방접종에 따른 접종시기 시작일에 지방자치단체장 명의로 문자를 발송한다.

〈예시〉 (시 · 군 · 구청장) 필수예방접종 사전알림

ㅇㅇㅇ어린이의 다음 접종 시작시기를 안내드립니다.

- 다음 예방접종: IPV(폴리오) 1차
  지정의료기관 또는 보건소에 접종일정을 문의한 후 방문하시기 바랍니다.
  자세한 사항은(시군구)청 누리집 또는 예방접종도우미 누리집, 질병관리청 콜센터(☎1339)에서 확인 가능합니다.

● 필수예방접종 지연접종 안내

- 2013년 출생아부터 표준예방 접종일정보다 1개월 이상 지연하면 필수예방접종 아동 대상에게 누락접종을 안내하는 서비스를 제공한다.

〈예시〉 질병관리청에서 알려드립니다.

○○○어린이의 다음 예방접종이 시스템에서 확인되지 않아 안내드립니다.

- 전산 미등록 내역
  - DTaP 1차

    이미 접종을 완료한 경우 접종받은 기관에 전산등록을 요청하시고, 미완료한 경우 가까운 지정 의료기관 또는 보건소에 접종일정을 문의한 후 방문하시기 바랍니다.

※ 어린이 국가지원사업 지정의료기관은 예방접종도우미 누리집(https://nip.kdca.go.kr)에서 확인 가능

※「감염병예방법」 제24조제3항 및 제28조에 따라 필수예방접종 사전알림에 동의한 보호자에게 안내

출처: 질병관리청(2024)

| 표 6-7 | 영아 생활기록부에서 표준예방접종 기록지 예시 1

대상전염병	백신종류 및 방법	접종차수	접종일자	접종기관
결핵	BCG(피내용)	1회		
B형간염	HepB	1차		
		2차		
		3차		
디프테리아 파상풍 백일해	DTaP	1차		
		2차		
		3차		
		4차(추가)		
폴리오	IPV	1차		
		2차		
		3차		

대상전염병	백신종류 및 방법	접종차수	접종일자	접종기관
b형헤모필루스 인플루엔자	Hib	1차		
		2차		
		3차		
		4차		
홍역·유행성이하선염풍진	MMR	1차		
수두	Var	1회		
일본뇌염	JEV(사백신)	1차		
		2차		
		3차		
	JEV(생백신)	1차		
		2차		
인플루엔자	Flu	매년 접종		
장티푸스(24개월 이상부터)	주사용	고위험군에 한함		
A형간염	HepA	1차		
		2차		
폐렴구균	PCV(단백결합)	1차		
		2차		
		3차		
		4차		
	PPSV(다당질)	고위험군에 한함		
기타 임시예방접종 등		명칭 기재		
		명칭 기재		

출처: 보건복지부(2024)

5. 건강진단

연 령	실시여부	실시일자	실시기관	비 고
0세				□ 영유아건강검진(차수: ________차) □ 영유아건강검진 외 □ 미실시(사유: ________, 고지 횟수 · 일자: ________)
1세				□ 영유아건강검진(차수: ________차) □ 영유아건강검진 외 □ 미실시(사유: ________, 고지 횟수 · 일자: ________)
2세				□ 영유아건강검진(차수: ________차) □ 영유아건강검진 외 □ 미실시(사유: ________, 고지 횟수 · 일자: ________)

※ 실시여부 표시 : 실시의 경우 ○, 미실시의 경우 ×
※ 비고 : 해당항목 체크 및 내역기재

6. 병력기록

병 명	병 명	
	입소전	입소후

7. 신체발달상황

측정시기 / 구분								
신장(cm)								
몸무게(kg)								
측정자								

비고: 18개월 미만의 영아는 2개월마다, 그 이상의 영아는 6개월마다 측정 · 기록한다.

기록관리자

출처: 보건복지부(2024)

| 표 6-8 | 유아 생활기록부에서 표준예방접종 기록지 예시 2

생 활 기 록 부(유아)

(앞쪽)

1. 인적사항

어린이집명					
아동	이 름	(한글) (한자)	성 별	남·여	사진 (2.5×3㎝)
	생년월일		입·퇴소일	입소 퇴소	
	주 소		혈액형		
보호자	아동과의 관계	부	모	형제 (자매)	기 타
	이 름				
	전화번호				

※ 비 고 : 보호자란 중 부·모가 있을 경우 양자 모두 기재

2. 출결상황

구분 \ 연령	3세	4세	5세
보육일수			
결석일수			
의 견			

3. 신체발달상황

구분 \ 연령	3세	4세	5세
신 장(㎝)			
몸 무 게(㎏)			
측 정 자			

기록관리자

4. 영유아 표준예방접종

대상전염병	백신종류 및 방법	접종차수	접종일자	접종기관
디프테리아 파상풍 백일해	DTaP	5차(추가)		
폴리오	IPV	4차(추가)		
홍역유행성 이하선 염풍진	MMR	2차		
일본뇌염	JEV(사백신)	3차		
		4차(추가)		
인플루엔자	Flu	매년 접종		
장티푸스	주사용	고위험군에 한함		
기타 임시예방접종 등		*명칭 기재*		
		명칭 기재		

5. 건강진단

연령	실시 여부	실시 일자	실시 기관	비 고
3세				□ 영유아건강검진(차수: ____ 차) □ 영유아건강검진 외 □ 미실시(사유: ________, 고지횟수 · 일자: ________)
4세				□ 영유아건강검진(차수: ____ 차) □ 영유아건강검진 외 □ 미실시(사유: ________, 고지횟수 · 일자: ________)
5세				□ 영유아건강검진(차수: ____ 차) □ 영유아건강검진 외 □ 미실시(사유: ________, 고지횟수 · 일자: ________)

※ 실시여부: 실시의 경우 O, 미실시의 경우 ×
※ 비 고: 해당항목 체크 및 내역기재

chapter 7

응급처치

왕성한 호기심과 활발한 움직임을 보이는 건강한 영유아는 놀이, 활동, 일상생활을 영위하는 과정에 넘어졌다 일어나 짧은 울음으로 가볍게 스쳐가기도 하고, 심하게는 긴급한 치료를 요하는 사고를 당하기도 한다. 본 장은 기관에서 일어날 수 있는 다양한 상황 속에서 영유아의 건강을 유지하고 회복하도록 돕기 위해 어떻게 대처해야 하는지 알아본다.

7

1 응급처치의 이해

1) 응급처치의 개념 및 목적

응급처치는 다친 사람이나 급성질환자에게 사고 현장에서 즉시 조치를 취하는 것으로 이는 보다 나은 병원 치료를 받을 때까지 일시적으로 도와주는 것일 뿐만 아니라, 적절한 조치로 회복상태에 이르도록 하는 것이다. 위급한 상황에서 전문적인 치료를 받을 수 있도록 119에 연락하는 것부터 부상이나 질병을 의학적 처치 없이도 회복될 수 있도록 도와주는 행위 모두를 포함한다(소방청 홈페이지).

많은 사람들이 응급처치 방법을 모르고 있으며 비록 교육을 통해 응급처치 방법을 아는 사람이라도 실제 응급 상황을 접하게 되었을 때 크게 당황하게 되는 것이 사실이다. 그러므로 침착하게 응급 상황을 파악하는 것이 매우 중요하다.

응급처치는 위급한 상황에서 생명을 구하고 통증을 경감하며 회복 시간을 단축시키려는 목적을 지닌다. 따라서 119에 즉시 신고하거나 전문의가 있는 병원으로 가는 것이 최선의 응급처치 방안이 되기도 한다. 유치원과 어린이집의 장은 영유아에게 질병이나 사고 또는 재해 등으로 인하여 위급상태가 발생한 경우 즉시 응급의료기관에 이송해야 한다.

| 그림 7-1 | 국민행동요령-응급처치

출처: 국민재난안전포털 홈페이지

2) 응급 상황을 위한 대비

응급 상황에 대비하기 위해서 교사는 여러 가지 알아 두어야 할 기본 사항이 있다. 학기 초 비상 연락망을 짜고 부모 동의서를 받아 놓고, 구급상자, 체온 측정법, 투약법 등의 방법을 익히며 응급처치와 감염병에 대해 알고 훈련해야 한다.

- 입소 시 응급처치에 필요한 부모동의서를 받는다.

부모동의 및 조사서

○○어린이집에서는 영유아보육법 및 시행규칙, 사업지침 등에 따라 아래의 내용을 대하여 보호자의 동의를 받아 진행여부를 결정하고자 합니다. 구체적인 내용을 확인하시고 해당 내용에 동의 여부를 빠짐없이 체크해주시기 바랍니다.

<영유아 기본 정보>

성명	(남/여)		반이름	
주소			생년월일	
보호자	성명	영유아와의 관계		연락처

1. 응급처치 및 귀가동의

구분	처리내용
응급 처치	- 응급 상황 발생 시 위의 보호자에게 연락하여 주십시오. - 필요시 119구조대에 연락하여 □ 기관지정 의료기관(　　　　　　　)이나 □ 보호자지정 의료기관 (　　　　　　　)으로 수송해주십시오.

귀가 동의	- 위 영유아의 귀가 시 위의 보호자에게 인도하여 주십시오. - 정해진 보호자 외 다른 사람에게 인계할 경우 사전에 반드시 연락을 취하겠습니다. ※ 우리 어린이집에서는 영유아를 성인 보호자에게 인계하는 것이 원칙입니다. 다만, 보호자가 보육아동의 13세(중학생) 이상 형제 · 자매에게 인계를 희망하는 경우에는 예외적으로 가능하며, 이때 인계후 발생하는 안전사고 등에 대한 책임은 보호자에게 있습니다.(동의함 □) - 등 · 하원방법 : □ 보호자 동행 □ 차량(어린이집) - 차량이용시 등하원 시간 : 등원(시 분), 하원(시 분) (필요 시 기재) - 부모외 인계보호자 : (필요시 기재)

2. 특별활동프로그램 참여

* 특별활동프로그램 참여여부 : 참여하지 않음 □ 참여함(해당 경우에만 아래 서식 작성) □

특별활동프로그램						참여 여부
명칭	내용	실시 횟수 (주·월)	요일	운영시간	비용(원)	
		회				
		회				
		회				

※ 특별활동에 참여하지 않은 영유아에 대해서는 대체 프로그램을 마련하여 진행하고 있음

3. 식품알레르기 조사

어린이집 급 · 간식 제공 시 식품알레르기가 있을 경우, 영유아의 건강에 심각한 문제가 발생할 수 있습니다. 식품에 대한 알레르기 반응이 있을 경우, 해당식품과 대체가능 식품을 알려주시기 바랍니다.

※ 알레르기를 유발하는 대표적인 식품(예): 난류, 우유, 메밀, 땅콩, 대두, 밀, 고등어, 게, 새우, 돼지고기, 복숭아, 토마토, 아황산염 등

식품알레르기 여부	알레르기 유발 식품	알레르기 증상	대체가능 식품

※현재 식품알레르기 증상이 없으나 이후 증상이 발생할 경우, 반드시 어린이집으로 관련내용을 알려주시기 바랍니다.

출처: 보건복지부(2024)

- 영유아 비상연락망을 작성해 전화기 옆에 게시한다.
- 영유아의 손이 쉽게 닿지 않으면서 찾기 쉬운 곳에 필요한 물품이 갖추어진 구급상자를 준비한다.
- 비상시 대처 절차를 잘 보이는 곳에 게시해 둔다.
- 응급 시 대처 방안에 대한 목록을 비치한다.
- 견학이나 나들이를 나갈 때 휴대용 구급상자 및 비상연락망을 준비한다.
- 모든 교사는 응급 상황을 대비하여 기도 확보와 심폐소생술 등의 응급처치법을 정확하게 숙지하고 상해예방, 감염성 질병 예방에 관해 훈련을 받는다.
- 사고가 발생할 경우 사고보고서를 작성한다.

(1) 구급상자

- 구급상자 안에는 구급약품 외에도 체온계와 소독된 면봉, 메모지와 볼펜 등을 구비한다.
- 구급상자에 있는 모든 약품은 유통기한을 고려하여 개봉 날짜와 폐기 날짜를 명확하게 명시한다.
- 구급상자에 갖추어야 할 기본적인 내용물은 다음과 같다.

| 표 7-1 | 구급상자의 기본적 내용물

의료용 재료	외용제	주의 사항
각종 크기의 붕대, 멸균거즈, 소독솜, 일회용 장갑, 삼각붕대, 탄력붕대, 칼, 가위, 핀셋, 체온계, 반창고, 지혈대, 안대, 일회용 장갑, 얼음 주머니, 일회용 반창고, 마스크, 부목류(골절용)	소독류(과산화수소수, 베타딘, 머큐로크롬 등), 항생제 외용연고, 안약, 근육용 마사지 연고, 진통제, 소화제, 지사제, 해열제, 해독제 화상용 바셀린, 거즈, 생리 식염수, 벌레 물린데 바르는 연고	영유아교육기관에서의 의약품 사용은 반드시 전문의사의 진료와 처방에 의해 이루어지도록 해야 한다.

(2) 체온측정

영유아의 정상 체온 범위는 넓게 36~37.8℃이다. 구강 체온이 37.5℃가 넘으면 열이 있는 것이고, 체온이 35.2℃ 이하이면 저체온이다. 체온을 측정하기 위한 체온계는 적외선 센서를 이용해 피부에 직접 닿지 않고 측정하는 방식, 적외선 센서를 이용하나 귓속에 꽂아 측정하는 방식 그리고 반도체 센서를 이용하여 겨드랑이나 구강을 통해 열을 체크하는 방식이 있다. 각 체온계의 특성을 이해하고 상황에 적합한 것을 선택하여 영유아의 체온을 체크하도록 한다.

| 표 7-2 | 발열 체크용 온도계 종류

종류	피부적외선체온계	귀적외선체온계	전자체온계
외형	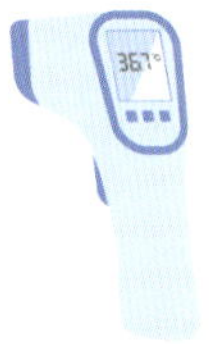	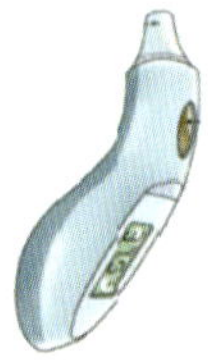	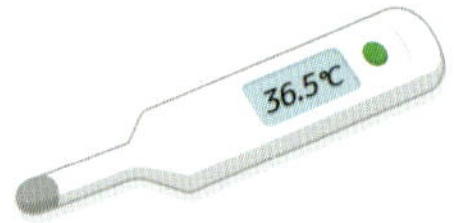
측정 부위	이마, 관자놀이 등	귀(고막)	겨드랑이, 구강 등
기술적 특성	• 비접촉식 • 적외선 센서	• 접촉식 • 적외선 센서	• 접촉식 • 반도체 센서
	• 측정 부위로부터 적정거리(약 3~5cm) 두고 측정 측정 부위에 땀이나 수분을 닦고 머리카락이 가리지 않도록 주의하고 건조한 피부 상태에서 측정	• 측정 시 귀를 약간 잡아당겨 귓구멍을 편 후 측정기와 고막이 일직선으로 마주되도록 측정 • 측정 전 면봉 등으로 귀지 속의 청결 확인	• 겨드랑이, 입안(구강), 항문 부위의 체온을 측정 • 입안 측정 시 혀 밑에 측정 부분을 넣고 입 다물고 측정, 겨드랑이 측정 시 겨드랑이의 움푹 파인 곳에 측정 부분을 넣고 팔로 누르며 측정

출처: 식품의약품안전평가원 홈페이지

(3) 투약

약은 의사의 진찰을 받고 투약지시에 따라 먹이도록 한다. 약을 먹인 후에는 영유아의 기본 상태를 관찰하고 구역질, 발진 등의 부작용이 있을 때는 의사와 상담한다. 약은 더운 곳이나 직사광선을 피하고 습기가 적은 곳에 가루약은 물에 젖지 않게, 물약은 냉장고 안에 보관하고 반드시 투약의 지시대로 시간과 분량을 지킨다.

부모오리엔테이션이나 가정통신문 등을 통해 투약의뢰서 작성 방법을 전달하고,

가정에서 영유아기관으로 약을 보낼 때는 투약의뢰서와 함께 당일에 투약되는 양만 보내도록 안내한다.

- 가루약 먹기: 영아의 경우 숟가락에 적은 양의 물로 걸쭉하게 만들어 가루약을 개어서 끓여서 식힌 물로 먹이고, 가루약 먹기가 가능한 유아는 성인과 같은 방법으로 먹인다.
- 물약 먹기: 영유아용 물약은 일반적으로 단맛이 있고 마시기 쉽다. 병 밑에 약 가루가 가라앉은 경우 병을 흔들어 가루와 물약을 잘 섞고, 병에 새겨진 눈금에 따라 정확한 양을 측정하여 먹인다.

3) 응급 상황 시 행동지침

응급 상황이 발생하면 교사는 영유아가 두려움과 불안을 느끼지 않도록 침착하게 행동하며 아이를 혼자 두지 않도록 한다. 기관에서의 안전사고도 있지만 견학 등 야외활동을 할 때 응급 상황이 발생할 수 있다. 영유아의 사고나 질병 시 응급 상황이라고 판단되면 즉시 119에 전화하여 도움을 요청한다.

다음은 응급 상황 시 119 전화지침 단계이다.

- 당황스러운 마음을 가라앉히고 차분하게 응급 상황이라 말한다. 간단한 사고 경위를 설명하고 시간과 장소를 정확히 알린다.
  예) 여기는 ○○동 ○○○유치원(어린이집)입니다.
- 다친 영유아의 이름, 성별, 나이를 말하고 증세를 설명한다.
  예) 다친 아이는 4세 남아이고 교실에서 뛰다 넘어져 장에 머리를 부딪쳤고 머리에서 피가 납니다.
- 현재까지의 응급처치 상황을 알린다.
  예) 피를 지혈하기 위해 거즈를 대고 누르고 있습니다.

• 전화를 끊지 말고, 119의 응급처치에 대한 지시사항을 듣고 따르며 전문요원이 오기를 기다린다.

예) 네~ 알려주신 대로 냉찜질을 같이하고 있습니다.

*** 전화 통화 내용**

여기는 ○○동 ○○○유치원(어린이집)입니다.

다친 아이는 4세 남아이고 교실에서 뛰다 넘어져 장에 머리를 부딪쳤고 머리에서 피가 납니다. 피를 지혈하기 위해 거즈로 누르고 있고, 알려주신 대로 냉찜질을 같이하고 있습니다.

4) 심폐소생술과 자동제세동기

(1) 심폐소생술

심폐소생술이란 갑작스러운 심장마비나 사고로 인해 폐와 심장의 활동이 멈추었을 때 심장 마사지를 통해 혈액을 순환시켜 인체조직으로 산소를 공급함으로써 뇌손상을 막고 생명을 살리는 즉각적이고도 임시적인 처치이다. 심장과 호흡이 멈춘 후 최소 4~6분 이내에 심폐소생술을 실시하면 뇌손상을 감소시키고 생존 가능성을 높일 수 있다. 영유아의 심장 정지는 심장이 아닌 호흡의 문제로 인해 뇌나 심장으로 충분한 산소가 전달되지 못하는 경우가 대부분이므로 초기에 심폐소생술을 시행하는 것이 중요하다.

심폐소생술을 시행할 경우 심장정지 환자의 생존율이 약 4배까지 높아진다. 인공호흡을 포함한 표준 심폐소생술과 가슴압박소생술 간의 생존율 차이는 거의 없는 것으로 보고되므로, 인공호흡 시행이 가능하지 않다면 가슴압박소생술만 시행하도록 한다(질병관리청, 2024).

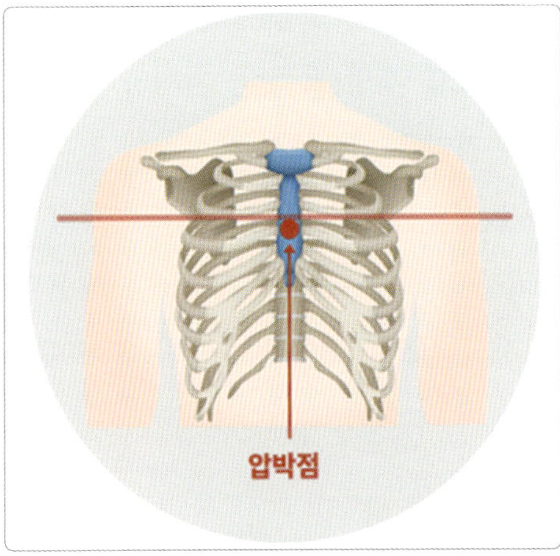

가슴압박 위치

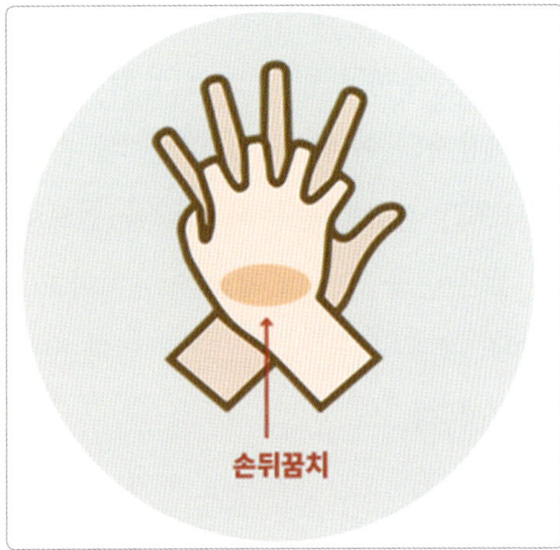

두 손을 겹쳐 손뒤꿈치로 압박

| 그림 7-2 | 심폐소생술 압박 위치 및 방법

출처: 소방청 홈페이지

① **가슴압박**(30회)

단단한 바닥에 바르게 눕히고 바로 옆에서 무릎을 꿇는 자세를 취한다. 가슴이 보이도록 옷을 벗기고 심폐소생술 시행자의 손목 끝부분을 환자의 양측 젖꼭지를 연결한 선과 흉골이 만나는 가슴 중앙에 위치한 다음, 다른 한 손을 포개어 깍지를 끼고 팔이 바닥과 수직을 이루도록 분당 100~120회의 속도로 약 5~6cm 깊이로 가슴압박을 시행한다. 양손은 가슴에서 떨어지지 않도록 하며, 30회 압박을 시행하고 압박된 가슴은 완전히 이완되도록 한다.

8세 이하 소아의 경우 체격조건에 따라 한 손 또는 두 손으로 시행한다. 1세 미만의 영아의 경우 양측 젖꼭지를 연결한 선과 흉골이 만나는 가슴 중앙의 하부를 두 손가락으로 가슴 두께의 약 1/3(약 4cm) 정도로 압박한다.

② 인공호흡(2회)

머리를 젖히고 턱을 들어 올리는 방법으로 기도를 개방해 준다. 처치자의 한 손은 대상자의 이마에 두고 다른 한 손의 엄지와 검지를 이용해서 대상자의 코를 막고 1초간 가슴이 충분히 올라올 정도로 숨을 불어넣는다. 1회 호흡을 불어넣고 코를 잡은 손을 놓으며 가슴을 응시하고 다시 코를 잡고 두 번째 호흡을 불어넣는다. 영아의 경우 얼굴이 작으므로 입과 코를 처치자의 입으로 한꺼번에 덮은 후 호흡을 불어넣는다.

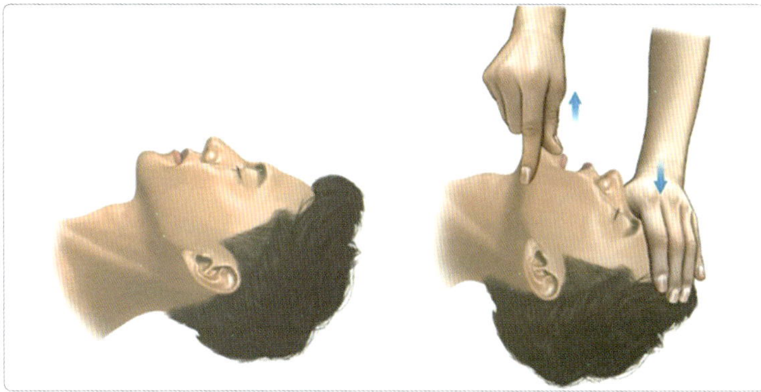

| 그림 7-3 | 턱 들어올리기(인공호흡)

③ 가슴압박과 인공호흡의 반복(30 : 2)

가슴압박과 인공호흡을 30 : 2의 비율로 반복해서 실시한다. 119구조대원이 현장에 도착해서 환자를 인계받거나 환자가 의식을 찾을 때까지 지속한다.

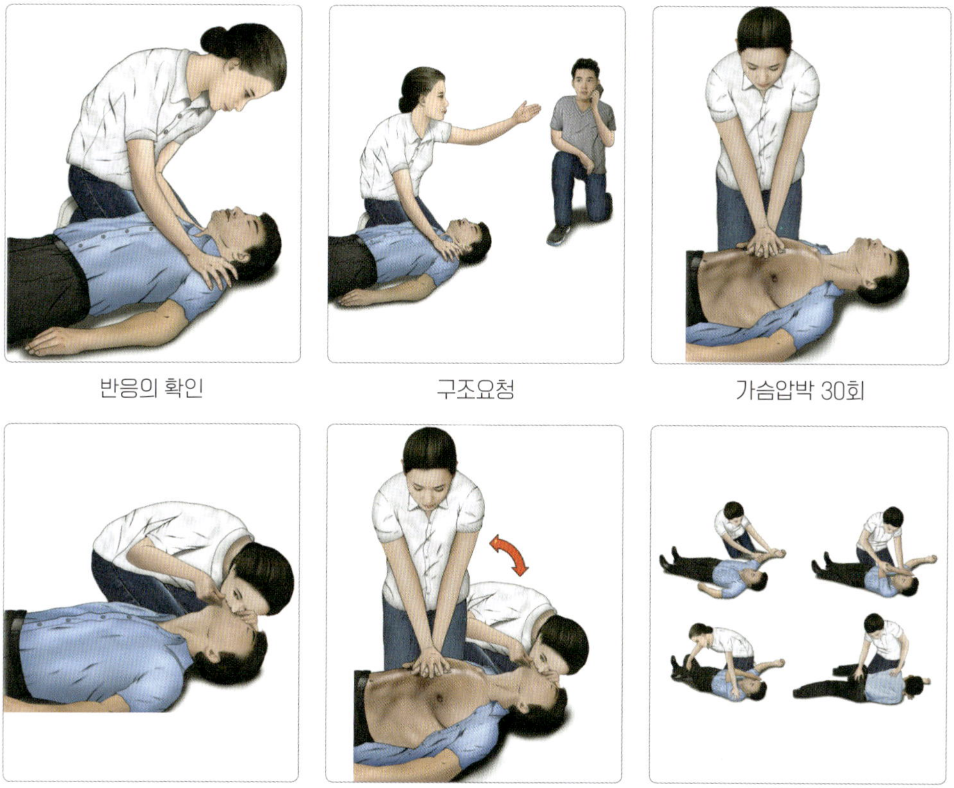

반응의 확인　구조요청　가슴압박 30회

인공호흡 2회　가슴압박과 인공호흡 반복　회복자세

| 그림 7-4 | 심폐소생술 방법

출처: 대한심폐소생협회 홈페이지

(2) 자동제세동기

영유아는 성인보다 심장정지의 발생빈도가 낮으며, 다양한 원인에 의해 심장정지가 유발된다. 1세 미만의 영아에게는 수동제세동기를 적용하는 것이 좋지만 갖춰져 있지 않았으면 소아 제세동 용량으로 변경시킨 뒤에 자동제세동기를 적용한다. 그러나 소아용 패드나 에너지 용량 조절장치가 갖춰져 있지 않으면 1세 미만의 영아에게도 성인용 제세동기를 적용할 수 있다. 자동제세동기 패드의 부착은 전 외 위치법이나 전후 위치법을 적용하며, 두 개의 패드가 서로 맞닿지 않도록 해야 한다.

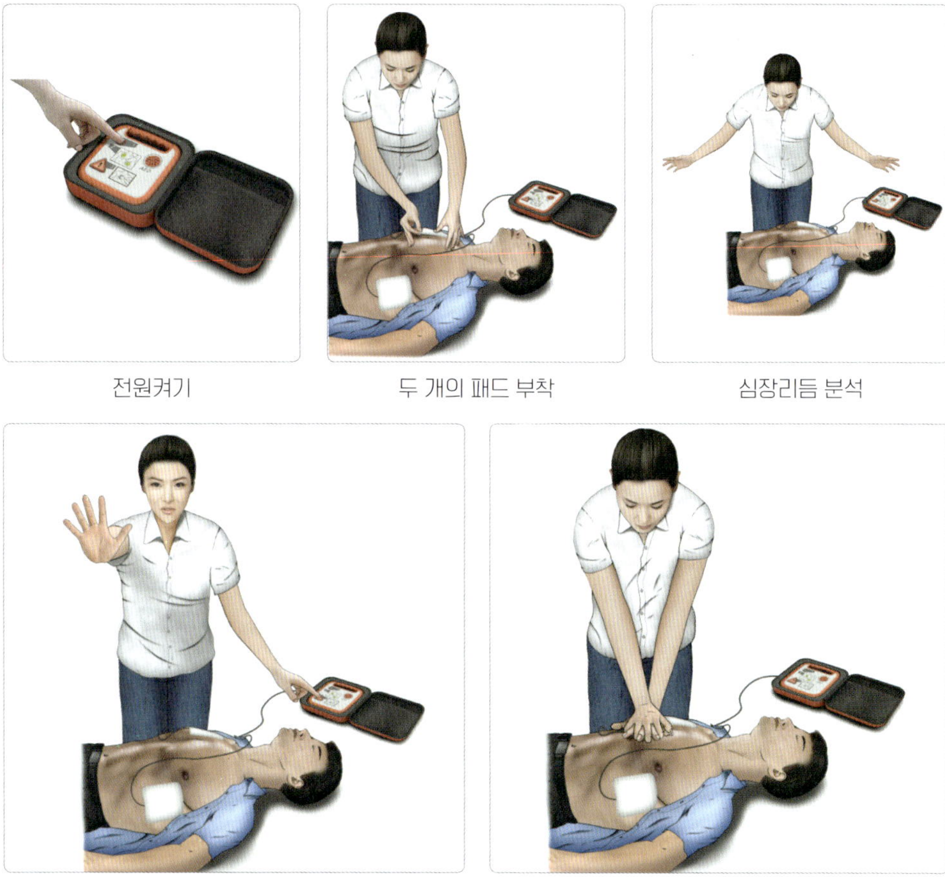

전원켜기 / 두 개의 패드 부착 / 심장리듬 분석

심장충격(제세동) 시행 / 즉시 심폐소생술 다시 시행

| 그림 7-5 | 자동심장충격기 사용방법

출처: 대한심폐소생협회 홈페이지

5) 영유아 기본소생술

영유아는 심장정지보다 질식성 심장정지가 훨씬 흔하므로 어린 아이를 대상으로 한 소생술에서는 인공호흡이 매우 중요하다.

(1) 심폐소생술

① 현장 안전과 반응 확인

심폐소생술을 할 때는 언제나 구조자와 환자가 있는 지역의 안전을 확인해야 한다. 이론적으로는 심폐소생술로 인한 감염성 질환의 전파 위험이 높지 않으나 코로나19 유행 상황에서 구조자는 반드시 마스크를 쓰고 개인의 보호에 주의해야 한다. 의식이 없는 영유아가 숨을 헐떡이고 있거나 호흡이 없다면 심장정지 상태이며 심폐소생술이 필요한 상태다. 이때 영유아를 가볍게 두드리고 "얘야 괜찮니?"와 같이 소리치거나, 이름을 알면 이름을 불러본다. 아이가 손상을 입은 상태는 아닌지, 어떤 의학적 처치가 필요한지 등을 신속하게 확인한다.

② 응급의료체계 신고

만약 영유아가 자극에 반응이 없고 목격자가 한 명이면 주위에 소리를 쳐서 119에 신고할 것과 자동심장충격기(자동제세동기)를 가져올 것을 요청한다. 주변에 아무도 없을 때는 최초 발견자가 즉시 119에 구조 요청을 한다. 구조자가 혼자이고 휴대전화가 없는 상황이라면, 2분간 먼저 심폐소생술을 실시하고 나서 응급의료체계에 신고하고 근처의 자동심장충격기를 가져온다. 가능한 한 영유아 곁으로 빨리 돌아와 자동심장충격기를 사용하고, 자동심장충격기가 없는 경우 가슴압박을 시작으로 심폐소생술을 재개한다.

③ 호흡 확인

영유아의 윗옷을 벗기고 가슴을 노출한 상태에서 호흡을 확인한다. 아이가 반응이 없고 숨을 쉬지 않거나 그저 헐떡이는 숨(심장정지 호흡)만 간신히 쉬고 있다면 심폐소생술을 시작한다.

④ 가슴압박

반응이 없고 숨을 쉬지 않는 상태라면, 즉시 30번의 가슴압박을 실시한다. 적절한 가슴압박은 100~120회의 속도로 압박하고, 적어도 흉곽 전후 지름(가슴 두께)의 1/3 깊이 또는 영아는 약 4cm, 소아의 경우 약 5cm의 깊이를 압박하는 것이다.

가슴압박은 평평하고 딱딱한 바닥에 눕혀서 실시하는 것이 가장 좋다.

영아의 경우, 두 손가락으로 젖꼭지 연결선 바로 아래의 흉골을 압박한다. 이때 칼돌기와 갈비뼈를 압박하지 않도록 주의하고 유아의 경우, 한 손 또는 두 손의 손바닥 뒤꿈치를 이용하여 흉골 아래 1/2 부분을 압박하여야 한다. 이때 칼돌기와 갈비뼈를 누르지 않도록 한다. 한 손으로 하든지 두 손으로 하든지 매번 압박할 때마다 적어도 흉곽 전후 지름 1/3 깊이(약 5cm)가 유지되어야 하며 매 가슴압박을 한 후에는 가슴이 정상 위치로 다시 완전히 이완되도록 하는 것이 중요하다. 흉부가 완

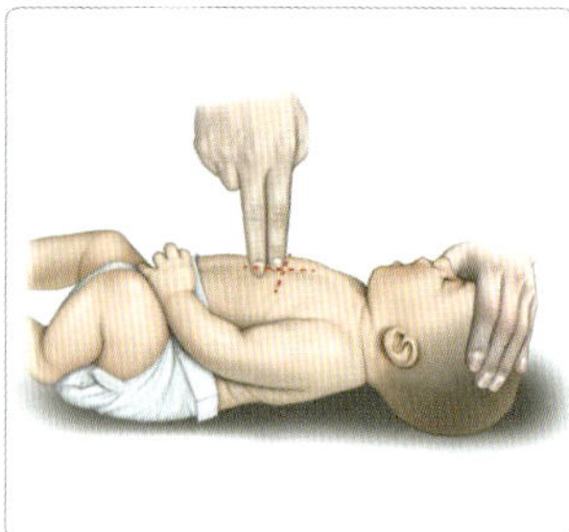

영아 두 손가락 가슴압박법

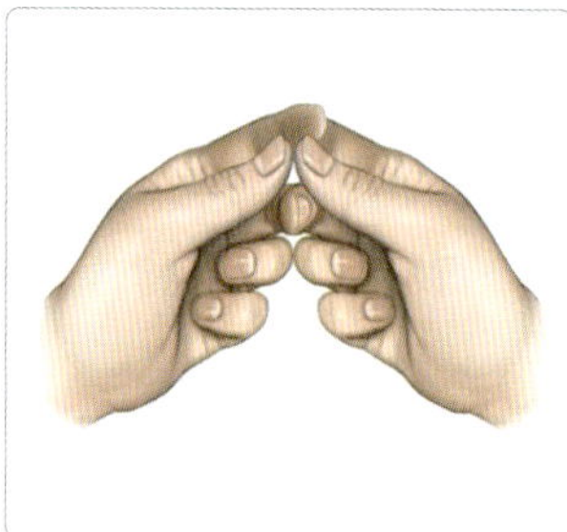

영아 가슴압박을 위한 손모양

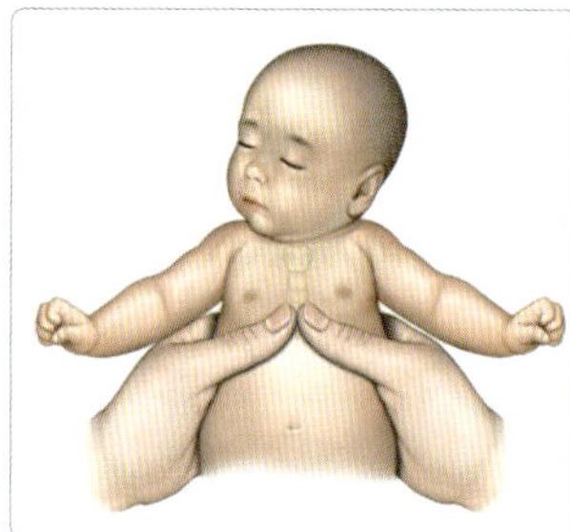

두 엄지 가슴압박법

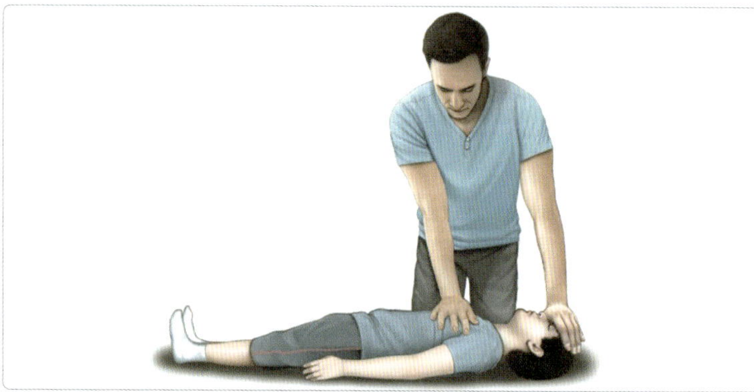

유아의 가슴압박법

| 그림 7-6 | 영아와 유아의 가슴압박법

출처: 질병관리청, 대한심폐소생협회(2020)

전히 이완되어야 심장으로 돌아오는 정맥 환류가 충분히 이루어진다.

응급의료체계 전문구조요원이 도착하거나 환자가 스스로 숨을 쉴 때까지 30회의 가슴압박과 2회의 인공호흡 주기를 반복하여 심폐소생술을 시행하도록 한다. 질식성 심장정지가 흔한 영아와 유아 소생술의 경우 가슴압박과 인공호흡을 함께 제공

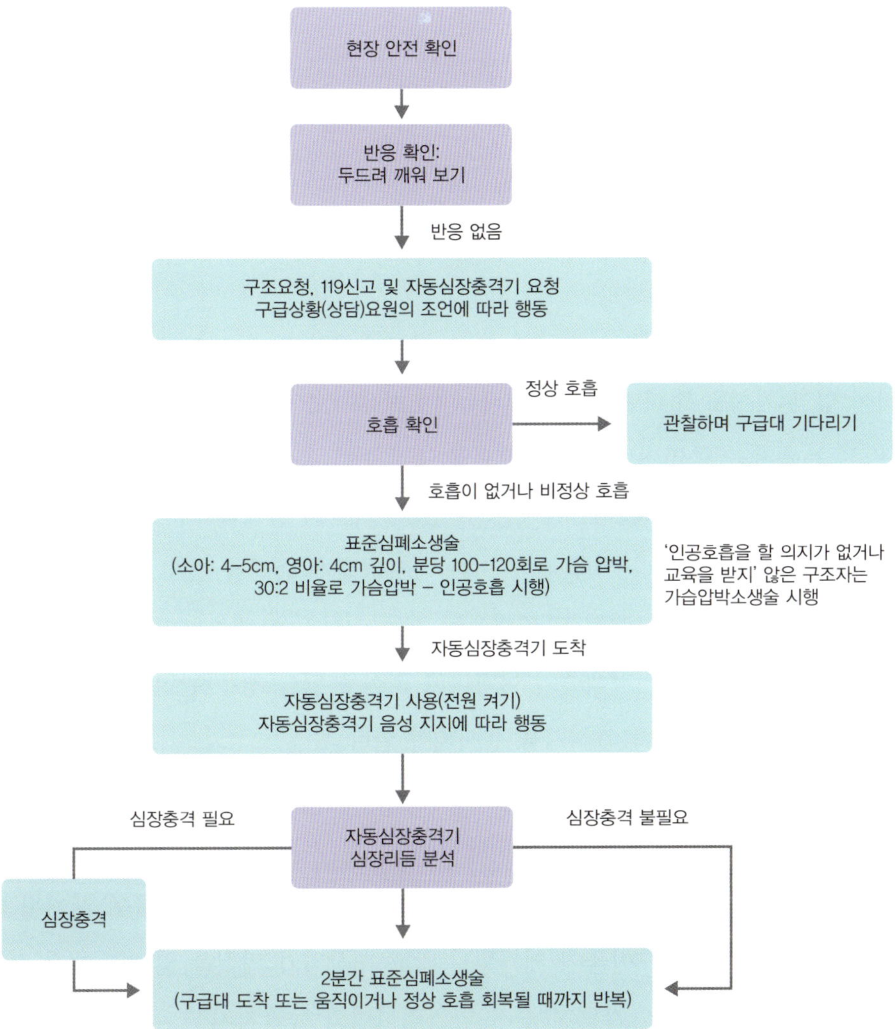

| 그림 7-7 | 일반인 구조자에 의한 소아 기본소생술 순서

출처: 질병관리청, 대한심폐소생협회(2020)

해야 좋은 결과를 얻을 수 있다. 병원내 및 병원밖 영유아 심폐소생술 시행자는 인공호흡과 가슴압박을 함께하는 소생술을 시행해야 하지만, 만약 구조자가 인공호흡에 대한 교육을 받지 않았거나 인공호흡을 할 의지가 없는 경우, 또는 인공호흡을 할 수 없는 상황이라면 구급대가 도착할 때까지 가슴압박 소생술만이라도 계속해야 한다.

(2) 기도폐쇄 응급처치

코와 입에서 폐로 공기가 전달되는 길을 기도라고 한다. 의식이 없는 영유아의 기도폐쇄는 혀에 의한 원인이 가장 흔하다. 소아나 노인은 풍선, 작은 물체와 사탕, 땅콩, 젤리, 포도, 방울토마토 등 표면이 매끄러운 음식으로 기도폐쇄가 발생하기도 한다.

이물질에 의한 기도폐쇄는 경미한 부분 기도폐쇄와 완전 기도폐쇄로 구분된다. 의식이 있고 기침을 한다면 경미한 부분 기도폐쇄라고 볼 수 있다. 갑자기 눈을 크게 뜨고 눈동자를 돌리거나 호흡곤란으로 청색증이 유발되며 목을 움켜쥐는 동작을 할 경우 완전 기도폐쇄라고 여겨질 수 있다. 기도의 완전폐쇄는 수분 내에 사망할 수 있는 응급 상황이다. 이물질에 의한 기도폐쇄가 의심될 경우 즉시 119에 신고하여 구조를 요청한다. 부분 기도폐쇄의 경우 이물질을 배출하도록 기침을 하게 한다. 기침이 약해지거나 청색증이 나타나고 의식을 잃을 경우 완전 기도폐쇄로 진행되는 것이므로 곧바로 응급처치를 실시해야 한다.

기도가 폐쇄된 1세 이상의 영유아와 성인에게는 하임리히법으로 처치한다. 하임리히(복부 밀쳐 올리기)법은 대상의 등 뒤에서 주먹 쥔 손을 다른 손으로 감싸쥐고 배꼽과 명치 중간에서 안쪽에서 위로 강하게 밀쳐 올리는 것이다. 이물이 제거될 때까지 반복해서 실시한다. 이물이 제거되지 않고 대상자가 의식을 잃으면 즉시 심폐소생술을 시행해야 한다. 기도폐쇄 시 하임리히법의 응급처치를 시행했다면 이물질의 제거 여부와 상관없이 전문의의 진찰이 필요하다.

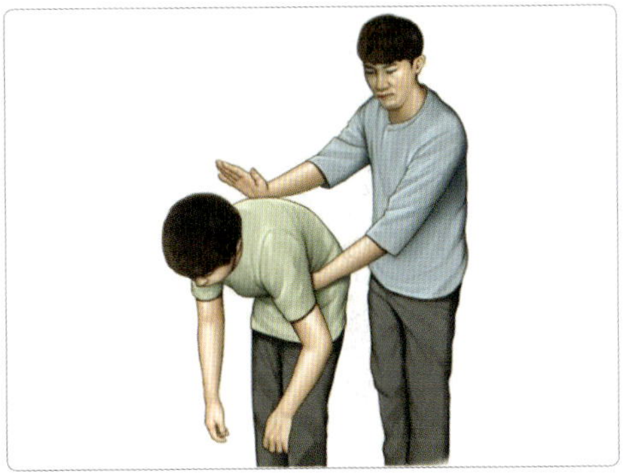

등 두드리기

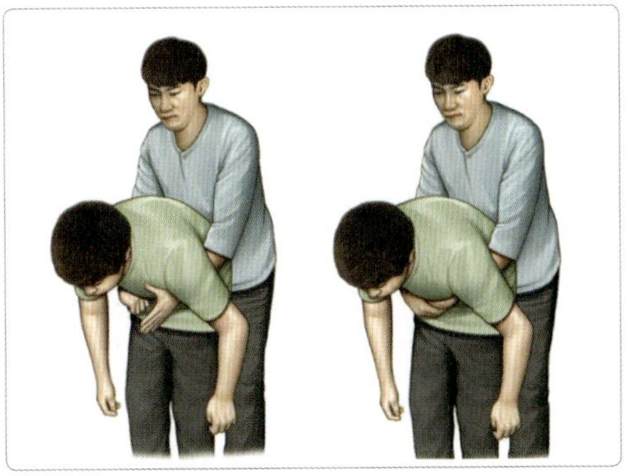

복부 밀어내기

| 그림 7-8 | 기도폐쇄 시 응급처치 방법

출처: 질병관리청, 대한심폐소생협회(2020)

1세 미만의 영아의 경우 하임리히법 대신 등 두드리기와 흉부 압박을 시행한다. 영아의 머리를 아래쪽으로 향해 엎드려 누이고, 한 손으로 영아의 턱을 지지하면서 다른 손으로 견갑골 사이를 손목 끝부분을 이용하여 4~5회 연속하여 두드린다. 영아를 다시 앞으로 돌려 가슴을 두 손가락으로 4~5회 압박한다. 이 과정을 반복하여 입으로 이물이 나오면 조심스럽게 제거한다.

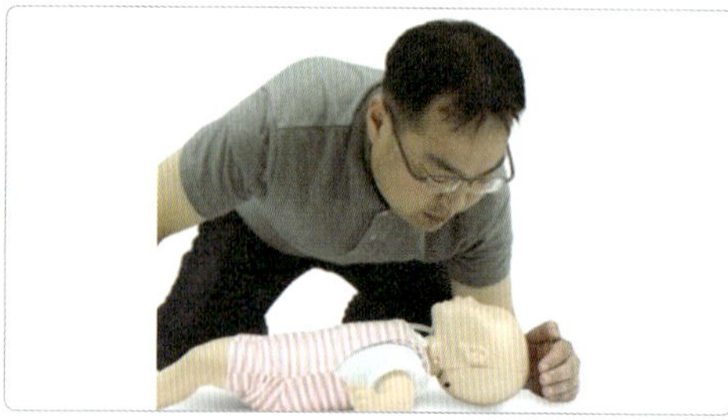

쉰 숨소리, 쉰 울음소리가 들리거나 얼굴에
청색증이 관찰될 경우 기도폐쇄로 판단한다.

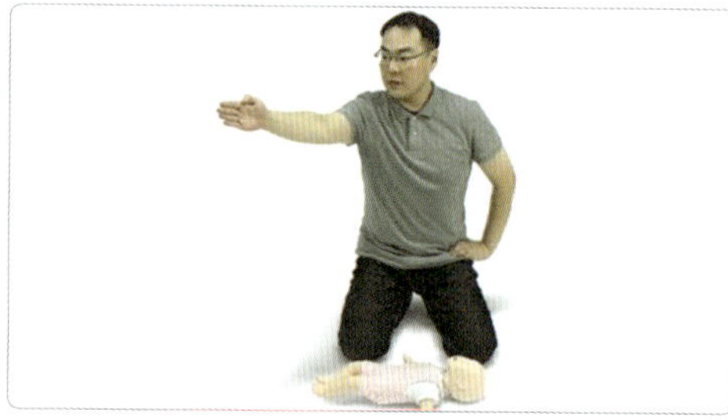

주변 사람들에게 119를 불러달라고 요청한다.

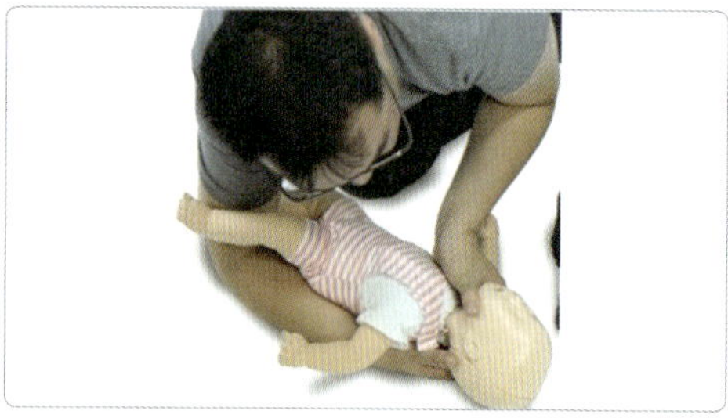

왼손으로는 환자의 턱을, 오른손으로는 환자의
뒤통수를 감싸면서 천천히 안아 올린다.

왼쪽 허벅지 위에 머리가 아래를 향하도록
엎드려 놓는다.

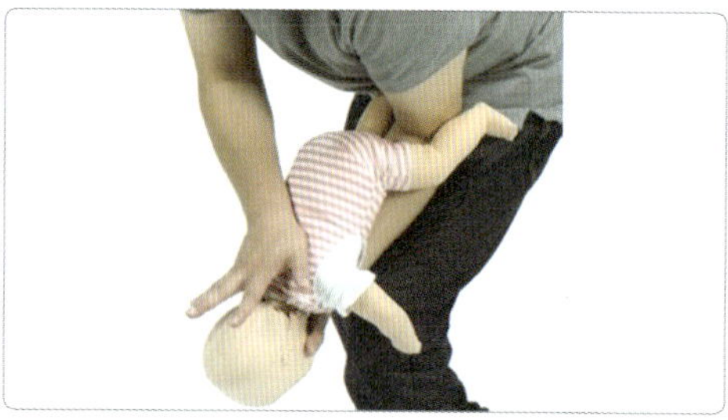

손바닥 밑 부분으로 등의 중앙부를 세게 5회 두드린다.

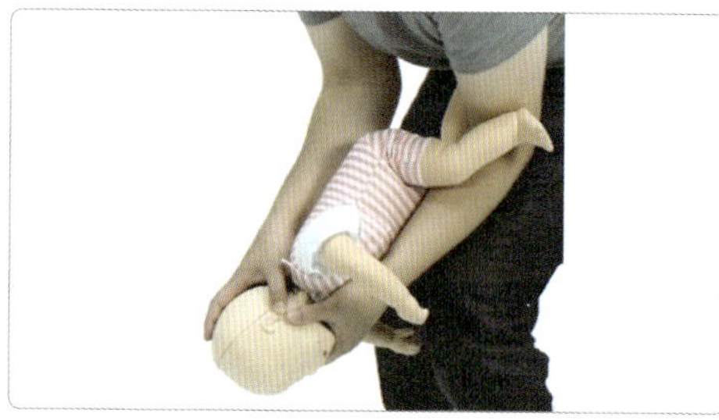

환자의 턱과 뒤통수를 다시 손으로 감싸 들어 올린다.

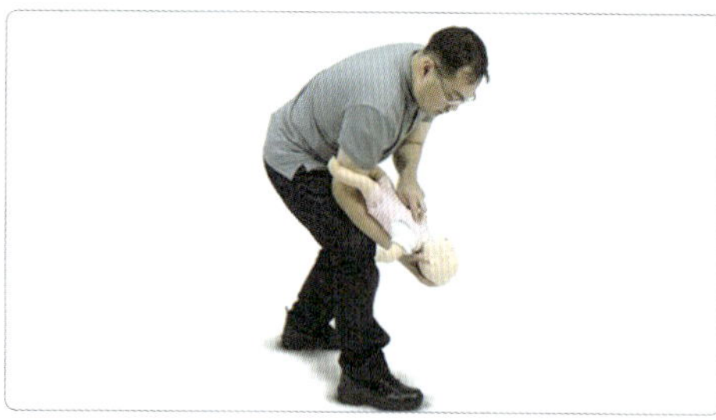

반대쪽 허벅지 위에 머리가 아래를 향하도록
바로 눕힌다.

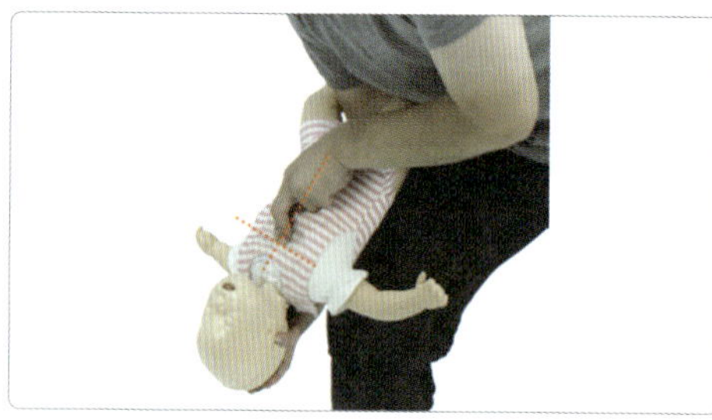

양쪽 젖꼭지를 잇는 선의 중앙 부위의 바로
아래 부위에 두 개의 손가락을 위치시킨다.
심폐소생술에서 시행하는 가슴압박과
비슷하게 강하고 날카롭게 5회 눌러준다.

| 그림 7-9 | 1세 미만 영아의 기도폐쇄 응급처치방법

출처: 네이버 지식백과

2 상황에 따른 응급처치

영유아 대상 교육기관에서 발생할 수 있는 응급 상황은 매우 다양하다. 기관에 건강관리를 담당하는 간호사가 상주하는 경우도 있지만 소규모로 운영되는 영유아 기관이 대부분을 차지하는 현실을 고려할 때 각 교사가 응급 상황이 발생한 장소에서 신속하고 올바르게 대처하려면 사전에 응급처치에 대한 지식을 충분히 갖추고 있어야 한다. 또한 방법을 이해하는 것만으로는 충분하지 않으며 실제 적용할 수 있을 때까지 반복 교육이나 훈련을 지속해야 한다. 응급처치가 필요한 상황들은 다음과 같다.

1) 발열

발열은 영유아에게 매우 흔하게 발생하는 증상으로 우선 열이 나는 원인을 파악하는 것이 중요하다. 따라서 고열이 지속되는 경우가 아니라면 무조건 해열제를 투약하여 열을 내리게 하는 것보다 발열의 원인을 살펴보는 것이 우선되어야 한다. 열이 나도 컨디션이 나빠지지 않고 식욕도 떨어지지 않았다면 그다지 염려할 필요는 없고, 식욕이 없어도 어떻게든 식음을 한다면 당황할 것은 없다. 일반적인 해열의 과정은 다음과 같다.

- 기저귀 차는 영아의 경우는 옷을 벗기고 기저귀만 채우고, 조금 더 큰 영유아도 겉옷을 벗기고 가벼운 내의나 속옷 차림으로 열이 자연스럽게 방출되도록 한다.
- 방 안 온도를 춥지 않을 정도로 낮추고 신선한 공기가 들어오도록 환기를 한다.
- 상온의 물로 적신 물수건으로 목 뒤, 팔, 겨드랑이 사이, 무릎 뒤, 다리, 몸통 등을 순차적으로 닦아준다.

- 고열을 급히 낮추려면 미지근한 물을 큰 수건에 묻혀 머리, 가슴, 배, 겨드랑이, 사타구니까지 온몸을 닦아준다.
- 물이나 주스를 조금씩 자주 마시고 쉬게 한다.
- 열이 계속해서 지속되면 쿨링 시트를 사용하거나 해열제를 먹인다. 해열제의 경우, 영유아의 건강 상태와 성분에 따라 이상 반응을 보일 수 있으므로 투약 전에 반드시 보호자와 상의하도록 한다.

*** 해열제를 복용하여야 하는 경우**

- 백일 이후
- 섭씨 39도 이상
- 아이가 몹시 불편할 때
- 만성적인 폐/심장 질환이 있는 경우
- 이전 열성 경련이 있었던 경우

*** 해열제 사용 시 주의점**

- 정확한 양 투여
- 4~6시간 간격을 두고 투여
- 자주 사용은 금할 것
- 자는 아이를 깨워서 투여하지 말 것

2) 경련

경련은 질병의 징조이지 병이 아니며, 맥락상 아무런 관계 없는 상황에서도 영유아에게 일어날 수 있다. 경련은 몇 초 동안 나타나는 정도가 약한 것에서부터 몇 분 동안 지속되는 심한 경련에 이르기까지 다양하며, 몸 전체에 일어나는 경련과 얼굴, 팔, 다리, 상체 등에 부분적으로 나타나는 경련도 있다.

경련을 유발하는 가장 일반적인 원인은 인플루엔자와 같은 바이러스 감염에 의한 체온 상승, 뇌막염 등의 뇌 이상, 혈액 내 화학 성분의 변화, 감정적 변화, 알레르기 등이다.

(1) 열성경련

주로 5세 이하 영유아에게 열과 함께 발생하는 경련을 말한다. 열성경련은 6개월 이전과 7~8세 이후에는 거의 생기지 않는다. 경련은 열성 질환 초기에 열이 갑자기 오르는 시기에 자주 발생하며 열성경련의 정확한 원인은 밝혀지지 않았지만, 열성경련의 70% 정도는 바이러스성 감염으로 편도염, 인후염, 중이염 등이 원인이 될 수 있다. 열성경련이 생기면 갑자기 의식이 없어지거나 눈을 떴을 때 흰자위만 나타나고 입에 거품을 품기도 한다. 또 호흡곤란을 일으키며 안색이 창백해지고, 입술이 푸르스름해지면서 팔다리를 흔들거나 오므렸다 폈다를 반복하기도 한다. 이러한 발작은 수 분 이내 멈추게 되며 경련을 멈추면 대부분 다른 이상은 없다.

열성경련의 경우 열이 떨어지면 경련이 멈추므로 미지근한 물로 온몸을 닦아주고 주위를 시원하게 해주는 것이 좋다. 경련으로 인한 2차 피해가 발생하지 않도록 경련이 일어나면 주변의 위험한 물건을 치우고 영유아 옷의 조인 부분을 느슨하게 해준다. 질식예방을 위해 머리를 포함해 몸을 옆으로 돌려주기도 한다. 경련을 할 때는 억지로 팔다리를 펴주거나 물을 먹이지 말고 경련 후 숨을 쉬지 않거나 입술이 새파래질 경우 즉시 심폐소생술을 실시하고 119로 연락하여 응급실에 가야 한다. 경련이 나타난 영유아를 위한 응급처치 방법을 정리하면 다음과 같다.

- 반드시 영유아 옆에 성인이 함께 있는다.
- 영유아가 주변 물건에 부딪치지 않도록 치운다.
- 영유아를 무리하게 옮기지 말고 그 자리에 그대로 둔다.
- 경련 중 나타나는 행동을 강제로 억제하지 말고 마실 것을 주지 않는다.

- 경련 중 영유아가 혀를 깨물지 않도록 입을 벌리고 수건 등을 끼운다.
- 경련이 지속되면 119에 신고하여 급히 병원으로 이송한다.

(2) 근육경련

근육경련은 갑작스러운 오한이나 움직임, 근육 조정이 안 될 때 또는 염분이나 체액의 손실로 근육에 수축이 와서 통증을 갖게 되는 것을 말한다. 근육수축이 강하게 일어나며 그 반사작용으로 근육이완작용에 곤란을 가져오게 하는 원인이 된다. 이러한 경우 손이나 발 또는 장딴지 근육을 이완시키는 방향으로 잡아당겨서 응급처치해야 한다.

3) 기침

기침은 폐로 흡입된 이물질이나 기관지의 가래를 배출하기 위한 것이다. 기침을 약으로 억제하면 신체의 이물질을 밖으로 내보내지 못해 호흡기 질환에 걸릴 수 있으므로 가능한 한 기침을 하게 한다. 영유아가 기침을 하면 그 원인을 찾고, 평소보다 물을 많이 마시게 하는 것이 좋다. 한편 기침이 심하고 가래가 생길 때는 등을 두드려 가래를 뱉어내도록 한다. 영유아가 기침을 하면 실내 공기가 건조하지 않도록 습도를 높여주고, 편안한 환경을 마련해 준다. 기침을 할 때 소매나 옷으로 입을 가리고 하도록 안내하고, 기침 후 손을 깨끗이 씻도록 지도한다.

| 그림 7-10 | 올바른 기침예절

출처: 경기도청 홈페이지

4) 구토

구토는 영유아기 가장 흔한 증상 중의 하나로 먹은 음식물을 게워내는 것을 말한다. 위 속의 내용물이 역류하여 입으로 쏟아져 나오는 현상으로 응급 상황으로는 독극물에 중독되었을 때 복통과 구토증이 유발되고, 식중독이 원인이 되어 일어나기도 한다. 영유아가 구토를 하면 옷을 느슨하게 해주고 옆으로 눕혀서 구토물이 기도에 들어가지 않도록 한다. 손가락에 손수건을 말아 입안의 구토물을 닦아주거나 입을 헹구게 하여 불쾌감을 덜 느끼도록 해준다. 구토를 할 경우 음식을 임의로 주지 않아야 하며, 영유아가 갈증을 느끼면 거즈를 물에 적셔 입술을 적셔주는 것이 좋다. 기관에서 구토를 할 경우, 구토의 증상과 구토물, 토하는 횟수 등을 관찰하여 보호자에게 전달하고, 구토의 정도가 응급 상황이라 판단되면 보호자에게 연락하여 전문의의 진료를 받도록 해야 한다.

5) 설사

설사는 물 같은 변을 하루에 3~4회 이상 보는 것으로 몸 안에 들어온 나쁜 독소를 배출하거나 장 기능에 이상이 있을 때 나타난다. 영유아는 장이 예민하기 때문에 신체의 상태나 심리적인 이유로 인해 쉽게 영향을 받아 설사를 하게 된다.

영유아가 설사할 경우, 함부로 지사제를 투여하지 않아야 하며 우선 그 원인을 찾는 것이 필요하다. 영유아가 한두 번 설사를 했지만 식욕을 되찾고 잘 논다면 소화가 어렵거나 기름진 음식은 먹지 않도록 주의하면서 가볍게 보리차를 마시게 한다. 반면 설사의 횟수가 2번 이상으로 잦고, 발열, 구토, 복통 등의 증상이 함께 나타나면 보호자에게 연락하여 병원으로 데리고 가 정확한 원인과 그에 따른 치료를 하도록 안내한다.

설사하는 영유아는 자주 손을 씻도록 도와주고, 설사하는 영유아를 돌보는 교사도 자주 손을 씻어야 한다. 설사하는 영유아가 가지고 논 장난감은 씻거나 소독한다.

6) 복통

복통은 영유아의 가장 흔한 건강 문제 중의 하나이다. 복통은 다양한 원인에 의해 발생하고 배가 아픈 것 자체는 병이 아니기 때문에 영유아가 복통을 호소하면 너무 당황하지 말고 정확한 원인을 파악해야 한다. 복통은 음식이나 변비, 정서적 긴장, 수술을 요하는 장내 질환 등 여러 요인에 의해 발생하지만, 소화불량이나 정신적 원인에 의해 나타나는 경우가 가장 흔하다. 정신적 요인이나 변비로 인한 복통의 경우 편안히 안정을 취하면 통증이 오래가지 않고 곧 사라진다. 영유아에게 복통이 발생하면 입고 있는 옷을 느슨하게 풀어서 배 근육의 긴장을 완화시키고,

원인을 찾을 때까지 가능하면 아무것도 먹이지 않는 것이 좋다. 극심한 복통이 아니면 배를 가볍게 시계 방향으로 문질러 주거나 따뜻하게 해주면서 아픈 부위를 확인한다. 만약 안정을 취한 후에도 복통이 가라앉지 않으면 보호자에게 연락하고 신속히 병원을 방문하도록 한다.

7) 변비

변비는 대변이 딱딱하고 건조하며 대변보는 횟수가 드물고 힘들어하는 경우를 말한다. 영유아의 변비 대부분은 부적절한 식이가 원인이 되는 경우가 많다. 영유아가 복통을 호소하면 대부분 변의를 느낀 경우가 많으므로 편안하게 대변을 볼 수 있도록 도와주도록 한다. 한편 배변 시 통증을 느끼고 혈액이 섞인 변을 보는 심각한 변비도 있는데, 영아의 경우는 수분량을 늘려서 수유하고, 채소와 과일의 섭취를 늘리도록 한다. 운동 부족이나 항문열상 혹은 만성질환으로 인해 변비가 발생할 수도 있으므로 3일 이상 변을 보지 않거나 변을 볼 때 힘들어한다면 전문의의 진료를 받고 그에 맞는 조치를 취하는 것이 좋다.

8) 감기

감기는 대표적인 호흡기 질환으로 바이러스로 인해 코와 목에 염증이 생기는 병이다. 감기는 영유아기에 흔히 발생하고 신체 저항력이 약하거나 호흡기 알레르기가 있는 경우 또는 영양 공급이 부족할 때 주로 발병한다. 6개월 미만의 영아는 감기로 시작하여 중이염, 축농증, 폐렴 등의 합병증을 유발할 수 있으므로 가벼운 증상을 보여도 반드시 진찰받도록 하여 감기를 소홀히 여기지 않도록 주의한다.

감기에 걸리면 충분히 휴식을 취하도록 한다. 감기가 심할 경우 실내 온도와 습도를 조절하고 주기적으로 환기하며 몸을 따뜻하고 편안하게 해준다. 기침을 많이 하면 머리 부분을 높여 눕히고 호흡이 쉽도록 도와준다. 이때 따뜻한 물이나 보리차 등 음료를 제공해 주는 것이 도움이 된다. 감기에 걸렸을 때는 기관 등원을 자제하고 증상이 사라질 때까지 가정에서 쉬도록 한다.

9) 피부 상처

(1) 긁힘

넘어지거나 추락 및 접촉 등에 의해 피부의 표면이 외부의 힘과 마찰하여 피부가 벗겨져 출혈과 통증을 수반한 상처를 찰과상이라고 한다. 몸의 움직임이 많은 영유아의 경우, 넘어져 얼굴에 찰과상을 입는 경우가 많고 자라면서 팔과 다리에 찰과상이 많다. 피부 표면이 긁힌 찰과상은 바닥이나 벽면에 긁힌 경우가 많으므로 상처 부위를 깨끗한 물이나 식염수로 씻어서 소독하고 스펀지형 습윤밴드나 드레싱 밴드를 붙여준다. 찰과상의 범위가 너무 넓거나 얼굴의 상처, 심하게 흙이 묻은 경우에는 감염을 방지하기 위해 병원진료를 받도록 한다.

(2) 부딪힘

부딪히고 넘어지고 떨어지는 등의 이유로 외상을 받은 상태를 타박상이라 한다. 보행이 완전하지 않은 영아나 몸의 빠른 움직임을 시도하는 유아에게 쉽게 일어나는 상처로 멍이나 통증이 수반된다. 대부분 외피의 피부 손상은 적지만 그 아래 위 피하조직, 혈관, 근육 등에 상처가 난다. 특히 타박상 등에 의해 피부에 멍이 생겼거나 생길 가능성이 있으면 즉시 5~10분 동안 냉찜질을 해주고, 15~20분 정도 멈추었다가 다시 냉찜질을 하는 과정을 3~5회 반복한다. 한편 멍의 정도가 심하고 점점 부어오르거나 영유아가 지속적으로 통증을 호소한다면 신속히 병원에 가서 진찰받는 것이 안전하다. 특히 눈 주위가 시퍼렇게 멍이 들었다면 안구 내 출혈이 있을 가능성이 있으므로 안과 진료를 함께 받아보도록 한다.

또한 가슴이나 배 등을 부딪혔을 때 부위를 가볍게 만져보며 통증 유무를 확인하고 상처나 출혈이 있는지 살펴본다. 모서리나 단단한 물건과 부딪혔다면 내상을 염두에 두고 관찰하여야 한다. 출혈이 있는 경우, 지혈 후 소독 거즈를 대어주고 호흡곤란이나 안색이 창백해지면 고개를 옆으로 돌려 편안하게 눕힌다.

(3) 찢어짐

날카로운 물체에 피부 조직이 절개되어 생긴 상처로 피하조직이 다쳐서 출혈이 생긴 것을 열상이라고 한다. 찢어져 피가 나는 경우 상처 부위가 작다면 흐르는 물에 상처를 씻고 1회용 반창고나 거즈를 붙인다. 이때 공기가 잘 통할 수 있도록 반창고나 거즈를 너무 단단히 붙이지 않도록 주의한다. 반면 상처가 크고 깊거나 피가 많이 날 경우 출혈이 있는 부위를 심장보다 높게 해서 출혈이 멈출 때까지 거즈로 상처를 눌러 지혈한다. 만약 출혈이 멈추지 않으면 천을 덧대어 누르고 신속히 119에 알려 도움을 요청한다.

상처가 깊고 벌어진 경우 즉시 병원에 가서 전문가의 진료를 받도록 한다. 이때 특별히 유의할 점은 병원에 가기 전 상처 부위에 소독약이나 연고를 함부로 바르지 않아야 하고, 얼굴 주위에 상처가 난 경우라면 향후 흉터가 남지 않도록 의사의 지시에 따라 세심한 주의를 기울여야 한다.

(4) 찔림

영유아가 나뭇가지, 못, 깨진 유리, 칼 등 주변 사물에 찔려서 좁고 깊게 난 상처를 자상이라 한다. 겉보기에는 상처가 크지 않아도 감염의 위험이 높다. 상처에 찔린 물건이 피부에 박혀 있다면 인위적으로 빼려하지 말고 병원에서 제거하도록 한다. 상처에서 피가 날 경우 부위를 압박하여 지혈하고 피가 멈추면 상처를 소독하고 항생제 연고를 바른 후 붕대로 감아 응급처치한다. 찔림에 대한 일반적인 응급치료 과정은 다음과 같다.

- 나무판자, 식물의 가시는 소독한 바늘로 상처 입구를 넓혀서 족집게로 뽑는다.

가시 끝이 밖으로 나와 있지 않을 때는 주위를 누르고, 손톱 사이에 찔린 가시는 손톱을 깎아 가시 끝이 밖에서 보이게 한 후 제거한다.

- 가시를 뽑은 후 상처부위를 소독한다.
- 바늘이나 유리 끝이 부러져서 상처 속에 남아있을 때는 병원에 가서 의사의 진찰을 받는다.
- 못이나 더러운 물건에 찔린 상처는 반드시 의사에게 보이고 파상풍 주사를 맞아 곪거나 감염되는 것을 예방한다.

(5) 아토피 피부염

아토피 피부염은 영유아기부터 주로 발생하는 심한 가려움증을 동반한 만성적인 알레르기 피부질환으로 환자의 50%가 생후 1년 안에 시작된다. 원인으로는 유전적 요인과 환경적 요인이 함께 작용하여 발생한다.

| 표 7-3 | 아토피 피부염의 임상적 진단기준

주 증상(Major Criteria)	부 증상(Minor Criteria)
소양증(가려움증) 아토피(천식, 알레르기성 비염, 아토피 피부염) 질환의 개인력 및 가족력	피부건조증 피부감염 어린선(ichthyosis) 모공각화증(keratosis pilaris) 백색비강진(pityriasis alba) 유두 습진(nipple eczema) 손, 발의 습진과 두드러진 손금 결막염, 눈 주위 색소침착 구순염 백색피부묘기증(white dermographis) 혈중 IgE 증가 또는 피부시험 양성 환경이나 감정 요인에 의한 악화

출처: 대한소아알레르기호흡기내과(2008)

아토피 피부염 영유아의 피부 관리를 위한 수칙에 대해 대한소아알레르기호흡기학회가 제정한 내용은 다음과 같다.

- 피부는 늘 깨끗하고 촉촉하게 유지하도록 관리한다.

- 적절한 온도와 습도를 유지하는 환경을 만들어 준다.
- 면 소재의 옷을 입히고 손톱은 짧게 깎아 준다.
- 정확한 진단을 통해 원인물질을 찾아 피한다.
- 모유를 수유하고 이유 보충식은 6개월 이후에 시작한다.
- 집 안에서 애완동물을 기르지 않는 것이 좋다.
- 전문의의 진료에 따른 약물요법은 환자에게 도움이 된다.
- 심한 스트레스나 급격한 온도 변화는 아토피 피부염을 악화시킬 수 있으므로 주의한다.
- 과학적으로 검증되지 않은 치료법은 전문의와 먼저 상담한 후에 결정하여야 한다.
- 아토피 피부염의 올바른 치료와 예방으로 천식과 알레르기 비염을 예방할 수 있다.

10) 코피

영유아가 코피를 흘리는 이유는 충격에 의한 것일 수도 있고 특별한 이유없이 습관적으로 나는 경우도 있다. 일단 코피가 나면 의자에 앉히고 피가 목으로 넘어가지 않도록 머리를 약간 숙여 입으로 호흡하도록 한다. 코의 말랑말랑한 부분과 딱딱한 부분 사이를 엄지와 집게손가락으로 10분 정도 압박하고, 혈액이 응고할 수 있도록 윗입술 안쪽과 윗잇몸 사이를 거즈로 눌러주거나 눈과 눈 사이를 냉찜질한다. 가정이나 기관에서는 냉찜질을 위해 상시 얼음팩을 준비해두는 것이 필요하다. 지혈을 위해 휴지를 코 안에 넣을 때 너무 깊이 넣어 코 안을 자극하지 않도록 주의하고 코 안 점막이 말라서 코피가 날 수도 있으니 주위 환경이 너무 건조하지 않도록 한다. 코피가 잘 나는 영유아의 경우, 코를 후비거나 코를 세게 푸는 행동을 하지 않도록 주의시키고 약한 혈관을 튼튼하게 하기 위해 단백질과 비타민이 있는 식품을 섭취하도록 한다. 심한 경우는 이비인후과에 내원하여 전문가의 치료를 받도록 한다.

11) 입 상처

(1) 치아

영유아가 넘어지거나 세게 부딪혀서 입 주위를 다쳐 피가 나면 주로 입 주변 피부나 입술의 상처만을 치료하기 쉬운데 심하게 입 주변을 다쳤을 경우, 반드시 이 상태를 점검하여 이가 상하지 않았는지 살피는 것이 필요하다. 우선 이를 다쳤을 때 이 주위 잇몸에서 피가 나면 잇몸을 직접 눌러 압박하여 지혈하고 이가 빠지거나 부러진 경우에는 거즈로 압박하여 지혈한다.

사고에 의해 영구치가 빠졌을 때는 가까운 치과에서 재이식하는 것이 가장 좋은 방법이다. 재이식의 결과를 좌우하는 중요한 두 가지 요소는 재이식까지 걸리는 시간과 재이식까지의 치아 보관방법이다. 따라서 사고가 발생하면 치아의 뿌리 부분을 비비거나 문지르지 말고 가능하면 빠진 치아를 원래 자리에 끼워 넣고 이를 살며시 닫게 하거나 살균된 거즈나 솜을 대고 그 치아에 물게 하여 치과로 간다. 그러나 치아를 원 위치에 넣을 수 없다면 이물질을 털어내는 정도로 살짝 씻은 후 물이나 우유, 식염수에 담아 1시간 이내에 치과로 가지고 간다. 한편 치아에 금이 갔거나 부러진 경우, 미지근한 물로 입을 헹구고 상처 난 치아 주변 얼굴에 냉찜질을 한 후 즉시 치과의사에게 보인다.

(2) 혀

심하게 넘어지면서 혀를 깨물거나 음식을 먹을 때 혀를 깨물기도 하는데 일단 피가 나면 삼키지 말고 뱉도록 한다. 출혈이 경미할 경우 얼음 조각을 입에 물고 있으면 통증이 완화되는데 어린 영아는 얼음을 삼켜 기도를 막아 위험할 수 있으므로 유아에게 한정되어 실시한다. 입안은 혈행이 풍부하여 상처가 쉽게 회복되므로, 피가 나더라도 깨끗한 물로 헹구고 거즈 등을 이용해 지혈한 후 입안 상처에 바르는 연고 등을 발라준다. 만약 혀가 잘릴 정도로 큰 상처인 경우는 신속히 병원에 가서 전문의의 치료를 받는다.

12) 머리 상처

움직임이 많은 영유아는 넘어지거나, 부딪치거나, 높은 곳에서 떨어지는 등 여러 가지의 이유로 머리를 다치는 일이 발생한다. 머리를 다친 영유아가 아프다고 말하고 혹이 나거나 작은 상처가 생겼더라도 울음을 그치고 정상적으로 다시 놀기 시작한다면 심각한 문제는 아니라고 볼 수 있다. 이때는 멍이 들거나 혹이 난 부위에 상처가 부어오르는 것을 방지하기 위해 냉찜질을 하고, 피가 난 상처 부위를 소독 후 거즈를 덮어 지혈하고 밴드를 붙인다.

반면 머리나 목을 다치고 30초 이상 의식을 잃으면 2차 손상의 가능성을 방지하기 위해, 영유아를 일으켜 세우거나 흔들어 깨우지 않고 양쪽 어깨를 가볍게 두드려 의식을 확인한 후 즉시 119에 신고하여 도움을 요청한다. 뇌손상의 증상은 사고 후 여러 시간이 지난 이후에 나타날 수도 있으므로 한동안 영유아를 민감하게 관찰해야 한다. 머리를 다친 후 다음과 같은 증상이 있으면 즉시 병원을 찾아 전문가의 도움을 받는다.

- 심한 두통을 호소할 때
- 계속 졸려 하거나 말과 행동이 이상하고 의식을 잃을 때
- 평소와 다르게 너무 조용할 때
- 음식을 전혀 먹으려고 하지 않을 때
- 뿜어내는 노사성 구토를 할 때
- 경련이나 발작을 할 때
- 자꾸 주저앉으려 하고 한쪽으로 쏠려서 걸을 때
- 두 눈동자가 동시에 움직여지지 않을 때
- 귀나 코에서 맑은 액체(뇌척수액)나 피가 나올 때

13) 쏘임과 물림

야외 활동 중 벌 등의 곤충에 물렸을 때 가장 먼저 할 일은 침을 제거하는 것이다. 상처 부위를 바늘이나 칼로 긁어주면 되는데 외부에서 쉽게 구할 수 없으므로 휴대한 카드를 이용해 밀어서 침을 제거한다. 이때 통증과 부종이 가라앉을 수 있도록 상처 부위를 얼음이나 찬물로 냉찜질한다.

한 군데가 아니고 여러 군데 물린 경우, 상처를 냉찜질하고 호흡상태를 관찰한다. 물린 부위가 심하게 부어오르거나 가려움증, 호흡곤란, 두드러기, 구토, 식은땀을 흘리면 즉시 병원에서 진료받는다.

세균이나 바이러스를 가진 일부 진드기가 풀숲에 있다가 지나가는 사람을 물어서 감염을 유발할 수 있으므로 진드기를 제거하고 피부 발진이나 열이 있지 않은지 관찰하며 전문의의 진단을 받는다. 질병을 일으키는 국내에서 발생하는 대표적인 진드기 매개 감염병으로는 쯔쯔가무시증과 중증열성혈소판감소증후군(SFTS) 등이 있다. 쯔쯔가무시증은 10월~11월, 중증열성혈소판감소증후군(SFTS)은 주로 5~10월에 발생한다.

| 그림 7-11 | 쯔쯔가무시증, 중증열성혈소판감소증후군 연도별 발생 현황 및 사망률

출처: 질병관리청(2024)

한편 동물이나 사람에게 물렸을 경우, 상처가 깊지 않으면 비누와 미지근한 물로 깨끗이 씻어내고, 출혈이 있다면 거즈를 대고 직접 압박하여 지혈한다. 손발을 물

렸을 경우 심장보다 위치를 높게 해주어 지혈하고 개에 물린 경우, 현장에서 즉시 개와 격리하고 물린 상처를 지켜보며 호흡이나 맥박 등을 관찰한다. 우선적으로 광견병 예방접종 여부를 확인하고, 확인되지 않는다면 병원진료 시 의사에게 알린다.

뱀에 물렸을 때 영유아를 진정시켜 독이 몸으로 급속히 퍼지는 것을 막고 물린 부위를 심장보다 아래로 한다. 뱀의 형태나 종류를 잘 기억해 두고, 물린 부위에서 10~15cm 정도 심장과 가까운 부위를 손수건이나 천 등으로 새끼손가락이 들어갈 정도로 묶는다. 얼음찜질을 하거나 피부를 절개하여 입으로 독을 빨아내는 처치는 하지 않는다.

독사에게 물렸거나 독사인지 아닌지 구분할 수 없을 때에는 미리 병원에 연락하여 항사독소가 준비될 수 있도록 한다.

쏘이거나 물렸을 때의 응급처치를 정리하면 다음과 같다.

- 벌에 쏘였을 때에는 벌침을 제거하고 비누와 물로 씻은 후 카라민 로션을 두드려 바른다.
- 물린 곳에 피가 나는 경우, 깨끗한 천으로 압박해주고 출혈이 멈추면 비누와 흐르는 물로 깨끗이 씻는다.
- 영유아의 움직임을 줄여 안정시키고, 독 퍼짐을 감소시키기 위해 물린 부위를 심장보다 낮게 한다.
- 통증이나 부종이 심한 경우, 물린 부위를 깨끗하고 습기 있는 수건이나 붕대로 덮어 즉시 병원으로 옮긴다.

14) 화상

화상이란 피부가 뜨거운 열, 액체, 증기, 화학물질, 햇볕, 전기 등에 노출되어 신체 조직이 손상된 것을 말한다. 화상의 정도는 상처의 깊이와 정도에 따라 1도, 2도, 3도로 구분한다. 1도 화상은 피부 표면이 붉게 변한 상태이고, 2도 화상은 피부 표피층이 손상되고 내피층까지 손상을 입어 수포가 생긴 상태이다. 3도 화상은 모든 피부층과 피하지방, 근육층까지 손상된 상태로 피부가 회백색이나 검은색을 띠는 상태를 말한다.

영유아 기관에서는 화상을 방지하기 위해 정수기의 온수 차단, 조리실 출입 제한, 화학성 세제류 관리, 콘센트에 안전장치 설치 등을 철저하게 관리해야 한다.

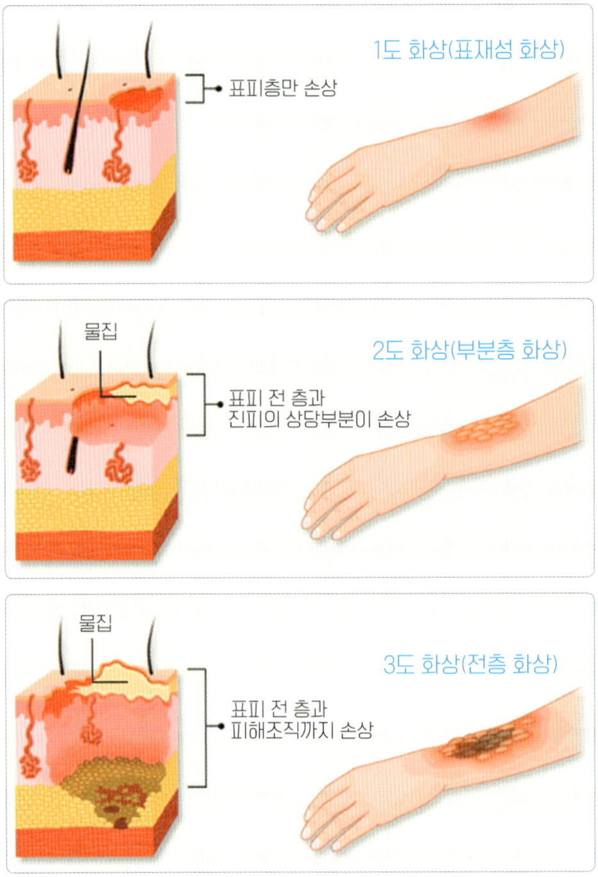

1도 화상

2도 화상

3도 화상

| 그림 7-12 | 손상 깊이에 따른 화상의 분류

출처: 질병관리청, 국가건강정보포털 홈페이지

각 원인에 따른 화상의 대처 방법은 다음과 같다.

(1) 열

열에 화상을 입은 경우, 덴 부위를 10~15분 정도 흐르는 찬물로 식혀준다. 부위가 넓으면 욕조에 물을 받아 잠깐 담그거나 차가운 물에 적신 깨끗한 면으로 된 천을 덮어도 된다. 화상 부위와 옷이 붙었을 경우 무리하게 옷을 벗기지 말고 옷을 입은 채 그대로 식힌다. 화상의 정도가 심하면 신속히 병원으로 가는데 이때 소독된 거즈나 손수건 등으로 화상 부위를 되도록 넓고 느슨하고 가볍게 덮어 피부가 쓸리거나 이차 감염에 노출되지 않도록 한다.

화상 전용 거즈는 소독된 바셀린과 소독약이 들어 있어 진찰에 방해가 될 수 있으므로 바르지 않고 병원으로 가는 것이 좋다. 화상 연고나 크림은 바르면 쓰린 통증이 완화되지만 열기가 내부로 침투될 수 있으므로 주의하여 사용한다.

1도 화상이거나 상처 부위가 작은 2도 화상의 경우, 감염되지 않도록 주의하면 병원에 가지 않고 치료가 가능하지만 2도 화상은 물집을 터트리지 말아야 하고 물집이 터진 경우, 소독된 거즈를 자주 갈아주어 감염되지 않도록 주의한다.

(2) 화학약품

화학약품으로 인한 화상의 경우 고무장갑이나 두께감 있는 타월로 손을 보호하여 화학약품에 손이 상하지 않도록 한다. 흐르는 물로 화상 부위를 씻어 화학약품을 닦아내고, 약품으로 인한 화상을 씻어낸 물은 다시 화상을 입을 수 있으므로 주의해서 흘려보낸다. 이때 옷을 벗겨야 한다면 가위로 잘라내는 것이 안전하다.

이후 처치는 열에 대한 화상 응급처치와 같다.

(3) 전기

전기로 인한 화상은 감전으로 발생한다. 감전이란 전원이나 전류에 노출되었을 때 전기에서 발생하는 열에 의하여 화상을 입거나 전류에 의하여 뇌, 심장, 혈관 등이 손상되는 것을 말한다. 호기심 많은 영유아는 끊어진 전깃줄을 손으로 만지거나 빨거나, 전원에 가늘고 뾰족한 물건이나 금속성 있는 장난감 등을 꽂아 감전된다. 이때 가장 먼저 해야 할 응급처치는 감전 물체의 전원을 차단하는 것이다. 전원을 찾지 못하거나 전원 차단이 불가능할 때에는 나무나 플라스틱 물체 등의 절연체를 이용하여 감전된 영유아를 감전 물체에서 분리시킨다.

전기에 의한 화상은 손상된 부위가 좁고 깊은 것이 특징이므로 화상 입은 곳을 유심히 살펴 찾아야 하고, 찾은 경우에는 그 부위의 반대편까지 살펴보아 화상이 이어져 있는지 확인해야 한다. 이후 처치는 열에 대한 화상 응급처치와 같다.

15) 이물질

영유아의 몸에 이물질이 들어가서 불편함을 겪는 일이 생기는데 눈, 코, 입, 귀 등 오감각을 느낄 수 있는 신체 부위를 중심으로 살펴보면 다음과 같다.

(1) 눈

눈에 이물질이 들어간 경우 일반적으로 생리식염수를 이용해 눈을 씻어내도록 하지만 영유아는 이물질이 들어간 눈을 처음부터 식염수로 씻어내기 어렵다. 특히 모래밭에서 놀다가 모래나 작은 티가 눈에 들어간 경우라면 눈물을 흘려서 이물질을 제거하도록 하는 것이 가장 좋다. 영유아는 눈에 이물질이 들어가면 자연스럽게 손으로 눈을 비비게 되므로 가장 먼저 아이의 손을 잡아 이물질이 각막에 상처를 내지 않도록 한다. 교사는 영유아의 손을 잡고 손을 씻을 수 있는 장소로 가서 같이 손을 씻고, 그 사이 눈물이 흘러 이물질이 자연스럽게 흘러나오도록 한다. 이때 필요하면 식염수를 이용하여 눈을 헹구어 주고, 아이가 계속해서 통증을 호소하거나 눈이 충혈이 심하면 병원을 방문한다.

(2) 코

영유아는 호기심으로 자기의 코에 조그만 물체를 넣어보거나 친구들과 장난으로 재미 삼아 콧속에 어떤 물체를 넣어볼 수 있다. 코에 넣은 물체를 자연스럽게 꺼낼 수 있거나 반대쪽 콧구멍에 휴지 등을 넣어 재채기를 유도하거나 반대쪽 코를 막고 가볍게 코를 풀게 하면 되는 정도는 별문제가 없다. 그러나 이물질이 기도를 막고 있거나, 빼낼 수 없는 상황이라면 강제로 빼려고 하지 말고 신속하게 이비인후과나 병원의 응급실로 가서 도움을 받는다. 코 안에는 끈끈한 점막이 있으므로 아이가 콩이나 곡물류를 코에 넣는 경우, 점막의 끈끈한 액체로 인해 곡물류의 부피가 커져 밖으로 빼내는 게 쉽지 않다.

(3) 입

영유아가 입에 무엇인가를 넣었을 때 그것이 기도를 방해하면 본능적으로 기침을 해서 이물질을 밖으로 뱉어내게 된다. 그러나 이물질이 기도에 들어가 기도를 꽉 막아 버리면 호흡이 곤란하여 얼굴이 새파랗게 변하고 그로 인해 의식을 잃을 수도 있다. 기도 이물질 관련한 응급처치는 다음과 같다.

- 기도에 이물질이 들어갔으나 기침을 하거나, 울거나, 말을 할 수 있으면 영유아의 얼굴을 바닥을 향해 엎드리게 하고 기다려 반응을 살피는데, 완전히 해결이 안 되는 것으로 판단되면 곧장 병원으로 데리고 간다.
- 기도가 막혀 호흡곤란이 생기고 얼굴이 새파랗게 되며 숨을 쉬지 못하면 섣불리 손으로 꺼내려하지 말고 먼저 119에 신고하고 출동까지의 응급처치 지시사항을 잘 듣고 그대로 따라 한다. 예를 들어 머리와 몸의 상체를 하체보다 낮게 하고, 이물질이 나올 때까지 등을 손바닥으로 세게 친다. 영유아의 몸을 함부로 움직이면 이물질이 더 깊숙이 들어가거나 기도의 일부를 막고 있던 이물질이 완전히 기도를 막을 수도 있으므로 주의해야 한다.
- 하임리히 방법을 사용할 수도 있다. 즉 영유아의 뒤에서 두 팔을 둘러 영유아

의 허리를 껴안는데, 이때 한 손은 엄지 손가락 부분이 영유아의 배꼽과 횡격막 사이의 위장 부분을 누르도록 주먹을 쥐고, 다른 한 손은 그 주먹을 덮듯이 꼭 잡는다. 그리고 껴안은 두 손으로 영유아의 위장을 위로 밀어 올리듯 꾹 누른다. 영유아가 기침을 하거나 숨을 쉴 수 있을 때까지 같은 동작을 반복한다.

- 119 구급차를 기다리는 동안 영유아가 의식을 잃으면 영유아를 한쪽으로 눕혀 입을 바닥으로 향하게 눕히고, 호흡을 멈추면 인공호흡을 실시한다.

(4) 귀

영유아의 귀에 들어갈 수 있는 이물질은 장난감 조각이나 벌레 등이다. 이물질은 고막손상과 중이염 등을 유발할 수 있다. 귀에 들어간 이물질이 작고 부드러운 것이면 핀셋으로 집어내도록 시도할 수 있지만, 이물질이 나오지 않으면 곧장 병원으로 가는 것이 좋다. 자칫 핀이나 가늘고 긴 도구를 이용해 꺼내려다 귀 속을 찌르면 그 부위에 상처가 생겨 또 다른 치료거리를 만들 수 있기 때문이다.

귀에 벌레가 들어간 경우, 등불을 귀에 비추어 보고 나오지 않으면 생리식염수나 오일을 몇 방울 떨어뜨려 벌레를 죽인 후 씻어낸다. 영유아가 통증을 호소하면 곧바로 이비인후과를 방문한다.

16) 세제류를 먹거나 마셨을 때

영유아가 용기에 담겨져 있는 세제류를 먹는 것으로 착각하여 먹었을 경우, 인체에 매우 유해한 것들이 있으므로 주의를 기울여야 한다. 만약 영유아 주위에 세제 용기가 빈 채로 있거나, 영유아 입 주위에 묻어 있다면, 혹은 의식을 잃고 쓰러져 있거나 몹시 괴로워하며 울고 있다면 세제를 먹거나 마셨을 위험이 있다.

영유아가 몸에 유해한 세제류를 먹었거나 먹었다고 의심이 되는 상황에서 영유아가 의식이 있으면, 우선적으로 무엇을 먹었는지 물어 알아내야 한다. 그리고 바로 119나 가까운 병원의 응급실로 전화해서 영유아가 먹었거나 먹었을 것으로 예상되는 세제류의 종류를 말하고 응급처치 방법을 따른다.

영유아가 먹은 세제류는 크게 표백제, 제초제 등의 부식성 독극물과 일반 독극물로 나눌 수 있다. 부식성 독극물은 강산, 강알칼리, 휘발유 등의 성분을 함유하고 있는 것으로 식도 등 내장기관의 조직을 손상시킨다. 따라서 이러한 종류의 독극물을 먹은 경우 토하게 하면 안 되고, 가능한 한 빨리 병원으로 데리고 가야 한다.

반면 일반 독극물을 먹은 경우, 전화로 119구급대나 응급실 독극물 중독 치료 담당의사 등의 도움을 얻어 토하게 한 다음 병원으로 데리고 간다. 이때, 영유아가 먹었거나 먹었을 것으로 간주되는 독극물의 잔여분을 챙겨두면 진단 및 치료 시 도움이 될 수 있다.

17) 뼈와 근육

(1) 골절

골절이란 외부의 힘에 의해 뼈가 부러지거나 파괴된 상태를 말한다. 골절에는 단순골절과 복합골절이 있다. 단순골절은 뼈가 부러지거나 금이 간 상태이며, 복합골절은 부러진 뼈에 의해 다른 신체조직의 손상을 동반하는 것으로 넘어짐, 떨어짐, 충돌, 접촉사고 등이 원인이다. 뼈가 피부를 통과해서 골절될 경우 개방성 골절이라고 하며 감염과 출혈의 위험성이 크다. 골절 부위는 냉찜질을 해주고, 피부가 너무 차가워지지 않도록 주의하며 가능하면 압박붕대로 감아준다. 발, 발목, 손, 팔꿈치의 경우 심장보다 약간 높게 올려주어서 골절 부위의 출혈과 부종을 방지한다. 골절 부위를 움직이면 심하게 붓고 통증도 심해지므로 움직이지 않도록 지지대를 이용해 고정한다.

(2) 탈구

탈구는 관절부위에 지나친 압력이 가해져 뼈가 본래의 자리를 빠져나와 관절 주위의 조직이 손상되는 것을 말한다. 이때 탈구된 부분이 부어오르면서 심한 통증이 동반된다. 주변 조직의 혈액 공급이나 인대, 신경, 근육 등에 손상이 생길 수 있기 때문에 탈구된 부위는 힘을 주어 사용하면 안 된다. 부상당한 부위에 냉찜질을 해 주어 통증을 가라앉히고 영유아가 상처 부위를 움직이지 않도록 부목을 댄 후 병원으로 데리고 가 진료를 받는다.

(3) 염좌

염좌는 흔히 삔다고 하는데 관절의 인대가 늘어나거나 찢어진 상태를 말한다. 손상과 동시에 아프고 붓기 시작하여 통증이 깊어진다. 상처 부위에 냉찜질을 해주고 가능하면 걷지 않도록 하고, 손목 염좌는 팔걸이로 발목은 쿠션을 놓아주어 상처 부위를 높게 해준다. 골절 부위를 움직이면 심하게 부을 수 있으므로 움직이지 않도록 부목으로 고정한다. 부목을 대기 전 환아의 손발에 감각이 있고 움직일 수 있는지 확인하고 구비된 부목이 없다면 방석이나 포장지 등 적절한 물건을 활용하여 손상 부위의 위아래 관절을 함께 고정시킨다.

18) 일사병

영유아는 자신이 좋아하는 실외 놀이를 하는 동안 스스로 놀이 시간을 조정하는 것이 어렵기 때문에 뜨거운 햇빛에 장시간 노출될 가능성이 있다. 여름철 고온에 오랜 노출은 뇌의 체온조절 중추가 제대로 기능하지 못하여 혈류량이 늘어나고 발한, 두통, 구토, 현기증, 나아가 실신까지 할 수 있다. 영유아가 일사병 증상을 보이면 신속히 시원한 곳으로 옮겨서 눕히고 의복을 느슨하게 하며, 물이나 식염수를 마시게 하고 찬 물수건으로 열을 식혀준다. 몸을 너무 차게 해서는 안 되고 시원한 온도에서 휴식을 하게 하면 점차 회복된다. 영유아 기관에서의 일사병이 발생하지 않도록 사전에 적당한 휴식 시간을 마련하고 영유아의 상태를 파악하여 실시간으로 그늘에서 쉬거나 시원한 물을 마시면서 체온을 조절할 수 있도록 배려하는 일이 필요하다.

chapter 8

정신건강

영유아가 건강하게 성장하기 위해서는 신체적인 발달뿐만 아니라 정신적 측면의 건강 또한 매우 중요하다. 최근 가족구조의 변화와 여성의 사회 진출 증가로 인해 하루 일과의 대부분을 가정이 아닌 영유아 기관에서 보내는 영유아가 많아졌다. 따라서 가정과 기관은 영유아가 사회적으로 인정되는 바람직한 행동 유형이나 습관을 일찍부터 형성할 수 있도록 도와줘야 하며 영유아가 나타내는 대표적인 정신건강의 유형과 그 내용 그리고 대처방안에 대해 정확한 숙지가 필요하다.

본 장에서는 정신건강의 개념과 영유아 정신건강에 영향을 미치는 다양한 요인을 살펴보고, 영유아 정신건강을 증진시킬 수 있는 기본 방안에 대해 알아본다.

8

1 정신건강의 개념

WHO 세계보건기구에 의한 정신건강의 정의는 정신장애뿐만 아니라 자신의 잠재력을 실현하고 공동체에 유익하도록 기여할 수 있는 정신면에서의 건강을 의미한다. 즉 건강하다는 것은 단지 신체적이고 육체적인 측면의 양호만을 의미하지는 않는다. 스트레스가 많은 복잡한 현대사회를 살아가는 데 있어 정신적 측면의 건강은 더욱 중요시되고 있다.

이와 같은 정신건강의 중요성은 성인에게만 해당되는 것이 아니고 영유아에게도 동일하게 적용된다. 영유아기의 초기 경험은 인생 전반에 중요한 영향을 미친다. 영유아기의 안정된 환경 제공은 영유아의 성격뿐만 아니라 대인관계능력, 사회적응력에 크게 영향을 미친다.

영유아기에 긍정적 경험이나 안정된 환경을 제공받지 못할 경우 청소년기나 성인기에 정신적 증상들이나 사회부적응 행동들이 나타날 수 있으므로 영유아 정신건강은 매우 중요하다(이선애 외, 2014). 일반적으로 정신 질환이나 병적 요인이 없다면 정신적으로 문제가 없다고 생각하기 쉽다. 그러나 정신건강이란 정신적인 질환이 없는 상태뿐만 아니라 사회생활의 원만한 적응 및 바람직한 사고를 할 수 있는 정신적 상태를 말한다. 따라서 정신적으로 건강한 사람은 주변 환경에 잘 적응하며, 다른 사람들과 원만한 관계를 유지할 수 있고, 어려운 문제나 갈등 상황에 부딪혔을 때 적극적으로 스스로의 능력을 충분히 발휘하여 문제를 잘 해결해 나갈 수 있는 바람직한 성격의 소유자라 할 수 있다(류경화 외, 2008).

영유아는 성장과정에서 정신건강을 방해하는 다양한 요인을 만난다. 어린 시절 부모로부터 따뜻한 사랑을 받지 못해서 생긴 결핍된 애정, 부모의 이혼으로 인한 심리적 충격, 친구들로부터 따돌림을 받아 생긴 고립감, 동생의 출생으로 인한 심각한 질투심, 질병으로 인한 고통 등 다양한 원인으로 인해 정신건강에 문제가 생길 수 있다. 이와 같은 다양한 원인은 영유아의 정신건강에 영향을 미쳐 신체적, 언어적 또 정서적인 어려움으로 나타날 수 있다.

2 영유아 정신건강에 영향을 미치는 요인

정신건강에 영향을 미치는 요인은 시대와 사회에 따라 달라질 수 있으나 정신건강 증상에 많은 원인을 제공하는 영아기 애착과 기질, 심리 · 정서적 요인, 사회적 요인으로 나누어 살펴보고자 한다.

1) 애착

영아의 정신건강에 영향을 주는 매우 중요한 요인은 애착이다. 애착이란 영아와 주양육자 간의 친밀하고 강한 정서적인 유대관계를 맺는 것으로 영아는 안정적인 애착관계 형성을 통해 살아가는 데 필요한 기본적인 안정감과 자신감을 가진다. 주양육자의 영아의 욕구에 대한 즉각적이고 민감한 반응을 통해 긍정적인 애착관계가 형성된 영아는 그렇지 않은 영아와 비교할 때 정신건강에 문제가 생길 가능성이 현저히 낮을 것이다. 안정애착을 형성한 영아는 유아기, 아동기, 청소년기 심지어 성인기에도 이르러서도 안정애착의 특성을 보이며 사회 속에서 다양한 관계를 형성하는데 있어 신뢰감을 가진다.

애인스워스(Ainsworth, 1979)는 애착발달에서 가장 중요한 요인은 생후 첫 1년간 영아가 부모와 함께 하는 상호작용의 질이며, 특히 영아의 신호에 대한 어머니의 반응성 혹은 민감성이 아기의 세상에 대한 신뢰감을 갖게 해주는 중요한 요인으로 보았다.

(1) 안정형 애착

안정형 애착(Secure Attachment)을 형성한 영아는 양육자가 곁에 있으면 자유롭게 세상을 탐색하며 낯선 사람과 잘 어울리지만, 양육자가 떠나 있으면 종종 불안해 보일 때가 있으며, 양육자가 돌아오는 것을 보면 기분 좋아한다. 애착은 주요 양육자가 아이의 요구에 민감하게 반응하는 정도에 크게 영향을 받는다. 지속적으로 항상 아이의 요구에 반응하는 부모들은 안정적으로 애착된 아이를 키워내고 이러한 아이는 부모가 자신의 요구와 의사소통에 반응할 수 있다는 사실을 잘 안다. 안정적으로 애착된 영아는 안정된 기반인 주양육자가 필요할 때에 자신에게 올 것을 알고 주변을 활발하게 탐색한다.

(2) 불안-양가형 애착

불안-양가형 애착(Anxious-ambivalent Attachment)은 저항형 애착(Resistant Attachment)으로 불리기도 하는데, 일반적으로 불안-양가형 애착 유형의 영아는 낯선 상황에서 탐색을 덜 하고 부모가 곁에 있을 때조차 낯선 사람을 경계한다. 주양육자가 떨어져 있으면 고도의 스트레스를 받기도 하고, 주양육자가 사라졌다 다시 돌아오면 분노를 나타내거나 반대로 특별한 반응 없이 무기력한 반응으로 양가적인 감정을 드러낸다. 불안-양가형 애착은 예상치 못한 반응을 보여준 일관성 없는 양육에 대한 반응이다.

(3) 불안-회피형

불안-회피형 애착(Anxious-avoidant Attachment) 유형의 영아는 주양육자를 회피하거나 무시한다. 양육자가 떠나거나 돌아오는 것에 대하여서 감정을 거의 보이지 않거나 노골적으로 시선을 회피한다거나 뒤돌아선다거나 다른 곳으로 가버리는 경우도 있다. 주양육자가 들어오면 반겨주는 경우도 있지만 단순히 바라보거나 미소짓는 것에 그친다. 한참 동안 주양육자가 아이와의 친근한 접촉을 시도해도 안기려

하지 않고 시선을 돌리거나 어색해 하며 몸을 꿈틀댄다. 이와 같은 애착 유형을 가진 영아는 누가 곁에 있든 상관없이 탐색 활동을 거의 하지 않는다.

(4) 비조직화/혼돈형 애착

비조직화/혼돈형 애착(Disorganized/Disoriented Attachment)은 앞에서 보인 회피도 양가도 아닌 애착반응으로 영아의 스트레스와 관련된다. 영아는 어깨를 구부리거나 손을 목 뒤로 놓는다든가 머리를 세게 구부린다거나 하는 강렬한 움직임과 모순된 행동, 경직이 함께 나타난다. 비조직화형 애착 행동은 무섭거나 무슨 생각을 하는지 알 수 없는 주양육자를 직면할 때 주로 나타난다.

비조직화/혼돈형 애착을 보이는 영아의 어머니는 대부분 산전 혹은 산후 상실감이나 트라우마 등을 겪으며 심각한 우울증을 겪은 것으로 드러났고, 고등학교 졸업 전에 부모 중 한 명을 여읜 어머니의 56%가 비조직화형 애착의 아이를 갖는 것으로 밝혀졌다. 즉 해소되지 않은 상실감을 가진 영아 어머니의 경험은 자녀의 비조직화 애착과 관련된다(Bartholomew & Horowitz LM, 1991).

2) 기질

기질은 그 자체로 영아의 행동에 많은 영향을 주기도 하고, 영아의 기질이 어머니의 양육행동에 영향을 미친다는 입장에서 영아의 기질적 특성은 애착에도 영향을 미친다. 토마스와 체스의 기질 구분에 따라 세 가지 유형으로 나눈다.

(1) 기질 요인

- 활동 수준(activity level): 아이가 잠을 잘 때 얼마나 많이 움직이는지, 그리고 적극적인 놀이 활동을 얼마나 좋아하는지 여부
- 리듬성(rhythmicity): 먹고 자는 시간이나 양이 얼마나 규칙적인지 여부

- 주의분산도(distractibility): 한 자극에 얼마나 집중할 수 있는지, 혹은 다른 자극에 의해 주의가 얼마나 잘 분산되는지 여부
- 접근과 철회(approach/withdrawal): 새로운 장소나 음식, 이방인, 새로운 활동 등에 얼마나 쉽게 접근하고 관심을 가지는지 여부
- 적응성(adaptability): 새로운 환경이나 활동에 얼마나 빠르게 잘 적응하는지 여부
- 주의력과 끈기(attention span and persistence): 과제나 특정 활동, 놀이 등을 끝까지 하려고 하는지 아니면 금세 포기하려고 하는지 여부
- 반응 강도(intensity of reaction): 마음에 들지 않은 상황(예: 젖은 기저귀)에 접했을 때 얼마나 강한 반응을 보이는지 여부
- 반응의 역치(threshold of responsiveness): 큰 소리에 얼마나 반응하는지, 혼자서 얼마나 잘 잠자리에 드는지, 음식은 얼마나 잘 먹는지 여부
- 정서의 질(quality of mood): 긍정 혹은 부정 정서를 얼마나 많이, 강하게 표현하는지 여부

(2) 기질 유형

① 순한 기질

순한 기질 영유아는 새로운 환경에 쉽게 적응하며 금방 익숙해진다. 이들은 대체로 긍정적이고 행복한 편이며 달래기 쉬우며 규칙적이고 예측 가능하다. 행동 패턴이 예측 가능하고, 말도 잘 들어서 부모의 손이 상당히 덜 가기 때문에 부모가 가장 바라는 유형의 아이일 수 있다.

반면 순한 아이들은 보통 성격이 순하기에 상대가 공격적으로 대해도 쉬이 반격하지 못하고 당하거나, 스트레스를 받고 있어도 이를 쉽게 표출하지 못해 마음에 쌓아두다가 상태가 많이 악화된 후에 드러나는 경우가 있다. 특히 형제자매가 많은 집에서 장남이나 장녀로 태어나면 부모의 손이 덜 간다는 특성과 나이 많은 아이라는 점이 겹쳐지면서 부모가 책임에 대해선 많이 요구를 하나 정작 관심은 잘 안 주는 경우가 있다. 그래서 이 유형의 아이는 부모의 관심에서 소외되기 쉽고, 쌓였던

스트레스 상황들이 누적돼서 한계치에 다다르면 문제를 일으키기도 한다.

② 까다로운 기질

까다로운 기질 영유아는 새로운 환경에 적응하는 시간이 오래 걸리는 편이다. 일반적으로 새로운 환경에 접하면 부정적이거나 강한 반항을 보이고 행동이나 반응이 불규칙하다. 보통 성격이나 행동이 까다롭게 느껴져서 부모들이 육아의 어려움과 그에 따른 고충을 호소하는 유형이다. 이런 기질적인 특성은 이유 없이 짜증을 내거나, 자주 울거나, 땡깡을 피우거나, 신경질을 부리는 등 이해하지 못하는 행동을 함으로 주 양육자와의 갈등을 야기시킨다.

순한 아이와 대비되게 부모나 교사의 말을 잘 안 듣고 고집이 강하며. 성격적으로도 예민하고 감정적이어서 순한 아이와 달리 자기의 불만사항이나 불편감 등 부정적 감정들을 잘 표출한다.

까다로운 기질의 아이는 감정이나 애착관계에 민감한 편이기에 귀찮고 피곤해도 즉각적으로 반응하고 깊은 애착관계를 형성해주어야 한다.

단점이 많아 보이는 유형이긴 하지만 까다로운 기질의 영유아는 모험과 도전을 좋아하고 정보나 감각을 빠르게 받아들이며, 상대의 감정선에 민감하기 때문에 이를 발달시키면 장점으로 삼을 수 있다. 한편 까다로운 기질 특성을 가진 영유아가 문제행동을 보이는 건 주로 자기와 양육환경이 잘 맞지 않는 것에 대한 불안과 스트레스가 원인이므로 편안한 양육환경을 잘 조성하는 것이 필요하다.

③ 느린 기질

느린 기질 영유아는 대체로 새로운 환경에 느리게 적응하지만, 시간에 따라 서서히 안정을 가진다. 이들은 새로운 환경에 수동적인 방식으로 저항하여 부정적인 반응을 보인다. 환경에 적응하는 속도가 느리기에 성급한 부모나 교사와의 조합이 어렵고 성인에게 인내심을 요구하는 유형이기도 하다.

까다로운 기질 영유아와는 까다로운 음식섭취, 새로운 환경에 대해 부적응, 짜증을 부리거나 보채는 행동이 유사하나 까다로운 기질의 영유아가 좀 더 공격적이고 과격한 행동 경향을 보이는 반면 느린 기질 영유아는 수동적 저항의 행동 양상을 보인다. 적응력이 느린 편이어서 반복훈련이 필요하며, 충분한 설명을 해주는 게 좋다.

부모나 교사가 조바심을 내며 아이를 다그치거나 혼내는 식으로 압박감을 조성하면 위축되거나 신경질적인 면이 나타난다. 적응력이 낮은 편이고 소극적인 측면이 있어서 빠른 눈치와 높은 적응력을 요구하는 환경에선 힘들어할 수 있다.

3) 심리 · 정서적 요인

영유아는 발달 특성상 자신의 생각이나 느낌을 적절히 표현하거나 행동으로 나타내는 능력이 부족하다. 따라서 낯선 사람이나 새로운 상황, 위협적인 말이나 행동에서 위축되어 공포감을 느끼거나 불안할 때 그 감정을 적절하게 표현하지 못한다. 그래서 만들어지는 미움, 분노, 공포, 불안, 우울, 슬픔, 시기와 질투, 수치심 등의 부정적인 감정은 적응에 문제를 일으키고 병적인 행동과 정신장애의 원인이 된다.

한편 신체장애나 만성 질병도 상실감을 초래하여 열등감, 분노, 공격성, 방어, 보상 등의 심리적 반응을 일으킬 수 있다. 또 어린 나이에 경험하는 의존대상의 상실 등에 따른 절망, 분노 등이 원인이 되어 새로운 정신적인 어려움을 가져오기도 한다. 영유아의 심리 · 정서적 긴장 요인이 복합적으로 작용할 때 정서 · 신체적 문제가 발생할 수 있음을 알고 영유아가 정신적 갈등이나 긴장을 적절히 표현할 수 있도록 해야 한다.

(1) 영아

영아는 자신을 직접적으로 돌보는 주양육자와의 관계가 매우 중요하며, 그 역할을 담당하고 있는 사람은 대부분 어머니이므로 어머니의 양육행동이 어떠하냐에 따라 영아는 정신건강에 많은 영향을 받는다. 예로 영아가 표현하는 정서적 신호를 민감하게 파악하여 즉각적이며 따뜻한 애정을 가지고 반응하면 영아도 자연스럽게 안정적인 상태로 진정되지만, 영아의 반응에 민감하지 못하여 영아가 강하게 표현한 후에 그제서야 무심히 반응을 하게 되면 영아의 정서가 너무 격해져서 통제가 안 될 수 있다(Thompson, 1994). 이처럼 가정에서는 주양육자, 기관에서는 교사가 영아의 처한 상황을 정확하게 인식하고 그 상황에 맞는 적절한 반응과 대처를 함으로써 자신의 정서를 적절하게 통제할 수 있도록 도와주어야 한다. 이런 긍정적 경험은 영아의 정신건강에 도움을 준다.

(2) 유아

유아기에는 활동 범위가 가정에서 사회 환경으로 확대되고 또래 간의 관계가 활발해진다. 따라서 상황에 맞는 자신의 정서 상태와 정서적 반응을 이해하고 감정이나 행동을 조절하는 정서조절 능력이 유아의 정신건강에 중요한 역할을 한다.

유아는 문장으로 자신의 정서적 경험을 표현할 수 있는 언어의 발달과 상징적 표상을 나타내는 능력이 향상되면서 자기와 주변 사람의 정서에 대한 이해 능력이 발달된다. 영아기 때와는 달리 갈등 관계에서 부정적인 정서를 최소화하는 대처능력이나 스트레스를 효과적으로 처리할 수 있는 능력이 발달되면서, 감정을 폭발하며 급하게 성질을 부리는 일이 줄어든다. 즉, 점차 자기 자신과 다른 사람의 감정이나 정서를 구별하여 이해하고, 이러한 정보를 바탕으로 자신의 생각이나 행동을 적절하게 분리해서 정서를 인식하면서 정서적 유능감을 가진다. 정서적 유능감은 정서적 경험의 적응적 측면을 중시하면서 동시에 사회적 상황에서 자신과 다른 사람의 정서상태를 이해하고, 자신의 정서 상황을 말로 표현하는 감정이입 행동을 하며, 자기조절 방법을 통해 부정적인 정서에 대해 적극적으로 대처하게 한다.

이는 2019 개정 누리과정의 기본 방향에서 강조하고 있는 바른 인성을 함양한다는 내용과 부합하는 내용으로 정신건강에 미치는 정서발달의 중요성을 고려하여 볼 때 매우 중요한 의미를 갖는다.

4) 사회문화적 요인

가족은 인간이 접하는 최초의 사회로 한 인간의 발달에 가장 중요한 영향을 미친다. 또한 가족으로 구성된 가정의 분위기는 그 가족 구성원의 삶 특히 정신건강에 강력한 영향을 주는 요인이다. 가정환경에 대한 자녀의 긍정적인 지각은 건전한 정신건강을 가져오지만 반대로 가정환경에 대한 부정적인 인식을 가지게 되면 정신건강에 부정적 영향을 미칠 가능성이 높다. 이처럼 영유아를 둘러싼 주변환경은 영유아의 정신건강에 직 · 간접적인 영향력을 가진다.

(1) 가족요인

① 부부싸움

자녀는 부모의 잦은 싸움으로 집안 분위기가 우울하게 침체되면, 불안함을 느끼며 정서적으로 안정감을 찾기 힘들다. 특히 영유아가 보는 앞에서 부부가 큰 소리를 치거나 물건을 던지며 공격적인 부부싸움을 할 때 매우 큰 공포감을 느끼게 되어, 편하게 식사를 즐기고 깊은 잠을 자는 등 건강을 위한 일상을 누릴 수 없다. 이는 섭식장애와 수면장애 증상으로 나타날 수 있고, 극도로 예민해져 불안하고 공포스러운 환경에서 살아야 하는 것 자체가 영유아에겐 매우 큰 스트레스 요인이 된다.

반면 부부간의 갈등 문제로 인해 크게 소리를 지르지는 않지만 서로 아는 척하지 않고 대화 없는 냉랭한 집안 분위기가 지속되면 영유아는 눈치를 보면서 생동감 넘치는 에너지를 발산하지 못하게 된다. 이런 경우, 또래와 편하게 관계를 맺거나 어울리는 것을 어려워하여 고립아가 되기도 하고 반대로 정서적인 정반대 가면을 쓰고 너무 밝은 척하는 아이가 되기도 한다.

② 양육스트레스

양육자로서의 어머니가 경험하는 양육스트레스와 그로 인한 우울감은 영유아의 정신건강에 부정적인 영향을 미친다. 어머니의 양육스트레스가 높고 불안하거나 우울한 경우, 자녀와의 상호작용에서 부정적이고 적대적인 경향을 보이는데(Crnic, Gaze, & Hoffman, 2005) 이는 영유아의 낮은 자아존중감과 불안 그리고 우울감과 적응의 문제로 나타나고, 어머니의 우울은 영유아 발달의 전 영역에 걸쳐 중요한 영향을 미친다(Feldman & Eidelman, 2009).

양육 스트레스가 큰 어머니는 영유아가 무엇인가 더디게 하면 참지 못하고 잔소리와 짜증을 쉽게 내게 되는데, 이런 어머니 밑에서 자란 영유아는 주의가 산만하고 집중력이 떨어진다. 또 쉽게 포기하고 제대로 끝마무리를 못 하는 경향이 있다.

③ 양육 태도

부모의 양육 태도는 자녀의 정신건강에 영향을 미친다. 자녀의 기분은 무시한 채 강압적으로 부모의 뜻대로 다루려고 하는 것은 자녀에게 큰 스트레스 요인으로 작용하여 두려움과 불안감을 가져올 수 있고, 지나치게 허용적이면 자기 통제력에 어려움이 생길 수 있다. 바움린드(Baumrind, 1991)는 부모의 자녀 양육 방식을 '통제'와 '애정'을 기준으로 '허용적 양육 태도', '민주적 양육 태도', '독재적 양육 태도', '무관심한 양육 태도'로 나누어 설명한다.

● 허용적 양육 태도

허용적 양육 태도는 애정은 높지만, 통제는 거의 없는 상태를 말하며 자녀를 과잉보호하는 경우에 해당한다. 허용적인 부모들은 자녀의 행동에 대해 가르치거나 통제하려 하지 않고 지나치게 애정적인 태도만을 보이는 부모를 말한다. 많은 사람들이 가장 바람직한 양육유형으로 오해하는 경우가 있는데, 통제는 없고 자비로움만 가득한 양육 형태로 자녀에게 애정적이지만 단호한 제한을 설정하지 못하고 자녀가 요구하는 것은 거의 수용하여 자칫 자녀에게 이끌려가는 유형이다. 자녀의 의견에 무조건 동의하고 허락하며, 예절을 지키거나 행동을 절제하도록 가르치려 노력하지 않는다. 자녀의 기를 죽이면 안 된다거나, 통제되지 않는 것이 당연한 아이들의 특성이니 상관없다고 여긴다. 특히 맞벌이 가정, 한부모 가정, 외동아이 가정이 증가하는 환경에서 부모가 자녀에 대한 관심과 사랑을 물질적인 것으로 채우려 하거나 남에게 잘 키우려는 욕심에서 무조건적으로 자녀의 요구를 허용하는 경우이다. 허용적인 부모의 자녀는 참을성이 없고 충동적이거나 반항적인 경향이 있고 부모가 없는 낯선 환경에 잘 적응하지 못하고 사회적 책임감도 낮은 것으로 나타난다. 부모는 자녀에게 더불어 살아가기 위한 기본적인 예의범절과 다른 사람에게 피해를 입히지 않기 위해 해도 되는 것과 해서는 안 될 것을 구분하여 알려줘야 한다.

● 민주적 양육 태도

민주적 양육 태도는 애정과 통제가 모두 높은 상태이며 가장 적절한 부모 양육 태도로 알려져 있다. 민주적 양육 태도는 '권위 있는' 부모의 모습을 말한다. 아이에게 애정이 필요할 때는 충분히 사랑을 주지만, 잘못된 행동에 대해서는 엄격하게 바로 잡고, 자신의 요구 사항을 실천해야 하는 이유는 무엇인지 친절하게 설명한다. 권위는 힘을 가진 사람으로서 지시하고 군림하는 것이 아니라 애정을 바탕으로 자녀의 발달 단계에 필요한 적절한 통제를 가르치는 것을 의미한다. 즉 민주적인 양육 태도를 지닌 부모는 자녀에게 애정적이면서도 옳고 그름에 대한 통제와 훈육을 적절히 사용한다. 이 유형의 부모는 온화하며 온정적인 태도로 자녀와 대화하기를 즐기지만 동시에 자녀의 그릇된 행동을 통제하며 보다 성숙한 행동을 하도록 요구하는 데 있어서는 단호하다. 또 자녀의 요구에 대해 민감하게 반응하면서 일관성 있는 양육을 제공한다. 해도 되는 행동과 해서는 안 되는 행동에 대한 명확한 구분이 있으며 이에 대해 잘 설명해주고 적절한 대안 행동을 안내한다. 권위적인 부모의 자녀는 배려, 협동 등의 친사회적 행동과 사회적 책임감이 강하며, 부모-자녀관계가 원만하고 자존감이 높다. 자기조절능력과 인내심이 있으며 학업 수행 능력이 유능하여 높은 학업성취도와 독립적인 성숙한 모습을 보인다.

*** 권위 있는 부모 되려면 혼낼 때 감정 아닌 '의미' 담아야**

아이가 버릇없이 굴거나 부도덕한 행동을 했을 때 "안 돼"라는 말로 아이의 잘못된 부분을 지적하거나 강요하는 것에 그친다면, 이는 권위적인 부모일 뿐이다. 권위 있는 부모가 되기 위해서는 "안 돼. 엄마는 너를 사랑하기 때문에 '안 돼'라고 하는 거란다. 그리고 남과 더불어 살아가는 세상에서 지켜야 하는 것이 무엇인지, 그리고 그 속에서 너뿐 아니라 모두를 위해 과연 어떤 선택을 하는 것이 옳은지를 보여주기 위한 거란다"라는 의미가 내포된 표현을 해야 한다. 예를 들어, 아이가 횡단보도에서 빨간불인데도 아무렇지 않게 뛰어서 건너온다. 이를 보고 "왜 빨간불에 건너니? 파란불에 건너야 한다고 안 배웠어?"라고 야단칠 수 있다. 이에 대해 아이가 "여기는 차도 별로 안 다니고, 다른 친구들도 똑같이 하잖아요"라고 자신의 잘못이 없음을 주장한다고 가정해보자.

만약 이 상황에서 부모는 끝까지 아이의 잘못이 있음을 강조한다면 아이는 자신의 잘못을 뉘우치기보다 억울한 감정만 커질 뿐이다. 특히 아직 가치관이 확립되지 않은 시기의 아이들은 도덕이란, 잘못하면 벌을 받고, 좋은 일을 하면 상을 받는다는 공식으로 이해하는 경우가 많다. 따라서, 왜 자신의 행동이 잘못되었는지 친절하게 설명하지 않고 야단만 친다면, 다음번에 비슷한 상황이 발생할 경우 자신의 잘못된 행동이 발각되는가 아닌가를 기준으로 행동하게 된다. 그러니 질서를 지키는 행위가 왜 필요한지에 대해 다음과 같이 설명해보자.

"도로에 차가 별로 안 다닌다고 생각해서 파란불이 아닌데도 건너기 시작하면 앞으로도 교통 신호를 잘 살피지 않는 습관을 갖게 된단다. 그러다가 만약 갑자기 차를 발견하면 어떻게 될까? 당연히 사고를 당할 위험이 커지겠지. 이렇게 교통사고가 발생하면 손해를 보는 건 무단 횡단을 한 너 자신이란다. 그렇지 않고 어떤 경우에도 교통 신호를 잘 지키는 습관을 가지고 있다면 사고 위험도 훨씬 적어지겠지. 그러니까 신호를 잘 지키는 것은 나의 안전을 위해 매우 중요한 일이면서 사고도 안 나고, 우리 모두를 위해 좋은 거란다."

좋은 권위는 필요하다. 아이가 스스로 옳고 그름을 판단하고, 윤리적 신념에 따라 행동할 수 있는 능력은 권위적인 부모가 아닌 좋은 권위를 나타내는 소통 방식으로 실천해 나갈 수 있을 것이다.

출처: 베이비뉴스(2020. 1. 29)

● 독재적 양육 태도

독재적 양육 태도는 부모의 '권위주의적' 양육 태도로 아이는 늘 규칙을 위해 행동하게 된다. 자녀의 요구에는 민감하지 못하고 부모가 자녀의 행동을 결정하고 지시하며 무조건 복종하기를 기대한다. 자녀의 복종 여부에 따라 조건적인 애정을 보이고 복종하지 않으면 벌을 주는 등 신체적 처벌을 하기도 한다. 부모가 일방적으로 규칙을 정할 뿐만 아니라 규칙이나 규율에 대해 설명도 거의 하지 않고, 그것을 절대적으로 지킬 것을 강요한다. 부모의 일방적인 주장만이 통용되는 환경에서 성장한 자녀는 두려워하는 마음이 크고 걱정이 많으며, 사회적 관계에서 불안감을 나타내고 스트레스에 취약한 경향이 있다. 또 분노와 반항적 태도를 보이거나 공격성을 있는 그대로 드러내기보다 수동적으로 남의 눈에 띄지 않게 표현하는 수동-공격적 성격을 나타내기도 한다.

● 무관심한 양육 태도

무관심한 양육 태도는 애정과 통제가 모두 낮은 경우이며, 아이에게 어떤 관심도 훈육도 하지 않는 유형을 말한다. 자녀의 요구에 무관심하거나 거부적이며, 최소한의 의식주만을 제공하는 것 이외에는 관심을 거의 보이지 않는다. 이 유형에 속하는 부모는 자녀를 애정적으로 대하지 않으면서 동시에 규범과 규칙에 대한 통제도 하지 않음으로 자녀에게 혼란과 적개심을 갖게 한다. 대부분의 경우 부모가 우울증 등 정서적 문제에 압도되어 있거나 혹은 아침부터 저녁까지 너무 바쁘고 여유가 없어 자녀를 일관성 있는 태도로 양육하지 못하는 경우이다. 이러한 부모 밑에서 성장한 자녀의 대표적인 특성은 반사회적 성향으로, 세상에 대한 불신이 강하고 청소년기로 갈수록 비행 경향도 높아지며 사회인지적 각종 수행 능력도 떨어지는 것으로 나타난다.

(2) 사회적 요인

영유아가 다른 사람과 갖게 되는 원만한 유대관계는 다양한 종류의 사회적 역할을 학습하고 긍정적인 자기 존중감을 형성하는 데 도움이 된다. 그러나 영유아의 연령과 흥미에 적합하지 않은 사회적 요인은 오히려 영유아의 정신건강에 부정적인 영향을 미칠 수 있다.

대부분의 부모는 자녀가 여러 방면에서 유능한 능력을 갖추고 목표한 성과를 내서 미래 사회를 이끌어 갈 우수한 인재로 성장하기를 바란다. 그 과정에는 원하는 명문학교 입학을 위한 공부가 포함되어 있는데, 이는 졸업 후 사회적으로 인정받는 지위를 얻고, 경제적으로도 윤택한 삶을 살게 되는 것이 성공적인 인생이라는 생각에 기인한다. 즉 윤택한 미래를 보장하기 위해서는 모두가 선망하는 좋은 직업을 구해야 하고 그러기 위해선 우선 좋은 학교에 입학해야 한다는 생각이 부모들에게 지배적이다. 경쟁 사회 속에서 자녀가 이러한 삶을 누리려면 가능한 한 남보다 상대적으로 일찍부터 준비를 해야만 치열한 경쟁에서 살아남을 수 있을 것이라는 사고하에 조기교육에 관심을 집중하게 된다.

우리나라에서의 조기교육은 대부분 학령기에 도달하지 않은 영유아들을 대상으로 학원이나 가정에서 이루어지는 특기 또는 과외교육을 말한다. 영유아의 발달단계적 특성이나 능력에 맞는 교육이라기보다는 인지적 자극을 중심으로 한 과도한 학습자극이 특징이라 할 수 있다.

우리나라는 2023년 기준, 조기 영어교육 열풍이 불면서 입학 전 사전 레벨테스트라 불리는 소위 '4세 고시' 영어학원이 114곳에 달하는 것으로 나타났다. 이런 상황에 대해 전문가들은 조기 영어교육이 정서뿐만 아니라 학습 면에서도 부정적인 영향을 미친다고 주장하고, 소아 · 청소년 정신건강의학과 전문의들 역시 조기인지교육이 영유아의 신체적 · 정서적 발달을 저해한다는 입장을 밝혔다. 소아 · 청소년 정신건강의학과 전문의를 대상으로 한 설문조사 결과 전문의 70.4%가 조기 영어교육은 영유아에게 부정적 영향을 끼치고, 부정적 영향을 끼치는 이유로는 가장 많은 수의 전문의가 정서발달에 부정적(89.5%)이라고 응답했다. 또한 절반이 넘는 전문의들은 조기인지교육을 받은 영유아들이 짜증, 분노, 공격성 등 감정조절의 어려움 및 정서문제(51.9%)를 보일 것이라 답했다(CBS 노컷뉴스, 2023).

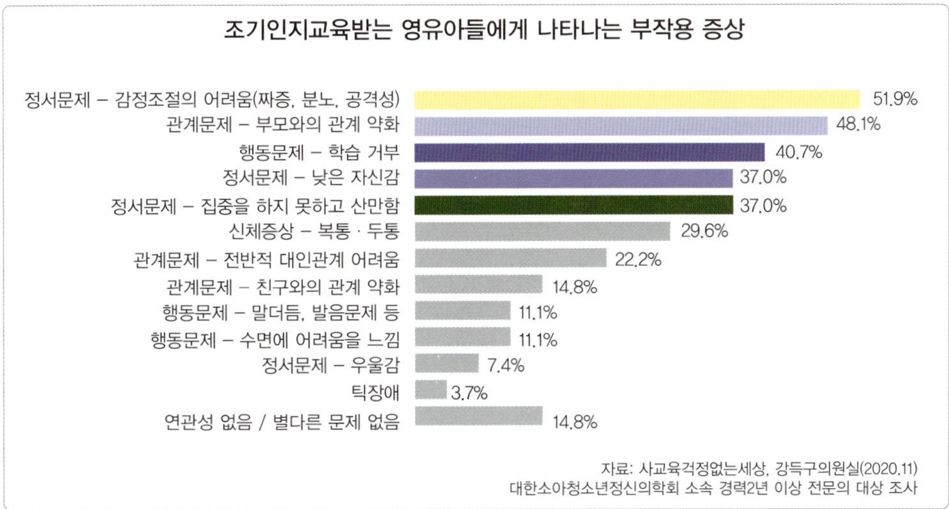

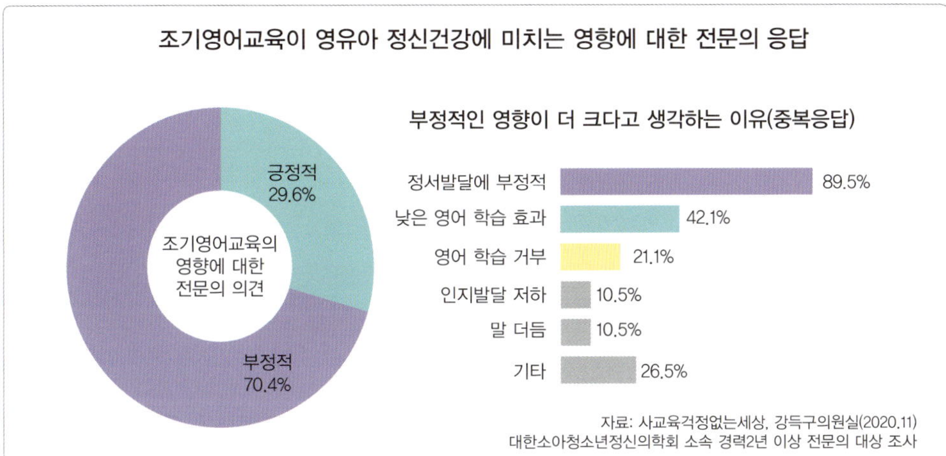

출처: CBS 노컷뉴스(2023. 10. 12)

2019년 유엔아동권리위원회는 한국의 유엔아동권리협약 이행 제5·6차 국가보고서에 대한 최종견해에서 "한국 아동 자살의 주요 원인인 과도한 학업 부담, 그에 따른 수면 부족, 높은 스트레스에 대해 여전히 우려한다. 아동의 아동기를 사실상 박탈하는 지나치게 경쟁적인 교육환경에 대해 심각하게 우려한다"며 사교육 의존도를 줄일 것을 권고했다.

실제 2017년 육아정책연구소가 발표한 '영유아 사교육 실태와 개선 방안 III: 국제비교를 중심으로'를 보면, 5개국 조사 결과 가구소득 대비 영유아 사교육 비중은 한국이 5.2%로 가장 높았고, 다음은 대만(4.8%), 미국(3.4%), 일본(3.2%), 핀란드(1.5%) 차례였다. 주당 이용하는 사교육 프로그램의 수도 한국이 2.2개로 가장 많았고, 프로그램 이용 횟수도 1.7개로 가장 많았다. 프로그램 유형에서도 한국은 '모국어'(27.2%)와 '외국어'(22.5%), '수학'(17.8%) 비율이 다섯 나라 중 가장 높았다.

조기교육의 효과와 관련해 이기숙 이화여대 유아교육과 명예교수는 2012년 읽기 능력과 어휘력 관련 사교육을 받은 5살 집단과 사교육을 받지 않은 5살 집단을 비교 연구했다. 초등학교 1학년 때 독해력, 논리력, 맞춤법, 오자, 관련 단어 찾기의 5개 영역 모두 두 집단 사이에 별다른 차이가 나타나지 않았다. 조기 사교육을 받은 집단과 받지 않은 집단의 국어 평균점수는 각각 49.25점과 50.86점으로 오히려 사교육을 받지 않은 집단이 더 높았다. 영역별 평균점수 역시 받지 않은 집단이 0.79~2.74점 높았다. 두 집단이 초등 3학년이 됐을 때 읽기 이해 능력과 어휘력 검사 결과 모두 받지 않은 집단의 평균점수가 더 높게 나왔다.

'3살 이전에 사람의 뇌 80%가 완성된다'는 사교육업체의 광고 등과 관련해 서유현 가천대 의대 석좌교수는 "인간의 뇌는 3살에 완성되지 않고 최소 20년이 걸리며, 이 기간은 억지로 단축할 수 없다"고 말한다. 이어 "유아기에는 전두엽(인성), 초등학생 때는 두정엽(과학의 뇌)과 측두엽(언어의 뇌)이 발달한다"며 "따라서 3살 이전에는 암기 위주의 지적 자극보다 감정적 충족이 더 중요하다"고 강조한다. 시기에 따라 발달하는 뇌 부위가 다른데도 아직 발달하지 않은 뇌 부위를 과도하게 자극하는 앞선 교육을 시키면 아이의 뇌가 손상을 입을 수 있다고 한다. 예를 들어 전두엽이 손상되면 주의력결핍과잉행동장애(ADHD)가 나타날 수 있다는 것이다.

김영훈 가톨릭대 의대 소아청소년과 교수도 "뇌는 1층 '본능의 뇌', 2층 '정서의 뇌', 3층 '이성의 뇌'로 구성돼 1층부터 차례로 올라가면서 발달한다"며 "1차적으로 편안한 상황, 생리적 안정을 만들어주는 것이 중요하며, 그것이 바탕이 돼야 정서의 뇌, 이성의 뇌가 발달할 수 있다"고 말한다. 조기교육은 아이에게 스트레스를 주고 정서의 뇌, 특히 긍정성과 자기조절력에 부정적 영향을 주며, 시각, 청각, 모국어 등 기초발달을 시켜야 할 시기에 학습을 시키면 오히려 뇌 발달을 망치게 된다는 것이다.

사교육걱정없는세상이 2015년 평균 14년 경력의 소아정신건강의학과 전문의 10명을 대상으로 설문조사한 결과, 80%가 조기교육이 영유아 정신건강에 '부정적 영향이 더 크다'고 응답했다. 그 이유로 70%가 '학업 스트레스'를 꼽았고, '낮은 학습 효과'가 60%, '창의력 저하', '학습에서의 자율성 저하'가 각각 50%로 뒤를 이었다. 영어 조기교육에 대해서는 7명이 '영유아의 정신건강에 부정적인 측면이 더 크다'고 답했다. 그 이유로는 '낮은 학습 효과'(60%), '정서발달에 부정적'(50%), '아이의 영어학습 거부'(40%)를 지목했다.

조기 영어교육과 관련해 이병민 서울대 영어교육과 교수는 "언어 습득 과정에서는 그 언어를 사용하는 '양'이 '질'을 결정한다"며 "아이를 이중언어 사용자로 키우려면 최소 깨어 있는 시간의 30~40% 이상은 그 언어에 노출되거나 사용하게 해야 한다"고 말한다. 우리나라처럼 영어를 일상에서 사용하지 않는 환경에서 조기교육 효과는 나타나기 어렵다는 것이다.

서유현 교수는 "측두엽이 발달하는 초등학교 때 외국어 교육을 비롯해 말하기·듣기·읽기·쓰기 교육을 하는 것이 효과적"이라며 "측두엽 언어중추의 시냅스 회로가 덜 발달한 시기에 2개 언어를 동시에 강제로 많이 주입하면 두 언어가 상호 경쟁을 해서 뇌가 어느 쪽도 효과적으로 받아들일 수 없게 된다"고 조언한다.

정윤경 가톨릭대 심리학과 교수는 "영유아기에는 한글과 숫자를 배우고 영재검사를 받는 것보다 경험이 더 중요하다"며 "아이가 살아갈 세상에서 가장 힘센 무기는 상상력과 창의력이 될 것이기 때문"이라고 강조한다. 책도 많이 보고, 영화도 보고, 여행도 다니고, 다양한 자연과 공감도 하는 등 경험이 많아지면 상상력과 창의력은 저절로 생긴다는 것이다.

출처: 한겨레신문(2021. 3. 22)

3 영유아 정신건강 문제

영유아기에 나타나는 정신건강에 관한 문제는 상호 연관성을 가지고 점진적으로 나타나므로 이를 해결하기 위해서는 지속적인 관심과 노력이 요구된다. 다음은 영유아기에 일반적으로 관찰되는 정신건강 문제의 유형이다.

1) 영유아 정신건강 문제 유형

영유아기의 정신건강 문제는 다양한 원인들이 상호 연관성을 가지고 점진적으로 나타나므로 이를 해결하기 위해서는 지속적인 관심과 노력이 요구된다.

(1) 공격성

공격성(Aggression)은 같은 종의 구성원들 사이에서 수치심을 느끼게 하거나 고통을 주거나 혹은 상해를 입히는 행동으로 다른 우위에 있는 동물에 대해 자신의 사회적 지위를 높이려는 행동으로 정의한다(Christopher Ferguson & Kevin M. Beaver, 2009).

영유아기 공격성은 다른 사람 또는 동물에게 상처를 입히는 행동, 친구에게 욕을 하고 때리고 괴롭히는 행동, 장난감이나 물건을 손상시키거나 파괴하는 행동 등 모든 부정적인 행동을 의미한다. 영유아는 자신의 욕구가 좌절되거나 분노(Anger)를 느끼는 경우 적절한 해소방법을 알지 못해서 공격적인 행동으로 표출한다. 특히 언어발달이 미흡하여 자신의 감정을 언어보다 신체적인 공격성으로 더 많이 나타낸다. 이러한 공격적 행동은 또래로부터 부정적인 피드백을 받고 이에 대해 다시 공격적인 행동을 나타내는 악순환이 진행된다.

영유아기 공격성을 나타내는 이유로는 정서조절 능력의 부족과 부모나 매스컴의 공격적 행동에 대한 관찰학습, 바람직한 행동이나 사회적 기술의 미흡, 부모나 교사

혹은 또래의 관심을 끌기 위한 수단 등 다양하다. 영유아의 공격성은 적절한 지도의 시기를 놓치면 성인이 되어서도 자신의 정서나 행동을 통제하지 못하여 사회생활을 못하게 될 확률이 높다. 따라서 교사는 충분한 관찰을 통해 영유아 공격성의 원인을 파악하여 구체적인 지도방안을 고민해야 한다. 이때 영유아에게 어떤 상황에서도 공격적 행동은 용납될 수 없음을 인식시키는 것이 중요하고, 영유아가 감정을 다스릴 때까지 기다려 주는 것이 필요하다. 만약 관심을 끌기 위한 수단으로 공격성을 보이는 영유아가 있다면 바람직한 행동을 했을 때 더 많은 관심과 칭찬을 제공하고 분노나 공격성을 보일 때는 무시하도록 한다. 한편 사회적 기술 부족으로 나타내는 공격성 방지를 위해서는 놀이를 통해 사회적으로 인정된 해소방법을 안내하고 신체가 아닌 언어로 자신의 부정적인 감정을 표현하는 방법을 알려준다.

(2) 분리불안

분리불안(Seperation Anxiety)은 영유아가 갖는 최초의 애착 대상과의 관계에서 형성되는 감정으로, 익숙하지 않은 환경이나 애착대상과 이별할 때 경험하는 것으로 발달적으로 볼 때 부적절할 정도로 지나친 불안을 보이는 것을 말한다. 분리불안이 있는 영유아는 애착관계가 형성된 대상이나 환경으로부터 분리될 때 심한 스트레스를 느끼며 배나 머리가 아프거나, 구역질이나 구토 등의 신체적 이상을 나타낸다. 대부분의 애착 대상인 부모가 어디에 있는지 알아야 하고, 부모를 잃게 되지 않을까 하는 과도한 걱정을 한다. 이러한 분리불안은 자기와 대상의 분리를 감지할 수 있는 생후 6~12개월 사이에 시작하여 18개월 이후에 절정기에 이르고, 36개월이 넘어서면 애착대상에 대한 심리 · 정신적인 표상이 생기면서 서서히 사라지지만 그 이후에도 지속적으로 증상을 보이기도 한다.

격리불안에 대한 불안감을 감소시켜 주기 위해서 부모나 교사는 서로 협력하여 일관성 있게 영유아가 느끼는 감정을 충분히 이야기하고 수용하며 부모가 돌아오지 않거나 잃을지도 모른다는 비합리적 사고를 하지 않도록 도와준다. 부모가 아이의 분리불안에 대해 반응할 때 아이를 떠나지 못하고 분리를 위해 긴 시간을 소요하면 분리가 더 어려워질 수 있으므로 이별은 가능한 한 짧고 명료하게 진행한다.

(3) 주의력-결핍 및 과잉행동장애

주의력-결핍 및 과잉행동장애(Attention Deficit/Hyperactivity Disorder, ADHD)는 현재까지 정확한 원인이 밝혀지지는 않았으나 선천적인 뇌 기질상의 미세한 이상일 것으로 추정한다. 증상으로는 과잉운동, 집중력 결핍, 충동성이 나타나고 남아가 여아의 3배 정도 많다. ADHD를 가진 어린 영아는 젖을 잘 빨지 못하거나 떼와 투정이 많고 수면과 수유가 매우 불규칙한 특성을 보이며 유아기에는 증상이라기보다 일상적인 행동이나 습관으로 나타난다.

ADHD 진단은 다음 ①, ② 중 한 가지일 때 가능하다.

① '부주의'에 관한 다음의 증상 가운데 6가지 이상의 증상이 6개월 동안 지속된다.

- 세부적인 주의를 기울이지 못하고, 학업이나 활동에서 부주의한 실수를 저지른다.
- 일을 하거나 놀이를 할 때 지속적으로 주의를 집중할 수 없다.
- 다른 사람이 직접 말을 할 때 경청하지 않는 것으로 보인다.
- 지시를 완수하지 못하고, 학업에서의 임무를 수행하지 못한다(반항적 행동이나 지시를 이해하지 못해서가 아님).
- 과업과 활동을 체계화하지 못한다.
- 지속적인 정신적 노력을 요구하는 과업(학업 또는 숙제 등)에 참여하기를 피하고, 싫어하고, 저항한다.
- 활동이나 숙제하는 데 필요한 물건들(예: 장난감, 학습 과제, 연필, 책 또는 도구)을 잃어버린다.
- 외부의 자극에 의해 쉽게 산만해진다.
- 일상적인 활동을 잊어버린다.

② '과잉행동-충동'에 관한 다음 증상 가운데 6가지 이상의 증상이 6개월 동안 지속된다.

- 손발을 가만히 두지 못하거나 의자에 앉아서도 몸을 꼼지락거린다.
- 앉아 있도록 요구되는 교실이나 다른 상황에서 자리를 떠난다.
- 부적절한 상황에서 지나치게 뛰어다니거나 기어오른다.
- 조용히 여가 활동에 참여하거나 놀지 못한다.
- "끊임없이 활동하거나" 마치 "자동차(무엇인가)에 쫓기는 것"처럼 행동한다.
- 흔히 지나치게 수다스럽게 말을 한다.
- 흔히 질문이 채 끝나기 전에 성급하게 대답한다.
- 흔히 차례를 기다리지 못한다.
- 흔히 다른 사람의 활동을 방해하고 간섭한다(예: 대화나 게임에 참견한다).

출처: 서울대학교병원 의학정보

ADHD 영유아는 반항적이고 공격적인 행동을 보이거나 규율을 잘 지키지 않는 등 문제 행동을 지속적으로 보이기 때문에 ADHD 자녀를 가진 부모는 건강한 영유아의 부모에 비해 자녀양육과 관련된 스트레스 수준이 매우 높다. 그러므로 어머니가 우울한 경우, 무기력감과 짜증을 보이기 쉽고, 쉽게 처벌을 하는 등 강압적 양육 행동을 나타낼 가능성이 높아지며, 우울한 어머니는 자신의 기분에 따라 비일관적인 양육 태도를 보여 결국 자녀의 저항과 공격성을 불러일으키고 부모는 다시 반항적인 자녀를 통제하기 위해 더욱 강압적으로 대처하는 악순환이 지속된다. 따라서 ADHD 영유아의 문제뿐만 아니라 ADHD 자녀를 양육하는 부모의 우울증상에 대한 적극적인 조기 평가 및 치료가 필요하다. 한편 ADHD 학생을 담당하는 교사 또한 매우 힘들기 때문에 부모와 교사 간 긴밀한 협조와 상호 이해가 있어야 한다.

보통 완치는 12~20세 사이에 주로 일어난다. 증상이 지속되는 경우 과잉행동 증상은 호전되나 집중력 저하와 충동조절 문제는 지속되는 경향이 있다.

일반적으로 ADHD 영유아는 충동적이고 산만한 행동 때문에 야단이나 꾸중과 같은 부정적인 얘기를 자주 듣게 된다. 따라서 주변에서 말 안 듣는 아이나 문제아로 평가되고, 스스로도 자신을 나쁜 아이, 뭐든지 잘 못하는 아이로 생각하게 된다. 이런 일이 반복되면 아이는 더욱 자신감이 없어지고 주의집중 결함이나 충동성 때문에 또래관계가 힘들게 되고 또래에게 따돌림을 당하기도 한다. 또 학습 능력이 떨어지고, 여러 가지 행동 문제를 보일 수도 있다. 따라서 부모를 포함한 가족과 교사는 교육을 통해 치료적인 환경을 조성하는 데 노력해야 한다.

(4) 반응성 애착장애

반응성 애착장애(Reactive Attachment Disorder)는 영유아의 사랑과 안전에 대한 기본적인 욕구와 신체적 욕구를 지속적으로 방치하는 경우, 또는 주양육자가 자주 바뀌면서 안정적인 돌봄이 이루어지지 않았거나 반복적인 학대를 받은 경우에 나타난다. 심하게 손상되고 발달적으로 부적절한 사회적 관계가 특징이고 인지 언어적 발달 측면에서도 어려움을 가지며 특히 자기 조절력이 부족해 부정적인 감정을 조절하지 못한다. 5세 전부터 나타나는 반응성 애착장애는 조기에 발견하고 어머니와 영유아가 함께 치료를 받으면 어느 정도 정상적 회복이 가능하다.

반응성 애착장애는 부모의 양육태만, 학대 또는 잘못된 양육방법에 기인하기 때문에 증상의 호전을 위해 부모의 적극적인 치료참여가 요구된다. 특히 사회적 놀이가 저해되어 대인관계에서 안정된 관계를 맺지 못하는 경향이 있으므로 정서 상태 및 능력에 맞는 놀이를 시도하고 사회적 상호관계나 정서적 유대관계를 최대한 확장할 수 있도록 도와준다. 즉, 치료자와 반응성 애착장애아 간의 애착형성을 바탕으로 풍부한 언어자극을 제공하고 근본적 원인을 제거하기 위해 가정 내 갈등이나 양육자의 성격 문제 등도 함께 풀어나가도록 해야 한다. 상태가 심한 경우, 입원치료를 통해 충분한 영양을 공급받으며 부모 자녀 간 익숙했던 기존 관계 패턴을 벗어나 적절한 관계를 재설정하도록 한다(서울대학교병원 의학정보).

(5) 위축행동 및 고립

위축행동 및 고립(Withdrawn Behavior/Isolation)은 영유아가 또래와의 상호작용을 피하거나 사람들 앞에 나서는 것을 부끄러워하고 매우 수줍어하는 모습을 말한다. 또래와 어울려 놀고 싶은 마음은 다른 아이들과 동일하지만 거부에 대한 염려 때문에 또래관계에 어려움을 나타낸다. 이와 같은 위축행동은 영유아기의 사회적 능력 발달은 물론 인지능력의 발달을 저해할 뿐만 아니라 성인기의 적응력 발달에도 영향을 미친다. 즉, 위축된 영유아는 자신감 결여나 우울과 같은 내적인 문제를 드러내며, 또래와의 관계에서 학습될 수 있는 언어, 사회생활 양식, 가치의 형성, 욕구와 감정의 표현 등 여러 발달영역에 부적응을 가져온다. 성인이 되었을 때 사회에 대한 공포로 발전할 수 있고, 신경증이나 병리적 현상으로 이어질 수도 있다.

영유아의 위축행동은 다양한 원인이 복합되어 나타나는데, 기질과 관계되는 생리적 요인, 엄격한 가정환경이나 과보호하는 부모, 부당한 차별 등의 가족관계 요인, 새로운 환경이나 외모에서 오는 열등감 등 생활 속에서의 긴장요인, 행동억제 요인 등이 있다. 이에 영유아가 자신감을 가지고 사회성을 증가시킬 수 있는 경험을 제공하며, 자신의 역할을 수행하게 하고 집단에 대한 소속감을 경험시켜 주는 것이 필요하다. 또한 위축행동은 지나치게 높거나 낮은 기대로 인해 발생할 수도 있으므로 영유아의 수준에 맞는 적절한 기대를 가지도록 한다. 아울러 영유아들에게 다양한 역할을 경험하도록 역할놀이의 기회를 제공하는 것도 필요하며, 영유아의 위축행동에 반응적으로 대하되 이에 적절한 통제를 함으로써 위축행동에서 벗어나도록 격려해 주는 양육행동이 중요하다.

위축행동과 관련하여 영유아가 또래집단에서 잘 수용되는 것은 사회성 발달에 중요하기 때문에 또래들과의 관계형성을 원하지 않거나 관계를 형성하지 못하는 경우, 그 원인을 파악하여 적절히 지원한다. 고립의 원인으로 영유아의 기질이나 성격이 내성적이고 혼자 노는 것을 좋아하여 친구를 사귀고 싶은 욕구가 없는 경우, 성인과의 지나친 밀착으로 또래관계 형성 경험이 없는 경우 등이 있다.

가능하면 성인의 개입에 의한 지원보다 영유아 스스로 또래와 놀이에 참여하고 적절히 어울릴 수 있는 분위기를 형성해 주는 것이 좋다. 먼저 혼자 고립되어 있는 아이를 주의 깊게 관찰하여 놀이상황 및 상호작용 특성을 분석한 뒤 또래와 함께할 수 있는 기회를 제공하여 또래와의 관계에서 재미를 느끼게 한다. 그리고 친구들과 놀 때 필요한 사회적 기술을 알려줘서 자신감을 가지고 또래와 어울릴 수 있도록 지원한다. 이때 관계 형성을 위한 사소한 도전과 시도에 구체적인 칭찬과 격려로 아이가 관계를 통한 행복감을 느끼도록 돕는다.

(6) 유분증 및 유뇨증

배설장애에는 대변을 가리지 못하는 유분증과 소변을 가리지 못하는 유뇨증이 있다.

① 유분증

유분증(Elimination)은 생후 2년이 지난 유아가 근육이나 신경계의 이상이 없는데도 대변을 가리지 못하는 것을 말한다. 태어나서부터 계속 대변을 가리지 못하는 경우도 있고, 대변을 가리다가 어느 시기부터 가리지 못하는 경우도 있다. 이 증세는 변비로 인하여 나타나기도 한다. 설사를 하면서 옷에 용변을 보는 경우, 직장에 손가락을 넣어 검사해 보면 큰 대변 덩어리가 차 있는 것을 볼 수 있다. 이때 설사처럼 보이는 것은 점액성 액체가 대변 덩어리 주위로 새서 나오는 것이다. 유분증은 밤보다 낮에 잘 발생하며 5세 유아의 약 1% 정도가 유분증이 있으며 남아가 여아보다 흔하다. 유분증은 몇 년 동안 간헐적으로 악화되면서 지속될 수도 있으나 만성화되는 경우는 거의 없다. 이 증세는 여러 정서장애와 관련하여 나타난다. 모성애의 결핍이나 어머니와의 별거 등과 관계되기도 하고, 동생이 생기거나 낯선 환경에서 적응할 때, 뇌수막류와 같은 기질적인 신경적 이상이 있는 때 나타날 수 있다. 드물지만 부모에 대한 보복의 방법으로 이 증세가 나타나는 경우도 있다.

유분증에 대한 치료는 변비가 심한 아이에게는 관장을 해주어 대변을 보게 한 다음, 미네랄 오일을 투여하여 대변이 묽어지도록 해주고, 매일 규칙적으로 대변보는 습관을 기르도록 한다.

② 유뇨증

유뇨증(Enuresis)은 5세 이상에서 비뇨기계에 뚜렷한 이상이 없고 낮 동안에는 소변을 잘 가리다가 밤에만 오줌을 지리는 것을 말한다. 5세 유아의 15%, 초등학교 1학년의 10% 정도가 야뇨증이 나타난다. 밤에 잠잘 때만 나타나는 야간형, 깨어 있는 낮 동안에 나타나는 주간형, 야간형과 주간형이 복합된 주야간형이 있다. 주간유뇨증은 여아에게서 흔하며, 9세 이후에는 드물다.

유뇨증에 동반되는 장애의 정도는 영유아의 사회활동 제한, 자존심에 미치는 영향, 친구에 의한 배척, 부모의 분노와 처벌 등에 의해 영향을 받는다. 유발원인으로는 지연된 또는 느슨한 대소변 가리기 훈련이나 심리사회적 스트레스가 있고 그 외에 요농축능력의 장애, 자발적 배뇨를 할 수 없을 정도의 낮은 방광크기 등이 있다. 유뇨증 영유아의 약 75%가 직계가족이 같은 장애를 갖는 것으로 보고되고, 일반적으로 나이가 들면 점차 나아진다.

유뇨증은 1차성과 2차성으로 나뉜다. 1차성 유뇨증은 대소변 가리기가 이루어진 후부터 줄곧 증상을 보이는 것이고, 2차성 유뇨증은 5~8세부터 증상이 나타난다. 2차성은 동생의 출생이나 낯선 곳으로의 전학 또는 생활에서의 큰 변화에서 오는 지나친 정서적인 부담으로 일어나는 경우가 많다. 따라서 야단을 치기보다 아이 입장을 이해하고 마음을 읽어주어 아이의 불안감을 해소시키도록 노력한다.

그 외 유뇨증의 치료는 행동치료와 약물치료로 나눈다. 행동치료는 카페인이 들어있는 음료를 먹지 않는 것, 낮에 소변을 참는 훈련, 소변을 지리지 않았을 때 칭찬하기, 유뇨경보기 이용 등이다(경보장치가 달린 패드를 부착하여 패드가 소변에 젖으면 경보를 울려 잠에서 깨도록 하는 치료). 그 외에 약물치료로 항이뇨제나 항우울제, 부교감신경 억제제 등을 사용하기도 한다(서울대학교병원 의학정보).

(7) 틱장애

틱장애(Tic Disorder)는 의도하지 않은 상황에서 몸의 일부 근육이 빠르게 수축하는 현상이다. 눈꺼풀 근육이 빠르게 수축하면 눈을 깜박이게 되고, 수축하는 근육에 따라 코를 찡긋대거나 어깨를 들썩이기도 하고, 소리를 내는 근육이 영향을 받으면 특이한 소리를 내기도 한다.

틱을 억누르려고 신경을 쓰면 조금은 참을 수도 있지만 틱을 참으면 곧 더 많은 틱을 하게 되므로 참는 것은 도움이 되지 않는다. 그리고 아이가 틱 증상을 보일 때 증상이 심해서 스스로 힘들어한다면 위로의 반응을 보이지만, 경한 경우는 모르는 체해주는 것이 도움이 된다. 부모나 교사의 지나친 걱정은 아이의 불안감을 키워 틱 증상을 강화시킬 수 있으므로 오히려 과도한 학업과 활동을 줄여 아이가 충분한 놀이 시간과 휴식 시간을 갖도록 배려한다. 틱은 성장하면서 자연스럽게 없어지는 경

*** 뚜렛장애(Tourette's Disorder) 알아보기**

뚜렛장애는 불수의적 움직임과 소리를 반복적으로 보이는 신경 질환으로 눈 깜박임, 눈동자 굴리기, 얼굴·코의 씰룩임, 어깨 들썩임, 고개를 갑자기 젖힘, 배 근육에 갑자기 힘주기, 다리 차기 등의 운동 틱과 더불어, 기침 소리, 코를 킁킁거리는 소리, 동물의 울음소리 등의 음성 틱이 1년 이상 나타나는 것을 의미한다. 틱 증상이 1년 이상 지속되는 만성 틱장애는 1% 정도의 영유아에게 나타난다.

뚜렛장애는 유전적 요인의 영향이 커서 직계 가족 중 틱이 있을 확률은 약 25% 정도이고, 일란성 쌍둥이는 90% 정도가 함께 나타난다. 7세 전후로 발병하고, 1만 명 중 4~5명 정도에게 나타나며 남성의 경우 여성보다 3배 정도 흔하게 출현한다.

뚜렛장애는 뇌의 기능적, 생화학적인 이상으로 인해 발생하기도 하므로, 신경전달물질의 이상을 교정하는 약물을 복용하여 증상을 호전시킬 수 있고, 전체 뚜렛장애의 5~10% 정도를 차지하는 치료 저항성의 경우, 증상이 아주 심해 일상생활을 할 수 없을 때 뇌 수술, 뇌 심부 자극 요법을 시행할 수도 있다.

한편 행동 교정을 위한 인지행동 치료를 시행한다. 뚜렛장애가 어떤 병인지를 정확히 인식하고, 스스로 억제하는 훈련이나 사회에 받아들여질 수 있는 행동으로 변형하는 훈련을 진행하는 것으로 동물 울음소리를 내는 음성 틱을 기침 소리로 바꾸는 훈련이 가능하다.

출처: 서울아산병원 질환백과

우가 많으므로 특별히 치료할 필요가 없고, 아이가 틱을 보여도 틱이 아닌 아이의 삶에 더 큰 관심을 갖고 함께 즐기며 스트레스를 이겨내는 방법을 배우도록 도와주고, 칭찬으로 자신감을 증진시켜 주는 것이 중요하다(서천석, 2014).

그러나 아이의 틱이 1년 이상 지속되고 일상생활에서 어려움을 느끼는 심각한 상태로 '음성 틱'과 '운동 틱'의 복합적인 증상을 보이는 뚜렛증후군이 나타나면 병원을 찾는 것이 필요하다.

(8) 선택적 함구증

선택적 함구증(Selective Mutism)은 어떤 상황에서는 말을 잘함에도 불구하고 특정 상황에서 말하기를 거부하는 증상을 말한다. 즉 말을 해야 하는 특정한 사회적 상황인 학교나 친구와 함께 있을 때 지속적으로 말을 하지 못하는 것이 특징이다. 원인에 대해서는 명확하게 알려져 있지 않지만 불안 증상과 관련된 것으로 예측한다. 선택적 함구증이 있는 아이는 일반적으로 불안감이 높고 일상적인 일을 수행하는 것에 불편함을 보인다. 또 시끄러운 소음, 사람들이 많은 상황과 같은 감각 자극이 많은 상황에서 감각 정보를 처리하는 데 어려움을 겪고, 이러한 환경에 압도되어 생각하고 말하는 기능이 저하될 수 있다.

증상의 정도와 말을 하지 않는 상황은 아이들마다 다양해서 말하는 대신 고개를 끄덕이거나, 글을 쓰거나, 단음절의 소리를 내는 방식으로 의사소통하며 사회적 상황에서 말을 할 수 있는 친구나 부모님에게 의존하며 대변인 역할을 요구하기도 한다. 이로 인해 또래로부터의 고립 등 사회적 기능에 부정적 영향이 나타난다. 몇몇 아이들은 말하지 않아도 되는 사회 활동에는 잘 참여하는 모습을 보이기도 한다.

진단을 위해서는 특정 상황에서 말하지 않는 모습이 1개월 이상 지속 되어야 하며, 적응을 시작한 첫 달은 예외로 한다. 말하지 못하는 것은 언어를 말할 수 없거나, 대답하도록 요청받은 주제에 대한 단순한 지식 부족으로 인한 것이 아니어야 한다.

치료의 목표는 말하기 자체에 초점을 맞추기보다는 말하기와 관련된 불안을 감소시키는 것이다. 우선 말하는 사람에 대한 부담감을 줄일 수 있도록 도와주고, 이후 유치원이나 어린이집 같은 사회적 환경에서 단계적으로 말하기를 연습하는 것을 시도한다. 가정과 기관이 함께 협력하여 편안한 환경을 조성하여 영유아의 불안을 줄이는 것이 필요하다.

(9) 인터넷 중독

인터넷 중독은 컴퓨터 및 인터넷 사용과 관련하여 자율적 통제가 불가능하고, 과도한 집착이나 충동적인 행동을 보이며, 이로 인해 사회적 기능에 장애를 일으키는 것을 말한다. 경우에 따라서는 우울증, 사회적 고립, 충동 조절 장애, 약물 남용 등의 문제를 일으키는 상태를 일컫는다. 이 용어는 오락 중독, 컴퓨터 중독, 사이버 중독, 인터넷 게임 중독 등의 용어로 변천해 왔고, 인터넷 중독은 최근 정보기술의 발달에 따라 새로운 사회적 문제로 대두되고 있다. 최근 우리나라 가정에서의 영유아 미디어 이용 실태조사에 의하면(이정원 외, 2021) 영유아 중 17.2%가 공기계를 포함하여 본인의 스마트폰을 보유하고 있고, 영유아의 스마트폰 최초 보유 시기는 평균 3.6세로 나타났다. 또 스마트폰 및 태블릿 PC 이용을 36개월 미만 영아에 시작한 경우가 69.2%로 집계된다. 한편 66.8%의 영유아가 코로나19 이후 미디어 기기 이용이 증가하였으며 가장 증가한 미디어 기기는 TV(38.7%), 스마트폰(34.2%), 태블릿 PC(23.0%)의 순이다. 이러한 현상은 연령이 높아질수록 더 늘어날 수밖에 없는 상황인데, 인터넷 중독의 진단은 인터넷 사용 시간이 점차 늘고, 인터넷을 사용하지 않을 때 고통이나 괴로움을 호소하며, 일상생활과 현실을 잘 구분하지 못하고, 현실 속 인간관계보다는 가상의 인간관계를 추구하는 경향을 평가하여 진단한다.

이러한 인터넷 중독을 예방하기 위해서는 영유아가 컴퓨터를 처음 시작할 때부터 사용시간 등 규칙을 정하고, 방문한 사이트의 경로를 파악하거나 유해사이트를 차단할 수 있는 '아이지킴이 프로그램' 등의 도움을 받는 것이 좋다.

가정에서 자녀의 건강한 인터넷 생활을 돕는 부모의 지도 요령은 다음과 같다(서울아산병원 홈페이지).

- 거실 등 공개된 장소로 컴퓨터를 옮겨놓는다.
- 시간 관리 계획을 세운다.
- 자녀가 인터넷으로 어떤 활동을 하고 있는지 알고 있어야 한다.
- 주로 누구와 게임을 하고 있는지 알고 있어야 한다.
- 자녀가 게임을 할 때 옆자리에 앉아 있어 본다.
- 인터넷 게임을 하는 대신 재미있게 놀아줄 방법을 찾아본다.
- 부모가 모범을 보인다.

4 영유아 정신건강 증진

영유아는 성장하는 과정에 신체적 정서적으로 늘 건강하게만 자랄 수는 없고, 때때로 정신건강 관련 증상을 나타낼 수 있다. 따라서 영유아에게 나타나는 다양한 정신건강 증상을 조기에 발견하여 문제의 원인을 해결하고 치료하는 것이 중요하다. 영유아기의 정신건강은 사회 · 정서적인 문제와 연계되는 경우가 많으므로 영유아가 애착과 신뢰감 형성을 통해 정서적인 안정감을 느끼고 주도적으로 세상을 탐색하며 긍정적인 자아개념을 형성하도록 도와주어야 한다. 특히 영유아기는 자신의 감정을 통제하는 것이 어려운 시기이므로 자신의 정서를 올바로 인식하고 표현하며 조절할 수 있도록 지원한다.

1) 긍정적 자아개념 형성

영유아가 자신에 대한 긍정적인 자아개념을 형성하는 것은 정신건강을 유지하기 위한 기본적인 요소이다. 이를 위해서는 영유아에게 자신을 사랑하는 법을 알려주고 자신은 소중한 존재이며 중요하고 가치 있는 사람이라는 것을 인식시켜 주는 것이 중요하다. 자신에 대한 자신감과 신뢰감이 없는 사람은 다른 사람들에게 방어적이거나 무례한 행동을 하는 경향이 있으므로 부모와 교사는 영유아가 자신에 대해 긍정적으로 인식하고 노력할 수 있도록 격려 및 칭찬을 많이 해야 한다(정미라 외, 2014).

특히 기관에서 오랜 시간을 생활하는 영아를 돌보는 영아반 교사는 영아에게 기본적인 신뢰감을 제공하여 영아가 긍정적인 자아개념을 형성할 수 있도록 한다. 기본적인 신뢰감을 형성하기 위해서는 아이가 울거나 자신의 욕구에 대한 신호를 보낼 때 즉각적이고 일관적으로 반응하고, 긍정적인 자아감 형성을 위해 칭찬과 부드러운 신체접촉을 통하여 아이가 사랑받고 있음을 느끼도록 한다. 또한 자율감을 기르기 위해 아이의 수준에 맞는 활동을 제공하여 스스로 하도록 격려하고 영아의 기질에 맞는 적절한 상호작용방법을 사용한다.

2) 바람직한 의사소통

(1) 정서조절 의사소통하기

영유아가 정서를 조절하여 자기의 감정을 올바르게 표현할 수 있는 능력을 기르도록 하는 것은 영아의 정신건강을 관리하는 데 도움이 된다. 영유아는 발달특성상 의사소통 능력이 부족해서 본인의 감정을 올바르게 표현하는 데 어려움이 있으므로 영유아가 자신의 정서를 표현하는 것이 서툴더라도 영유아의 느낌이나 행동에 같이 공감해 주면서 감정에 따른 바람직한 표현방법을 제시해 준다. 영유아는 긴장이나 불안 및 힘든 상황에 되면 합리적으로 행동하기보다는 손톱 물어뜯기, 손가락 빨기, 머리 잡아 뜯기 등의 행동을 통해 자신의 정서 상태를 표현하기도 한다. 이러한 행동은 인간관계를 형성하는 데 부정적인 영향을 미칠 수 있으므로 위 행동들이 습관화되지 않도록 돕는다.

(2) 긍정적인 의사소통하기

교사와의 긍정적인 의사소통은 영유아가 경험하는 스트레스 수준을 낮추고 긍정적인 자아존중감을 형성하는 데 중요하다. 긍정적인 의사소통이란 유아의 말을 무조건 수용하고 칭찬해 주는 것이 아니라 영유아의 경험이나 행동을 주의 깊게 관찰하고 이를 반영한 반응과 격려를 제공하는 것이다. 영유아와의 긍정적인 의사소통을 돕기 위해 첫째, 영유아의 말을 경청한다. 아이는 교사가 자신의 말을 열심히 진지하게 들어줄 때 자신감을 갖는다. 둘째, 영유아의 생각을 표현할 수 있는 기회를 제공한다. 셋째, 영유아의 대화에 관심을 보인다. 교사의 관심과 재미있다는 반응은 영유아의 긍정적인 자아개념을 발달시키는 효과적인 방법이다. 넷째, 흥미와 생각의 폭을 넓히는 개방적인 질문으로 영유아의 창의적 생각을 유도한다(홍순정, 김희태, 2014).

(3) 또래관계 지원

영유아의 또래관계는 조망수용 능력과 사회적 기술을 자연스럽게 익힐 수 있는 좋은 기회를 제공한다. 영유아는 또래와 상호작용하며 갈등을 해결해 나가는 과정에서 다른 사람의 생각, 감정, 의도와 동기 등에 대해 이해하게 되고, 나아가 또래집단의 피드백에 기초하여 스스로의 행위를 평가하고 적절히 수정해 나간다. 또래와 원만한 관계를 형성하는 경험은 사회성 발달과 정신건강에 긍정적인 영향을 주고, 또래관계에서 갈등을 겪거나 따돌림을 당하는 경험은 영유아에게 스트레스와 정신적인 문제를 유발할 수 있다. 이에 교사는 영유아가 또래관계를 원만히 형성하고 긍정적인 피드백을 얻을 수 있도록 상황에 적합한 사회적 기술을 알려주고, 또래가 함께 주도성을 가지고 어울려 놀이할 수 있는 기회와 공간을 충분히 제공하여 사회적 상호작용이 많이 일어날 수 있도록 지원한다.

(4) 바람직한 모델링

무엇보다 영유아의 정신건강에 영향을 미치는 것은 영유아에게 가장 큰 영향을 주는 부모와 교사의 모델링이다. 영유아가 긍정적인 자아개념과 정신건강을 유지하기 위해서는 원만한 사회적 유대관계를 형성할 수 있어야 하는데, 영유아는 또래뿐만 아니라 부모 및 교사와의 상호작용을 통해 다른 사람을 생각하고 배려하는 사회적 기술을 배운다. 이를 위해서 부모나 교사는 영유아가 자신을 사랑하며 자신감을 가지고 다른 사람과 사회성을 형성할 수 있도록 지원한다.

바람직한 모델을 제공하는 데 있어 중요한 원리 중 하나는 일관성을 유지하는 것이다. 일관성을 가질 때 영유아는 행동에 대한 결과를 미리 예견할 수 있으며, 상황에서 요구되는 사회적 기대와 규칙을 깨닫고 배우게 된다. 부모나 교사의 기분이나 상황에 따라 일관성 없이 주어지는 행동과 행동지도는 영유아에게 혼란과 좌절감을 주어, 바람직한 방식으로 자신의 욕구를 통제할 수 있는 행동조절을 어렵게 한다.

chapter 9

생활습관 관리

'세 살 버릇 여든 간다'는 속담이 있다. 어릴 때 바르게 형성된 생활습관은 평생 지속된다는 의미로 건강도 마찬가지로 영유아기에 형성된 생활습관은 성인기에 이르기까지 지속적인 영향을 미치기 때문에 어릴 때부터 바른 생활습관을 기르는 것이 중요하다. 이에 어린이집과 유치원에서는 영유아가 일상생활에서 적절하고 바른 습관과 태도를 형성할 수 있도록 체계적이고 반복적인 건강생활습관 지도를 제공해야 한다. 본 장에서는 건강한 생활습관을 기르기 위한 내용을 살펴본다.

9

1 배변훈련

원활한 배변 작용은 건강의 중요한 지표이다. 원활하지 못한 배변으로 인해 일상의 불편함과 불쾌함을 겪지 않고 편안한 삶을 유지하기 위해 규칙적이고 위생적인 배변습관을 형성하는 것이 중요하다. 영아는 대소변 배설에 관련된 괄약근을 자율적으로 조절하고 배변의사를 표현할 수 있게 되면서 성인의 도움을 받아 차츰 대소변을 가린다.

1) 기저귀 갈기

본격적으로 배변훈련을 시작하기 전 기저귀를 찬 영아를 위한 관련 내용이다.

(1) 기저귀 가는 순서

- 기저귀 갈 때 필요한 물품이 있는지 확인한다.
- 기저귀 갈이용 매트나, 침대에 영아를 눕힌다.
- 옷을 벗기고 차고 있는 기저귀를 벗긴다.
- 기저귀는 잘 싸서 전용 쓰레기통에 넣는다. 이때 젖은 옷이 있으면 귀가 시 집에 가져갈 수 있도록 비닐봉지에 넣어둔다.
- 물티슈로 대소변 묻은 곳을 깨끗이 닦고, 사용한 물티슈는 쓰레기통에 넣는다.
- 소변을 여러 번 보았거나 대변을 누었다면 따뜻한 물로 씻기고 부드러운 수건으로 닦는다.
- 기저귀 갈이용 매트나 침대에 영아를 다시 눕히고 새 기저귀를 채운 후 옷을 입힌다.
- 다른 영아를 위해 기저귀 간 매트를 깨끗이 닦고 소독한다.

- 기저귀를 갈고 난 후 손을 씻는다.

(2) 기저귀 갈 때 유의사항

- 기저귀를 갈 때 음식을 조리하는 곳, 음식을 놓은 테이블 근처에서 하지 않는다.
- 더러운 기저귀와 젖은 옷은 영아가 만지지 못하도록 보관한다.
- 기관에서는 여러 명의 기저귀를 갈게 되므로 교사는 각 아이별로 일회용 장갑을 교체한다.
- 기관에서 공용 물티슈를 준비하지만, 원하는 경우 개인별로 물티슈를 가져오게 하고 이름을 적어 구분해 사용한다.
- 간 기저귀는 반에서 사용하는 일반 쓰레기통과 구분되는 전용 쓰레기통을 준비하여 사용한다. 기저귀 전용 쓰레기통 안에 비닐을 씌우고 기저귀가 모이면 자주 교체한다.
- 여아가 대변을 보았을 때 요도에 변이 들어가지 않도록 앞에서 뒤로 닦아야 한다.

2) 배변훈련 시작하기

배변훈련은 시작 시기가 중요하다. 영유아가 배변훈련을 시작할 준비가 되었을 때 배변 요구를 파악하여 적절히 도와주어야 하는데, 배변훈련의 시작을 알리는 행동 특성은 다음과 같다.

- 배뇨나 배변 후 기저귀를 바꾸어 달라는 자기만의 의사표현을 한다.
- 밤 사이에 소변을 보는 횟수가 줄고, 간격이 길어진다.
- 대소변을 보고 싶을 때 얼굴 표정이나 다리를 꼬는 등의 신체 표현을 한다.
- 대소변을 보려면 변기에 앉아야 한다는 사실을 이해한다.
- 응가, 쉬아 등 대소변 관련 용어를 간단하게 사용한다.
- 스스로 옷을 벗는 시늉을 한다.

3) 배변훈련 시도하기

배변훈련을 시작해서 진행하는 동안 주변 성인은 느긋한 마음으로 지켜보는 것이 필요하다. 배변훈련은 하루 아침에 완성되는 것이 아니다. 배변훈련이 잘 진행되다가도 어떤 이유에 의해 다시 배변훈련 전의 상태로 되돌아가거나 실수하는 일이 발생하기 마련이다. 따라서 배변훈련을 성공했을 때 칭찬해 주는 것은 당연하지만 설령 기대만큼 잘 진행되지 않는다 해도 좌절감을 느끼지 않도록 격려해야 한다. 배변훈련을 잘 해나가던 아이도 가끔은 밤에 배뇨하거나 낮이라도 실수를 하는 경우가 있는데, 이때 지나치게 꾸중하거나 무안을 주게 되면 배변에 대한 불안함과 강박적인 반응을 보일 수 있다. 부모와 교사는 영유아가 대소변을 실수하더라도 너그럽게 이해하고 편안한 마음을 지니고 훈련을 지속할 수 있도록 격려해야 한다. 성공적인 배변훈련을 위해 유의할 사항은 다음과 같다.

- 급할 때 쉽게 벗고 입기 편한 옷을 입힌다(지퍼 달린 바지, 멜빵 바지 금물).
- 팬티가 편하고 익숙한 옷이 될 수 있도록 미리 속옷을 준비한다.
- 평소 배변훈련에 관련된 재밌는 책을 읽어주어 배변이 익숙하도록 한다.
- 간이 변기를 준비해서 쉽게 사용할 수 있도록 한다.
- 화장실 분위기를 따뜻하게 환하게 꾸며 아이가 화장실에 쉽게 들어가게 한다.
- 간이 변기나 화장실은 항상 청결하게 유지한다.
- 변기와 친숙할 수 있도록 성인과 앉아보고 물을 내려보는 경험을 한다.
- 가까운 성인의 배변 모습을 자연스럽게 관찰하게 한다.
- 배변의사를 보이면 재빨리 변기에 앉거나 화장실에 가자고 제안한다.
- 식사 후, 낮잠 전과 후, 장소이동 전에 화장실 사용을 권한다.
- 변기를 사용하려고 하면 칭찬하고 격려한다.
- 변기 사용을 거부하면 강요하지 않고 준비될 때까지 기다린다.
- 실수하더라도 화내거나 벌을 주지 않는다.

- 배변의사를 지나치게 자주 묻지 않는다.
- 변기에 훈련을 핑계로 5분 이상 앉혀두지 않는다.
- 대소변 후에는 반드시 손을 씻도록 교육한다.

| 그림 9-1 | 영아의 배변 가이드

출처: 경기도 육아종합지원센터(2023)

유아

입고 벗기 쉬운 옷을 입어 스스로 할 수 있도록 해요.

한 번 성공한 경험은 성취감과 동기부여를 높일 수 있어요. 스스로 입고 벗기 쉬운 옷을 입혀 배변 성공의 경험을 만들어 주세요.

유아

편안하고 친숙한 화장실로 꾸며주세요.

변기의 차가움이나, 화장실의 분위기가 낯설어 화장실 이용이 불편할 수 있어요. 편안하고 친숙한 화장실로 꾸며주세요.

유아

규칙적으로 화장실 사용을 안내해 주세요.

정해진 시간대에 화장실 사용을 안내해 주면 화장실 가는 습관 형성에 도움이 돼요.

유아

모델링을 통해 구체적으로 알려주세요.

휴지 사용 방법, 물 내리기, 손 씻기 등 화장실 사용 방법을 구체적으로 알려주세요. 반복된 경험으로 유아가 스스로 할 수 있도록 도와주세요.

| 그림 9-2 | 유아의 배변 가이드

출처: 경기도 육아종합지원센터(2023)

2 손 씻기

손 씻기는 건강을 지키는 생활습관 가운데 가장 실천하기 쉬우면서 효과가 큰 방법이다. 영유아는 신체 성장이 왕성하고 호기심이 많아 활동적인 경향을 보이지만 환경의 변화에 대한 적응력이 낮고 성인에 비해 면역능력이 취약하다. 따라서 질병을 예방하고 건강하게 생활하기 위해 규칙적으로 손을 씻는 생활습관을 형성하는 것이 매우 중요하다.

1) 손 씻기 지도

영유아에게 교사의 말과 행동은 중요한 모델링이 된다. 따라서 손 씻기를 지도할

올바른 손 씻기 방법

① 손바닥과 손바닥을 마주 대고 문질러 주세요.

② 손등과 손바닥을 마주 대고 문질러 주세요.

③ 손바닥을 마주 대고 손깍지를 끼고 문질러 주세요.

④ 손가락을 마주 잡고 문질러 주세요.

⑤ 엄지손가락을 다른 편 손바닥으로 돌려주면서 문질러 주세요.

⑥ 손가락을 반대편 손바닥에 놓고 문지르며 손톱 밑을 깨끗하게 하세요.

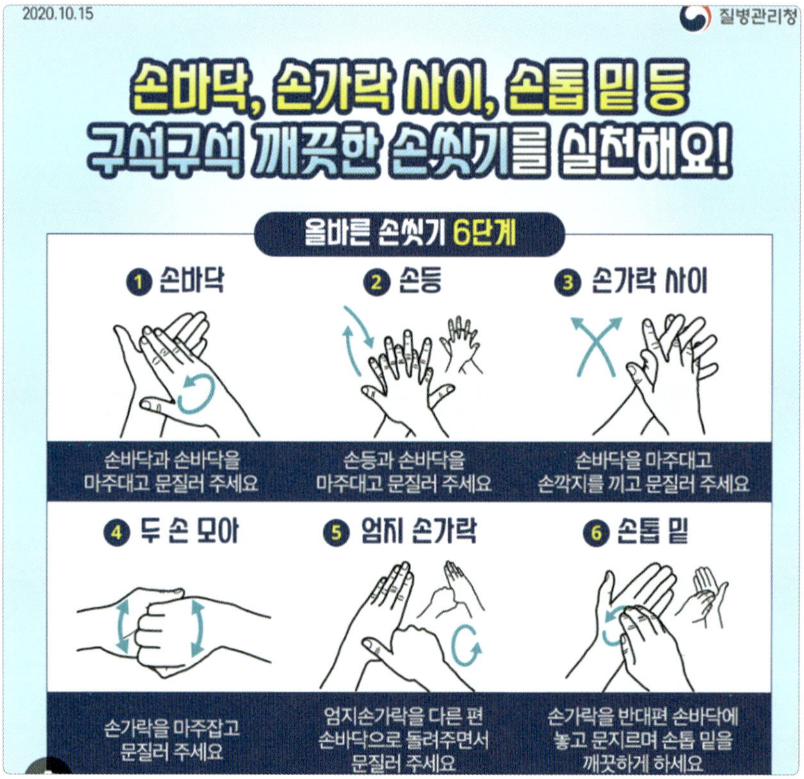

| 그림 9-3 | 손 씻는 방법

출처: 질병관리청(2020)

때도 교사의 시범과 모델링이 중요하다. 교사는 손 씻기 순서와 방법에 대한 사진이나 그림 자료를 준비하여 영유아가 잘 볼 수 있는 위치에 붙이고 수시로 바르게 손을 씻는 방법을 영유아에게 시범 보여 안내하며 영유아가 규칙적으로 손을 씻는 생활습관을 기르도록 격려한다.

교사는 손 씻는 장소인 화장실의 청결을 관리하고 손 씻기에 필요한 비누와 수건 등을 미리 준비한다. 하루에도 여러 번 손을 씻게 되므로 비누는 영유아의 피부에 적합한 제품을 사용하고, 소독제가 포함된 액체비누나 거품비누의 경우 피부에 강한 자극을 주거나 과민반응을 일으키지 않는지 주의 깊게 살핀다.

2) 손을 씻어야 하는 경우

(1) 영유아

- 어린이집이나 유치원에 도착 후
- 식사 및 간식을 먹기 전과 후
- 화장실을 다녀온 후
- 코를 풀거나 재채기를 한 후
- 미술 놀이나 활동을 한 후
- 실외 놀이나 활동을 한 후

(2) 교사

- 어린이집이나 유치원에 도착 후
- 기저귀를 갈기 전과 후
- 배변을 도와준 후
- 영유아의 코 풀기, 코 닦기를 도와준 후
- 식사나 간식 배식 전과 후
- 약을 먹이기 전과 후

- 응급처치 전과 후
- 화장실을 다녀온 후, 코를 풀거나 재채기 한 후
- 일회용 위생 장갑을 사용한 후(영유아의 신체적 분비물인 피, 고름, 토사물 등을 만져서 처리한 후)

*** 1830 손 씻기 운동**

- 하루에 8번 30초씩 손 씻는 건강 캠페인으로 손 씻기의 중요성을 이해하는 것만으로는 부족하여 실천할 수 있는 생활습관을 키워주기 위한 실천운동이다.
- 손과 세균

  사람의 신체 가운데 유해세균과 가장 많이 접촉하는 부위가 손이고 한 손에만 6만 마리의 세균이 살고 있으며 이들 중에는 외부에서 침입하는 떠돌이균과 이들을 방어하는 토박이균이 상존한다. 우리가 손을 씻는 것은 떠돌이균을 씻어내는 것이다.
- 손 씻기와 질병

  손을 깨끗이 씻는 것은 질병을 예방하는 첫걸음으로 손을 깨끗이 씻는 것 만으로 각종 질병의 70%를 예방할 수 있다.
- 1830 손 씻기 실천요령
  - 생일축하 노래를 두 번 부르면 30초가 된다.
  - 따뜻한 물과 비누를 사용하면 더 효과적이다.
  - 손가락 사이와 손톱 사이는 잘 씻기지 않는 부분이므로 좀 더 세심히 씻는다.

출처: 구로구청 홈페이지

어린이집에서는 개인위생 지도를 이렇게 합니다.

출처: 경기도육아종합지원센터(2023)

3 치아관리

영유아기에 형성된 올바른 치아관리 생활습관은 건강한 치아를 유지하는 기본이 된다. 영유아 시기는 일반적으로 4~6개월에 1회씩 정기적으로 치과를 방문하여 검진과 교육을 받는 것을 권장한다. 영아는 생후 6개월경에 첫 유치가 나게 되는데 이때쯤 구강검진을 받도록 한다. 2~3세가 되면 20개의 유치가 모두 나오고, 6세 무렵 유치가 빠지면서 28~32개의 영구치를 가진다.

1) 영유아 구강관리 현황

영유아의 구강건강 상태를 살펴보면(보건복지부, 질병관리청, 국민건강보험, 2022) 영유아 우식 유병률(당장 치료해야 할 유치 우식을 지닌 아동의 비율)은 18~29개월에서 42~53개월로 사이에 약 30% 증가하였고, 우식의심치아의 비율도 42~53개월 사이에 15%가량 증가하는 것으로 나타난다. 초기 우식 양상을 보이는 우식발생위험치아율도 42~53개월과 54~65개월 아동의 1/3가량은 적극적인 예방관리가 필요하다.

칫솔질 등 적극적인 치면세균막 관리를 교육하기 위해서는 구강위생 불량률을 살펴보아야 하는데, 18~29개월은 15.6%, 42~53개월은 21.6%, 54~65개월은 20.3%로, 검진 아동의 1/5 정도는 치면세균막 관리가 전혀 안 되고 있으며, 구강보건지도를 통해 이를 개선해 나갈 필요가 있다.

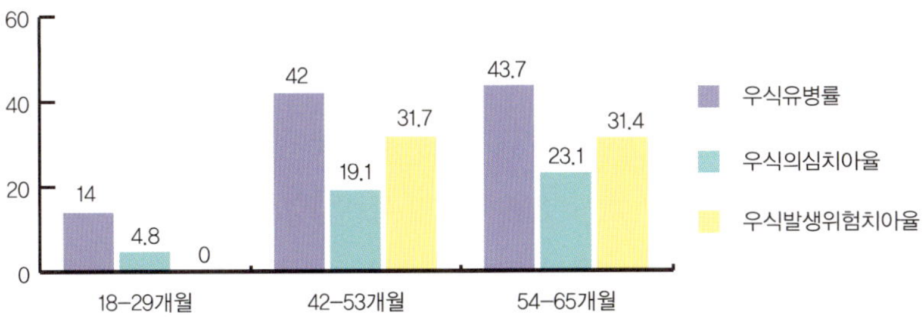

| 그림 9-4 | 영유아 치아우식 상태

영유아 구강검진 판정 결과, 정상 비중은 검진 차수가 올라갈수록 적어지고, 18~29개월은 '주의'가 '치료 필요'보다 3배 정도 많았던 반면, 검진 차수가 올라갈수록 치료 필요도가 급격히 증가한다. 즉, 영유아 구강검진에서는 어린 나이부터 정기 검진을 통해 구강 문제를 찾아내고, 전문가의 위생관리나 불소 도포 등 특수 예방관리를 적극적으로 시행해야 한다.

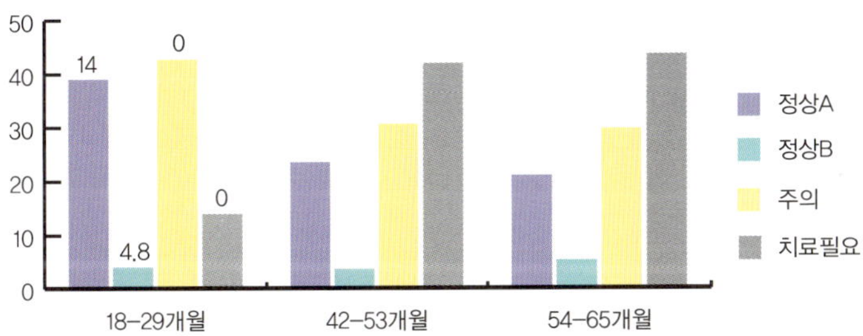

| 그림 9-5 | 영유아 구강검진 종합 판정

출처: 보건복지부, 질병관리청, 국민건강보험(2022)

2) 영아 치아관리

- 생후 6개월이 되면 이가 나기 시작하는데, 충치 예방과 잇몸 마사지를 위해서 치아가 나오는 시기부터 이를 닦아주기 시작한다. 인공수유나 모유수유 후 부

드럽고 깨끗한 거즈로 이와 잇몸을 닦아서 식사 후 남아 있는 당분들을 제거한다. 생후 24개월까지 아이 스스로 이를 닦을 능력이 없으므로 부모나 교사가 거즈를 이용하여 이를 닦아주어야 하는데 일회용 거즈를 사용하는 것이 바람직하나 여의치 않으면 거즈용 수건을 매번 살균 세탁하여 사용하도록 한다. 자주 닦아줄수록 좋으며, 적어도 하루 한 번은 반드시 닦아주는 것이 좋다.

- 생후 12개월이 지나면 우유병을 물고 자는 습관을 중단시켜야 한다. 자는 동안 입안에 고여 있는 분유성분이나 이유식의 당분이 치아에 침착되어 충치를 발생시킬 수 있으므로 젖이나 우유를 먹으면서 잠들지 않도록 유의한다. 우유병을 빼고 잠드는 것이 여의치 않을 때는 우유병에 우유 대신 보리차를 먹이도록 한다. 아이의 손이 닿는 곳에 설탕이 든 과자를 방치하는 것은 치아우식증을 발생시키는 지름길이며 입안에 설탕이나 과자를 물고 있지 않도록 주의한다.

- 생후 12개월이 지나면 치과에서 구강검진을 받게 된다. 유치는 생후 6개월부터 나기 시작하고, 유치에 치아우식증이 가장 많이 생기는 시기는 3세 이전이다. 흔히 아이가 치통을 호소하는 경우에 치과에 방문하게 되는데 이때는 이미 치아가 상당히 손상된 후로서, 진료 기간도 길어지고 치료 과정도 고통스럽다.

- 12개월부터 36개월 영아의 입안을 수시로 들여다보고, 치아우식증 발생의 조짐이 있으면 즉각 치과에 방문한다. 치아우식증을 예방하려면 이닦기가 매우 중요한데 이 시기 영아가 이 닦는 습관을 가지게 하기 위해서 부모가 함께 즐겁게 이 닦는 모습을 보여 모델링한다.

- 3세 미만 영아에게 가장 많은 충치는 일명 '우유병 충치'이다. 대개 위쪽 앞니 네 개에서부터 시작하는데 우유병을 입에 물고 잠드는 습관이 있거나, 아이를 달래기 위해 고무젖꼭지에 꿀이나 시럽을 발라 먹여서 충치가 발생할 수 있다.

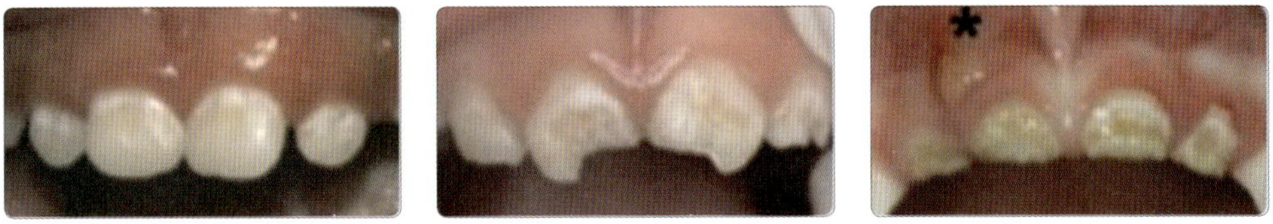

| 그림 9-6 | 수유 관련 치아우식증 진행과정

출처: 보건복지부, 질병관리청, 국민건강보험(2022)

출처: 서울특별시 장애인 치과병원 홈페이지

3) 유아 치아관리

유아기 양치 습관은 일생의 건강한 치아 유지를 위해 필요하며, 유아의 독립심과 자조 기술을 발달시키는 좋은 기회이다. 따라서 가정과 유아교육기관에서는 유치가 나기 시작하면서부터 올바른 이 닦기 습관을 형성하도록 지도한다. 유아용 칫솔을 사용하여 바르게 이를 닦는 방법을 알려주고, 식사 후나 잠을 자기 전 양치질을 하도록 도와준다. 양치질이 어려운 경우 물로 입안을 헹구어 내는 습관을 기르도록 지도한다.

올바른 칫솔질 방법은 다음과 같다.

① 잇몸에서 치아 쪽으로 쓸어내듯 닦는다. 보통 음식을 먹으면 잇몸 사이사이 음식 찌꺼기가 끼게 된다. 치아의 손상 없이 음식물 찌꺼기를 제거할 수 있는 방법은 잇몸에서 치아 방향으로 빗질을 하듯 살짝 둥글리며 쓸어내는 형태로 닦는다. 이때 치아의 바깥쪽, 안쪽, 씹는 쪽, 겉면 쪽 순서로 닦도록 지도한다.

② 이 닦는 시간은 3~5분 정도가 적당하다. 이 닦는 순서를 정해 한 부위당 5~10번씩 숫자를 세서 반복하면 빠뜨리는 부위 없이 칫솔질을 할 수 있다. 처음에는 시간을 짧게 하고 익숙해지면 점차 늘려간다.

③ 이 닦는 순서를 바꿔 준다. 일반적으로 이를 닦을 때 익숙한 곳부터 먼저 닦게 되어 계속 같은 부위만 닦게 되는 경우가 있다. 나중에 닿는 부위는 소홀해져서 제대로 닦이지 않는 부분이 발생할 수 있으니 가끔 평소와 닦는 순서를 바꾸어 닦을 수 있도록 한다.

④ 양치질 마지막 단계에서 칫솔모를 사용해 혀를 닦는다. 이때 혀의 가운데, 제일 안쪽 부위는 신경 써서 잘 닦아줘야 한다. 너무 세게 닦을 경우 상처가 생길 수 있으므로 부드럽게 문지르도록 지도한다.

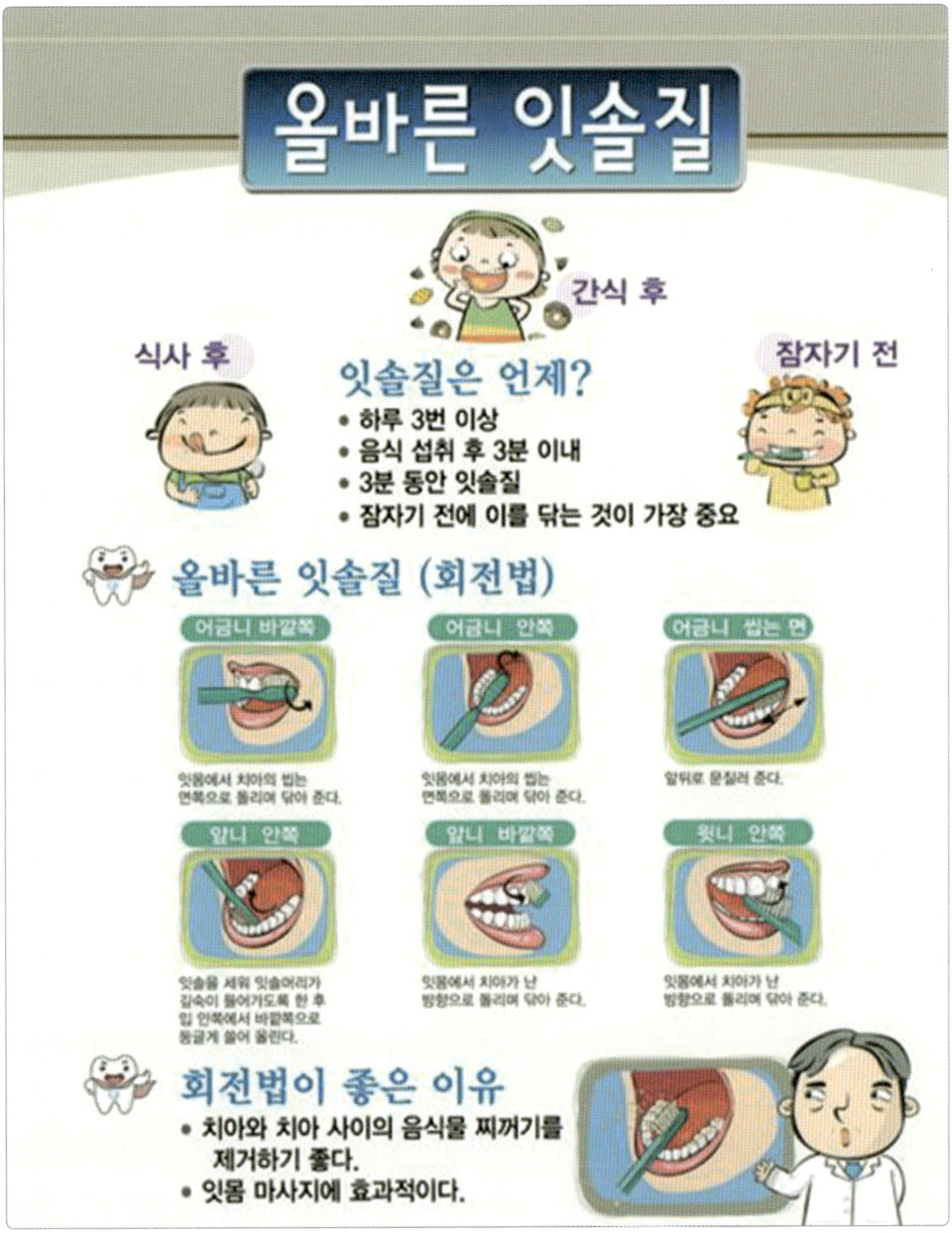

출처: 서울특별시 장애인 치과병원 홈페이지

*** 칫솔 고를 때 유의사항**

칫솔질의 강도는 치태 제거율에 중요한 영향을 끼치지 않는 것으로 알려져 있다. 즉, 세게 닦는다고 더 잘 닦이는 것은 아니라는 뜻이다. 일반적으로 너무 부드럽거나 억세지 않은 보통의 칫솔모를 선택하고, 치주질환이 있거나 잇몸이 약한 경우에는 부드러운 모를 선택하는 것이 좋다. 칫솔모가 부드러울수록 신축성이 좋아져, 치아 인접면에 더 깊이 도달할 수 있고 잇몸의 경계 및 하방까지도 접근할 수 있기 때문이다.

칫솔의 솔이 달려있는 머리부분은 치아 2~3개를 덮을 정도가 적당하며, 크기가 커질수록 칫솔질 효과는 떨어진다. 칫솔의 교환은 2~3개월에 한 번 정도가 적당하나 시기는 정해진 것이 아니며, 칫솔의 상태를 관찰하여 칫솔모가 심하게 벌어져 있거나 탄성이 줄어있을 경우 교체해 준다. 칫솔을 사용한 후에는 흐르는 물에 깨끗이 씻어 통풍이 잘 되는 곳에 세워서 보관하면 된다.

출처: 하이닥(hidoc) 홈페이지

4 수면관리

급속한 신체 발달이 이루어지는 영유아기는 충분한 수면을 통해 휴식을 취하며 성장한다. 영아의 경우, 개인차가 있으나 하루에 1~2번 정도의 낮잠을 자고 성장하면서 점차 자는 시간이 줄어들어 2세 무렵이 되면 하루 평균 12~13시간의 수면을 한다. 유아는 영아에 비해 자는 시간이 줄어들면서 규칙적인 수면습관을 가진다. 큰 유아의 경우, 낮잠은 거의 자지 않지만 활동량이 많으므로 휴식을 통해 낮잠을 대처하는 것이 필요하다. 수면 시간이 부족하면 신체 성장과 질병에 대한 면역력이 낮아질 수 있으므로 건강 유지를 위한 관리가 중요하다.

1) 수면을 위한 환경구성

교사는 일과 운영 중 적절한 휴식과 낮잠이 이루어질 수 있도록 계획하고, 영유아가 편하고 쉽게 잠들 수 있도록 안정적인 수면 환경을 조성해야 한다. 우선 낮잠 시간에 영유아가 바로 누워 자거나 쉴 수 있도록 매트를 깔고 베개와 이불을 준비한다. 영아에게는 가능하면 방수 매트리스로 된 침구를 제공하고, 침구는 너무 푹신하지 않은 것으로 마련한다.

빛과 소음을 효과적으로 차단하는 것도 건강한 수면에 도움이 된다. 수면을 관장하는 호르몬인 '멜라토닌'은 빛에 의해 분비량이 조절된다. 눈으로 빛이 들어오는 낮 동안에는 분비되지 않다가 어두워지면 많이 분비되는데, 멜라토닌이 충분히 분비되어야 잠도 푹 잘 수 있고 성장 호르몬도 많이 나온다(대한소아청소년과학회, 2024). 따라서 낮잠을 자기 전에 커튼을 치고 조명의 밝기를 낮추어야 한다. 그러나 아이가 무서움을 느낄 정도의 어두운 분위기는 바람직하지 않다. 한편 조용한 배경음악을 틀어서 영유아가 음악을 들으며 주변의 소음을 신경쓰지 않고 숙면을 취할 수 있도록 한다. 애착물이 있는 경우, 영유아가 좋아하는 인형이나 담요 등을 사용하여 안정감을 느끼고 편안히 잠들 수 있는 분위기를 만든다.

2) 낮잠 지도 시 유의사항

- 낮잠은 1시간 전후에서 최대 2시간을 넘지 않도록 한다. 그러나 영유아의 수면 시간은 개별적인 차이가 있으므로 정한 시간을 강요하지 않고 필요한 만큼 자고 편안하게 일어나도록 한다.
- 하루에 2번 정도 낮잠을 자는 3세 이하는 오전에 한 번, 오후에 한 번 재우고, 오후 시간 낮잠은 밤잠에 영향을 받지 않도록 4시 이전으로 조절한다. 하루에 1번 낮잠을 잘 때는 오후 2시 이전에 재우는 것이 좋다(대한소아청소년과학회 홈페이지).
- 잠들기 힘들어하는 영유아는 자신의 이부자리에 누워 쉬도록 하거나 잠자는 아

이들이 방해받지 않는 곳에서 조용한 놀이를 하도록 한다.

- 쉽게 잠이 들지 않거나 다른 아이를 방해하기 쉬운 영유아는 좀 떨어진 곳에 눕히는 것이 좋다.
- 영유아는 잘 때 엄지손가락을 빨거나, 손가락으로 머리카락을 돌리는 등 자신만의 행동을 보일 수 있고, 때로는 교사가 등을 긁어주거나 토닥여줄 때 편안하게 잠든다. 따라서 관찰과 부모와의 대화를 통해 영유아의 개별적인 낮잠 습관을 민감하게 파악하여 반응한다.
- 영유아가 낮잠을 자는 동안 교사는 반드시 아이들 곁을 지켜야 하고, 특히 영아가 이불을 뒤집어쓰지 않도록 감독한다.
- 잠에서 깨어나면 잘 잤는지 인사를 나누고 함께 가볍게 스트레칭한다.
- 잠을 깨면 교사와 함께 화장실에 다녀온 다음 다른 영유아를 방해하지 않는 범위에서 조용한 활동을 하게 한다.
- 잠든 시간과 깨어난 시간을 기록한다.
- 모든 영유아가 낮잠에서 깨면 잠자는 방을 정리하고, 문을 열어 공기를 환기한다.

낮잠을 거부하는 아이는 이렇게 해주세요.

출처: 경기도육아종합지원센터(2023)

3) 영아돌연사증후군

영아돌연사증후군(Sudden Infant Death Syndrome)은 1세 미만의 영아가 갑자기 사망하는 것으로, 뚜렷한 병력이 없고 사망원인이 정확히 규명되지 않는 특징을 지닌다. 생후 1개월부터 1년 사이 영아의 사망원인 중 40~50%를 차지하고 특히 98%가 생후 6개월 미만의 영아에게 발생하며 수면 시에 가장 많이 나타난다. 가을과 겨울철에 더 많이 발생하는 것으로 알려져 있고 6:4의 비율로 남아에게 많이 발생한다. 국내에서 1천 명당 0.31명(남아 0.33, 여아 0.29)이 영아돌연사증후군으로 사망하는 것으로 보고한다(대한소아청소년과학회 홈페이지).

영아돌연사를 일으키는 위험요인은 자궁 내 저산소증, 태아성장 지연, 임신 중 흡연, 감염, 미숙아, 엎드려 재우는 것, 영아를 너무 덥게 감싸고 두꺼운 이불을 덮어주는 것, 영아의 침구가 부드럽고 너무 푹신한 경우이므로 이를 참고하여 사고를 사전에 예방하는 것이 필요하다.

영아돌연사증후군 예방방법은 다음과 같다.

- 아기를 침대나 요에서 천장을 향해 똑바로 눕혀서 재운다.
- 임신 중 또는 출산 후 주양육자인 어머니나 그 외 가족이 금연한다. 가족 중 직접 흡연을 하지 않더라도, 임신 중이나 출생 후 간접흡연을 주의해야 한다.
- 아기가 있는 곳의 온도는 따뜻하게 유지해야 하지만, 지나치게 더울 경우에는 영아돌연사증후군의 위험이 커지므로 방의 실내 온도를 적정 온도로 맞춰준다(서울아산병원 홈페이지).
- 푹신한 침구 위에 아기를 재우는 것은 위험하므로 평평하고 탄탄한 매트리스나 요 위에 아기를 눕혀 재운다.
- 아이와 부모가 한 공간에서 자더라도 별도의 침대에서 다른 이불을 덮고 잔다.
- 모유수유는 영아돌연사증후군의 위험을 감소시키는 데 도움이 된다(대한소아청소년과학회 홈페이지).

* "영아 돌연사, 수면 중 경련 발작이 원인?"

근육 경련을 동반하는 짧은 발작이 수면 중에 갑자기 숨지는 영아돌연사증후군(SIDS) 가운데 1세 이상 유아들의 잠재적 사망 원인일 가능성이 있다는 연구 결과가 나왔다.

미국 뉴욕대 그로스먼의대 랭곤병원 로라 굴드 교수팀은 5일 미국 신경학회(AAN) 학술지 '신경학'(Neurology)에서 원인불명 유아 돌연사(SUDC) 300여 건의 의료 기록과 돌연사 어린이 7명의 가족이 제공한 영상자료를 분석해 이런 결론을 얻었다고 밝혔다.

미국에서는 매년 3천여 가정에서 아기들이 원인을 알 수 없는 영아돌연사증후군(SIDS)으로 숨지는 것으로 추정된다. 이 중에는 1세 이상 유아가 숨지는 원인불명 유아 돌연사(SUDC)도 400여 건에 이르는 것으로 알려졌다.

연구팀은 이 연구에서 뉴욕대 그로스먼의대 연구진이 10년 전 구축한 SUDC 사례 300건 이상의 광범위한 의료 기록과 1~3세에 숨진 유아 7명의 가족이 제공한 사망 당일 또는 사망 당시 촬영 CCTV 등 영상 자료를 분석했다. 그 결과 1~3세에 숨진 유아들은 숨지기 30분 전 이내에 60초 미만으로 지속되는 발작을 겪은 것으로 나타났다. 분석된 SUDC 영상 7개 가운데 5개에는 수면 중 발작이 발생했음을 나타내는 소리와 움직임이 담겨있었으며, 소리와 움직임에 의해 녹화가 시작되는 나머지 2개 영상 중 하나에도 근육 경련 모습이 녹화돼 있었다.

열을 동반하는 열성 발작은 수십 년간 어린이 돌연사와 관련이 있을 것으로 추정돼온 요인 중 하나다. 이전 연구에 따르면 돌연사 어린이가 열성 발작을 일으켰을 확률이 일반적 사망 어린이보다 10배 높은 것으로 나타났으며, 뉴욕대 랭곤병원에 등록된 SUDC 사례의 3분의 1에서도 열성 발작이 발견됐다. 그러나 7명의 유아 중 열성 발작 병력이 있는 유아는 1명뿐이었으며, 이들은 사망 당시 부검에서는 모두 명확한 사인이 밝혀지지 않았다. 1997년 15개월 된 딸을 SUDC로 잃은 후 이에 대해 연구해온 굴드 교수는 "이 연구는 비록 규모는 작지만 잠잘 때 일어나는 발작이 일부 어린이 돌연사의 원인일 수 있다는 최초의 직접적인 증거"라고 말했다.

공동 저자인 오린 데빈스키 교수는 "이 결과는 발작이 환자 의료 기록이 시사하는 것보다 훨씬 더 흔하다는 것을 보여준다"며 "경련 발작이 의학계가 영유아 돌연사 이유를 이해하기 위해 찾던 '결정적 증거'일 수 있다"고 말했다. 이어 "열이 있든 없든 발작이 어떻게 돌연사를 유발할 수 있는지 밝히기 위한 연구와 함께 유아 수면 사망과 관련된 발작이 얼마나 빈번한지, 수면 중 발작이 얼마나 자주 발생하는지 등을 확인하기 위한 추가 연구가 필요하다"고 덧붙였다.

출처: 한국경제 TV(2024. 1. 5)

chapter 10

식생활 관리

영유아기의 올바른 식습관 형성은 성인 건강의 밑거름이 되는 매우 중요한 일이다. 영유아기는 음식에 대한 선호와 식습관이 형성되는 시기이며, 성장과 발달에 필요한 충분한 영양 공급이 필수적으로 요구된다. 그러나 현대 사회의 바쁜 일상을 살아가는 부모는 영유아의 영양에 관한 일반적인 지식이 부족하거나 대중매체를 통한 과대광고나 가사의 편의성을 우선순위에 두게 되고 부모 자신과 자녀 모두 적절하지 못한 식습관을 형성해 나가기도 한다. 이에 영유아교육기관에서는 가정과의 협력을 통해 영유아가 건강한 식생활을 경험하고 균형 있는 영양섭취를 위한 식습관을 형성하도록 지도해야 한다. 본 장에서는 식생활 지도와 이와 관련된 식습관의 문제에 대해 알아본다.

10

1 식생활 지도

1) 식생활 특성

식생활 지도는 영유아의 발달수준과 행동 특성을 고려하여 실시되어야 한다. 영아의 경우, 18개월~2세 정도가 되면 탐색과 호기심이 증가하고 자기 독립에 대한 의지가 강해져서 자신의 욕구를 정확하게 표현한다. 대표적으로 '아니', '싫어'라는 부정적 단어를 사용하여 음식을 거부하기도 한다. 유아는 미각이 발달하여 식품에 대한 기호가 생기고, 좋아하는 음식과 싫어하는 음식의 구분이 뚜렷해지며, 영아와 다르게 주변 사람의 도움 없이 혼자서 식사할 수 있고 다양한 음식을 섭취한다.

영유아의 식품에 대한 기호나 식습관은 주변 사람의 태도나 안내에 따라 달라진다. 발달 연령별 식생활의 특성을 파악하여 바람직한 식습관을 형성하도록 도움을 준다.

| 표 10-1 | 연령별 식생활의 특성

연령	식생활 관련 특성
출생~5개월	• 모유나 조제유만으로 생후 5~6개월까지는 성장에 필요한 에너지와 영양소를 충분히 얻을 수 있다.
5~6개월	• 도움을 받아 앉을 수 있고, 머리와 목의 조절이 가능하므로 분유와 물 외 유동식(묽은 미음)을 삼키는 연습이 가능하다.
6~8개월	• 데쳐서 거르거나, 으깨거나, 반고형식을 시작하고, 혼자 손으로 음식을 집어먹을 수 있다.
8~11개월	• 고형식 음식의 종류와 양을 늘려나가며, 아기가 먹는데 흥미와 관심을 가질 수 있게 한다.
12개월~	• 가족들과 같이 먹을 수 있고, 영양이 풍부한 음식을 준비한다.
18개월~	• 이유기 완성시기로 부모와 함께 스스로 하루 세 끼 식사와 2회의 간식을 먹을 수 있다. • 자신의 의사표현이 강해지기 시작하는 시기로, 한 가지 음식만 먹으려고 고집하거나 새로운 음식을 거부하는 갈등 행동으로 인해 영양 결핍이 초래될 수 있다.
37개월~ (유아기)	• 편식과 저체중에 대한 대처교육이 필요하다. 독립심이 왕성해지는 시기로서 부모와의 갈등이 많아지며, 편식이 심해질 수 있는 시기이므로 이에 대한 적절한 대처를 할 수 있도록 교육한다. • 유아는 배고프지 않을 때는 식사 속도가 느리고, 먹으면서 말하고 먹기 싫으면 울면서 거부할 수 있다. 또한 싫어하는 음식과 좋아하는 음식을 구분하거나 친숙한 음식을 좋아할 수 있다. • 매일 1회 이상 우유 및 유제품을 먹고, 주 3회 이상 신선한 과일 및 채소를 활용한 간식을 섭취한다.

출처: 어린이급식관리지원센터 내용 재구성

2) 식생활 지도원리

- 연령에 따라 적합한 내용으로 지도한다.
- 예외를 두지 말고 일관성 있게 지도한다.
- 습관으로 형성될 때까지 사랑과 끈기로 되풀이하여 지도한다.
- 다양한 조리법으로 음식에 대한 긍정적인 느낌을 가지게 한다.
- 일상적인 생활 속에서 모범적인 식생활 모습을 보인다.
- 즐거운 분위기에서 먹을 수 있게 한다.
- 균형 있는 영양섭취의 중요성에 대한 교육을 제공한다.
- 식사 태도 및 식사예절에 안내한다. (음식물 입에 넣고 말하지 않기, 식사 후 식탁과 주변을 깨끗이 정리하기)
- 식사 전 손을 씻고 식사 후에는 이를 닦는 등 위생 습관을 안내한다.
- 그 외 아래 영유아 식습관 가이드 내용을 참고한다.

| 그림 10-1 | 영아의 식습관 가이드

출처: 경기도육아종합지원센터(2023)

유아

올바른 식습관은 함께해야 해요.

함께 밥을 먹으면
즐거움을 느끼고
정서적으로 안정이 되며
부모를 통해 식사 예절을
배울 수 있어요.

유아

올바른 식습관은 이별해야 해요.

달콤한 간식은
소량만으로도 혈당을 높여
식욕이 떨어져
건강한 식사를 할 수 없어요.

유아

올바른 식습관을 위해 사용하기 편한 도구는 필수죠.

스스로 먹을 수 있도록
사용하기 편한 도구를
제공해 주세요.

유아

다양한 조리법은 편식을 개선할 수 있어요.

싫어하는 음식은
잘 먹는 음식에 함께
잘게 다져서 조리하는 것도
한 가지 방법이에요.

유아

올바른 식습관 형성을 위해서는 기다림이 필요해요.

먹지 않는 음식이 있다면
스스로 먹어 볼 수 있도록
기회를 주고 기다리세요.
부모는 이해와 인내심을
가지는 것이 중요해요.

유아

올바른 식습관 형성을 위해서는 즐거워야 해요.

자신이 만든 음식을
먹어보는 즐거운 경험은
음식에 대한 거부감이
조금씩 조금씩
줄어들 수 있어요.

| 그림 10-2 | 유아의 식습관 가이드

출처: 경기도육아종합지원센터(2023)

2 영유아기 식습관 문제

성장과 발달이 활발하게 이루어지는 영유아기의 식습관 관련 문제는 일생 동안의 건강과 영양 상태에 영향을 미칠 수 있다. 영유아기 흔히 발생하는 식습관 문제들을 알아보고 적절한 대처를 위한 지도 방안을 살펴보고자 한다.

1) 식욕부진

식욕부진은 음식물을 먹고자 하는 욕구가 감소하거나 없어진 상태를 말한다. 유아기에 접어들면 영아기에 비해 성장속도가 완만해지면서 식욕이 감소하는 현상이 나타날 수 있다. 대부분의 유아가 성장과정에서 일시적인 식욕부진과 음식에 대한 기호가 불안정해지는 경험을 하게 되므로 지나치게 민감하게 반응하거나 걱정하지 않아도 된다. 그러나 식욕부진 증상이 지속되면 성장지연과 편식의 원인이 되므로 적절한 지도가 필요하다.

(1) 식욕부진 원인

식욕부진은 단조로운 식단과 조리법으로 음식에 대한 흥미를 잃거나 잦은 간식 등으로 인해 식욕이 줄어들어 발생하기도 하고, 부모나 교사가 음식을 강제로 먹이려는 것에 대한 스트레스가 있는 경우 나타날 수 있다. 이 외에도 활동량 부족, 감기, 편도선, 변비, 충치 등의 질병, 식사시간에 켜놓은 TV 등의 소리로 주의가 산만할 때에도 식욕부진 증상이 생긴다.

(2) 식욕부진 지도

- 식품의 재료나 조리 방법을 다양하게 하고, 아이가 흥미를 가질만한 예쁜 그릇에 담아 음식에 대한 호기심을 유도한다.
- 영유아가 먹기 편한 조리방법으로 조리한다.
- 조리과정이나 식사 준비에 영유아를 참여시켜 음식에 관심을 가지도록 한다.
- 적당한 운동과 신체활동을 통해 활동량을 높인다.
- 식사 시간은 30분 정도로 하고, 식사 시간 사이에 공복감을 유지시킨다.
- 즐겁고 편안한 분위기를 조성한다.

식욕 부진 해결하는 방법

아이가 잃어버린 입맛을 찾도록 하려면 식사시간이 지난 후
다른 식품을 먹지 않도록 하여 공복 상태가 되도록 하거나
산책, 운동을 하여 신체 활동을 늘리도록 해야 함

1 배고픔을 느낄 수 있게 속 비워주기

- 아이가 밥을 먹지 않을 때 30분 정도 지나면 식탁의 음식 치우기
- 다음 식사 때까지 물 이외에는 주지 않기
- **배가 고프면 음식을 소중히 알고 맛있게 먹을 수 있게 됨**

식품의약품안전처 중앙급식관리지원센터 어린이급식관리지원센터

식욕 부진 해결하는 방법

2 밥 떠먹여 주지 않기

- 밥을 떠먹여 주면 올바른 식습관을 가질 수 없음
- 적어도 스스로 먹을 수 있는 나이인 5살 이후에는 **식탁에 앉아서 정해진 시간**에 음식을 먹어야 한다는 식사예절을 익히게 함

식품의약품안전처 중앙급식관리지원센터 어린이급식관리지원센터

식욕 부진 해결하는 방법

3 활동적인 놀이나 운동하기

- 매일 **산책이나 재미있는 놀이**를 통해 운동하기
- 신선한 공기와 햇볕을 쐬게 되면 신진대사가 활발해지고 식욕이 증가함

식품의약품안전처 중앙급식관리지원센터 어린이급식관리지원센터

식욕 부진 해결하는 방법

4 부드러운 음식 먹이기

- **소화 기능이 저하**되어 밥을 적게 먹을 가능성이 있음
- 소화·흡수가 잘 되도록 푹 삶은 닭죽, 생선, 달걀찜 등 부드러운 음식을 먹인 후 서서히 양 늘리기

식품의약품안전처 중앙급식관리지원센터 어린이급식관리지원센터

아이가 좋은 식습관을 갖도록 해주려면?

부모가 지켜야 할 5가지 수칙

01 식탁에 차려진 모든 음식은 **골고루 먹도록 지도하기**

02 부모가 먼저 **건강한 식습관 모범** 보여주기

03 과자, 탄산음료, 단 음식 등 **자극적인 간식은 많이 구입하지 않기**

식품의약품안전처 중앙급식관리지원센터 어린이급식관리지원센터

아이가 좋은 식습관을 갖도록 해주려면?

부모가 지켜야 할 5가지 수칙

04 식사예절 교육 시 **일관성 있고 긍정적인 태도 유지**하기

05 음식 먹기를 계속 거부할 경우 억지로 먹이지 않고 음식을 치워 **식사예절 익히기**

식품의약품안전처 중앙급식관리지원센터 어린이급식관리지원센터

출처: 어린이 · 사회복지급식관리지원센터 홈페이지

2) 편식

편식이란 식품에 대한 선호가 특정한 종류에만 한정되어 음식을 골고루 먹지 않아 균형 있는 영양섭취가 이루어지지 않거나 성장과 발육에 장애를 일으키는 것을 말한다.

아기는 성인의 3배 정도 되는 약 1만 개의 미뢰를 가지고 태어나므로 맛에 대해 민감하게 반응하고 특히 채소의 맛과 향, 식감에 대해 거부감을 지니는 경우가 있어 이에 따른 편식이 나타난다. 편식이 심하면 다양한 영양소가 충분히 공급되지 않아 영양장애, 영양결핍으로 영유아의 건강에 영향을 미칠 수 있고, 과잉된 영양적 불균형으로 비만의 원인이 되기도 한다.

영유아는 식욕과 식품에 대한 기호가 유동적이므로, 식사 환경이나 조리법에 변화를 주고 적절하게 지도하면 편식을 수정하는 것이 가능하다. 따라서 음식에 대한 기호가 유동적이고 식습관이 형성되는 영유아기에 편식습관을 교정하여 건강한 식생활을 즐길 수 있도록 한다. 또한 편식은 발육과 성장에 지장을 줄 뿐만 아니라 면역력이 저하되어 질병에 쉽게 노출될 수 있기 때문에 편식교정을 위한 지속적인 관심과 지도가 필요하다. 무엇보다 편식의 원인을 파악하고 식사지도 방향을 설정해야 하며, 가정과 영유아교육기관과 연계하여 식사지도를 할 수 있도록 한다.

(1) 편식 원인

영유아가 다양한 먹거리를 경험하지 못한 경우에 편식이 나타날 수 있다. 예로 유동식에서 고형물 섭취로 전환되는 이유기에 단조로운 식품 선택, 제한된 식재료, 동일한 조리법 등으로 다양한 음식을 접해보지 않은 경우 편식이 생기기 쉽다. 또 먹고 싶은 않은데 억지로 먹도록 강요당하거나 구토, 복통 등으로 음식에 대한 불쾌한 경험이 있을 경우, 심리적으로 거부감이 생겨 편식이 나타날 수 있다. 한편 영유아가 속해 있는 가족 즉 부모의 식습관에 이미 편식이 있어 장보기에서부터 일부 식재료는 제외되거나 요리되지 않는다면 반복되는 부모의 불균형한 식습관으로 인해 자녀의 편식이 생겨난다. 과잉보호하는 양육 태도에 의해 편식하게 되는 경우도 있다.

(2) 편식 지도

- 식재료와 조리법에 변화를 주어 영유아의 긍정적인 관심을 유도한다.
- 새로운 음식은 한 번에 한 가지씩 소개하여 음식에 익숙해지게 한다.
- 영유아에게 적절한 조리법을 선택한다.
- 가족이 편식하지 않고 골고루 먹는다.
- 즐거운 식사 분위기를 조성한다.
- 편식하지 않는 좋아하는 친구와 함께 식사하는 기회를 갖는다.
- 억지로 먹이지 않으며, 식사량에 지나치게 관심을 보이지 않는다.
- 부모의 식사 준비 과정에 참여하게 한다.
- 식재료를 이용한 요리 체험 교육을 실시한다.

| 그림 10-3 | 건식재료 탐구생활_상상 헤어

출처: 고양시 어린이사회복지급식관리센터 홈페이지

- 대표적인 식재료인 고기를 싫어할 때는 영유아가 고기를 골라낼 수 없도록 다른 식품과 섞어서 조리하고, 고기 냄새를 싫어한다면 아이가 좋아할만한 소스를 만들어 끼얹어 먹인다.
- 생선의 경우, 다져서 다른 식품과 섞어서 조리하거나 카레가루 같은 향신료를 섞어서 조리한다.
- 채소를 싫어하는 영유아를 위해서는 채소를 골라내지 못하도록 다져서 좋아하는 식품과 섞어 조리하거나 볶음밥, 김밥, 주먹밥, 카레라이스 등 아이가 좋아하는 음식에 골고루 섞어준다.
- 주식인 밥을 싫어하는 경우에는 볶음밥, 김밥, 주먹밥 등 아이가 좋아하는 다른 식품과 혼합된 형태로 변화를 주거나 예쁜 모양 틀에 찍어서 아이가 흥미를 느낄 수 있도록 한다(식품안전나라 홈페이지).

*** 푸드브릿지**

아이가 싫어하는 음식이나 식재료 등에 점진적으로 노출시켜 거부감을 줄여나가는 편식 개선 방법이다. 같은 재료를 단계별로 다양한 조리법으로 제공하여 싫어하는 음식과 친숙하도록 해주며, 4단계로 진행된다.

- 1단계(친해지기): 재료를 놀이도구나 식기로 활용하여 시각적으로 친숙하게 한다.
- 2단계(간접 노출): 재료형체를 알아볼 수 없게 하고 모양이나 색으로 호기심을 자극한다.
- 3단계(소극적 노출): 다른 재료와 섞어서 조리하여 거부감을 줄인다.
- 4단계(적극적 노출): 재료 본연의 맛을 느낄 수 있도록 한다.

3) 비만

비만은 섭취열량이 소비열량보다 많아 체내에 지방이 과도하게 축적되는 것을 말한다. 영유아기는 지방세포가 커지는 것이 아니고 지방세포의 수 자체가 증가하는 시기이기 때문에 어려서 비만이 되면 이후 정상 체중으로 돌아가기 매우 어렵다. 특히 소아비만의 경우 고혈압, 고지혈증, 지방간, 당뇨, 심근경색 등 성인병을 유발하거나 성인기 비만으로 이어질 가능성이 매우 높다. 따라서 어릴 때 비만이 되지 않도록 많은 노력을 기울여야 한다.

(1) 비만 원인

- 식습관: 습관적인 과식과 잦은 음식 섭취로 인해 과잉 에너지가 생기는 경우 비만이 생기기 쉽다. 당류의 섭취가 많고, 기름진 음식이나 과자류, 고열량의 음식을 좋아하는 식습관은 열량 과다로 체중이 증가하는 원인을 제공한다.
- 유전: 한쪽 부모가 비만일 경우, 부모 모두 비만일 경우는 비만이 될 가능성이 높다.
- 생활습관: 오랜 시간 움직이지 않고 앉아 있는 습관, 즉 TV 시청, 컴퓨터 게임 등 정적인 활동을 주로 하고 운동량이 부족할 경우, 에너지를 소비할 기회가 줄어 비만이 발생한다.
- 질병: 지능장애, 호르몬 이상의 질병에 의해 비만이 발생할 수 있다.
- 스트레스와 수면부족: 스트레스가 많으면 자연스럽게 먹는 것에 집중하게 되고, 부족한 수면은 살이 찌는 원인이 된다.

이상 중 하나의 원인만으로 비만의 원인을 설명하기는 어려우며, 식습관, 유전, 생활습관, 질병 등의 다양한 요인이 복합적으로 작용한다. 즉 먹는 것을 좋아하고 부모가 모두 비만이며, TV 시청, 컴퓨터 게임 등 정적인 활동을 주로 하면서 잠을 잘 안 자는 경우 비만이 되기 쉽다.

(2) 비만 정도

체질량지수는 키와 몸무게로 비만도를 측정하는 것으로 BMI 지수로 불린다. 5차 영유아 건강검진에서부터 비만 정도를 확인할 수 있다.

| 표 10-2 | 검진시기별 검진항목

검진시기			검진항목
1차	건강검진	생후 14~35일	신체계측(키, 몸무게, 머리둘레), 청각, 시각 등 문진 및 진찰, 건강교육(영양, 수면, 안전사고 예방)
2차	건강검진	생후 4~6개월	신체계측(키, 몸무게, 머리둘레), 청각, 시각 등 문진 및 진찰, 건강교육(안전사고예방, 영양, 수면, 전자미디어 노출)
3차	건강검진	생후 9~12개월	신체계측(키, 몸무게, 머리둘레), 청각, 시각 등 문진 및 진단, 발달선별검사 및 평가, 건강교육(안전사고예방, 영양, 구강, 정서 및 사회성)
4차	건강검진	생후 18~24개월	신체계측(키, 몸무게, 머리둘레), 청각, 시각 등 문진 및 진찰, 발달선별검사 및 평가, 건강교육(안전사고예방, 영양, 대소변가리기, 전자미디어 노출, 개인 위생)
	구강검진	생후 18~29개월	구강문진 및 진찰, 구강보건교육
5차	건강검진	생후 30~36개월	신체계측(키, 몸무게, 머리둘레, 체질량), 청각, 시각 등 문진 및 진찰, 시력검사, 발달선별검사 및 평가, 건강교육(영양, 대소변 가리기, 정서 및 사회성, 취학 전 준비 교육(누리과정))
	구강검진	생후 30~41개월	구강문진 및 진찰, 구강보건교육
6차	건강검진	생후 42~48개월	신체계측(키, 몸무게, 머리둘레, 체질량), 청각(귓속말검사), 시각 등 문진 및 진찰, 시력검사, 발달선별검사 및 평가, 건강교육(안전사고예방, 영양)
	구강검진	생후 42~53개월	구강문진 및 진찰, 구강보건교육
7차	건강검진	생후 54~60개월	신체계측(키, 몸무게, 머리둘레, 체질량), 청각, 시각 등 문진 및 진찰, 시력검사, 발달선별검사 및 평가, 건강교육(안전사고예방, 영양, 전자 미디어 노출)
	구강검진	생후 54~65개월	구강문진 및 진찰, 구강보건교육
8차	건강검진	생후 66~71개월	신체계측(키, 몸무게, 머리둘레, 체질량), 청각, 시각, 예방접종 확인 등 문진 및 진찰, 시력검사, 발달선별검사 및 평가, 건강교육(안전사고예방, 영양, 취학 전 준비)

출처: 국민건강보험공단 홈페이지

BMI 지수는 체중을 키의 제곱으로 나누어 산출하고 25 이상이면 비만으로 간주한다. BMI 지수가 절대적인 비만의 기준을 제공한다기보다 다양한 여러 가지 기준의 하나임을 인지하고 비만 예방을 위한 지침으로 참고하는 것이 바람직하다.

(3) 비만 지도

영유아 대상 비만 관리는 성인과는 달리 몸무게를 줄이지 않고 현재 체중을 유지하는 것을 목표로 하고, 영양적으로 균형이 잡힌 식단과 몸의 움직임을 늘리는 것을 기본으로 한다.

- 식사와 간식은 정해진 시간에, 식탁에서만 먹는다.
- 음식은 천천히 먹는다.
- 인스턴트, 가공식품을 줄이고 자연 식재료 음식을 준비한다.
- 튀김류나 지나치게 기름기가 있는 음식은 삼간다.
- 당 함량이 많은 과자류 등을 눈에 띄는 곳에 두지 않는다.
- 과자나 사탕 등 먹는 것으로 보상하지 않는다.
- TV나 게임하면서 식사하지 않는다.
- 즐겁게 많이 움직일 수 있도록 유도한다.

| 그림 10-4 | 소아비만을 위한 식이요법

출처: 어린이 · 사회복지급식지원관리센터 홈페이지

- 가정으로 비만 관련 자료를 지속적으로 보내서 가정에서도 비만 예방에 노력하도록 안내한다. 영유아의 나트륨 과잉 섭취는 비만과 관련이 있으므로 다음과 같은 내용을 전달하는 것도 좋다.

| 그림 10-5 | 비만 관련 가정통신문 예시

출처: 고양시 어린이사회복지급식관리센터 홈페이지

4) 식품 알레르기

식품 알레르기는 특정한 식품의 성분이 항원으로 작용하여 신체가 이에 과민반응을 일으키는 알레르기성 질환을 말한다. 식품에 대한 알레르기는 소화기관이 미성숙한 영유아에게 빈번히 발생하는데, 이는 분자량이 큰 단백질 식품을 섭취하게 되면 신체에서 이종단백질로 인식하여 알레르기 반응이 유발되기 때문으로 알레르기 증상은 연령이 증가하면서 점차 줄어든다.

영유아기에는 계란과 우유 등 대부분 식품에 함유된 단백질에 의해 유발되고, 청소년기에는 견과류, 새우 및 게와 같은 갑각류에 대한 반응이 증가한다. 알레르기 증상으로는 구토, 복통, 설사, 변비, 두드러기, 아토피 피부염, 피부발진, 천식, 비염 등으로 음식을 섭취한 후 2시간 이내 발생 혹은 4~72시간 이후에 발생한다.

개인에 따라 알레르기를 일으킬 수 있는 식품은 다를 수 있으며, 매우 적은 양으로도 증상을 악화시킬 수 있다. 원인식품의 제한은 원재료 형태만이 아닌 가공 식품과 향신료나 색소 등의 식품첨가물도 포함된다. 따라서 알레르기 반응을 유발할 수 있는 여러 형태의 식품까지도 철저히 제한하고, 식품 제한에서 올 수 있는 영유아의 영양적 문제를 해결하기 위해 실정에 맞게 대체식품을 제공해야 한다. 영유아기관은 알레르기를 유발할 수 있는 식재료가 표시된 월간 식단표를 가정통신문이나 앱 등의 소통 수단을 통해 가정에 안내하고 식당 및 홈페이지 등에 게시한다.

(1) 알레르기 원인식품

알류(가금류만 해당), 우유, 메밀, 아황산류(이를 첨가하여 최종 제품에 이산화황이 1킬로그램당 10밀리그램 이상 함유된 경우만 해당), 대두, 밀, 고등어, 게, 새우, 돼지고기, 복숭아, 토마토, 호두, 땅콩, 닭고기, 소고기, 오징어, 조개류(홍합, 전복, 굴 포함), 잣 - 22종

출처: 식품의약품안전처(2024)

(2) 알레르기 지도

식품 알레르기는 소화기관이 성숙해지면서 사라지거나 자연적으로 치유되는 경우가 많으므로, 알레르기를 유발한 식품에 대해 지속적으로 관찰하며 섭취하도록 하는 것이 필요하다. 모유에는 알레르기 반응을 억제하는 분비형 IgA가 많이 함유되어 있어서 모유를 먹고 자란 아기는 알레르기를 일으키는 경우가 드물다. 일부 영아는 분유에 알레르기 반응을 보이는데 이때 두유 조제유를 먹여보고 그래도 증세가 없어지지 않으면 단백질 가수분해물 조제유로 바꾸어 먹이도록 한다(식품안전나라 홈페이지). 식품 알레르기 발생을 억제하기 위해서는 음식물에 대한 내성을 기르는 것이 중요하지만, 영유아에게는 가능한 한 알레르기를 일으킬 수 있는 식품을 제한하고 식품을 위생적으로 다루며 신선한 재료를 사용하는 것이 중요하다.

특히 영아기 이유식을 통해 새로운 식품을 섭취하기 시작할 때 알레르기를 유발하는 식품이 있는지 알아보는 일이 필요하다. 한꺼번에 다양한 식품을 섞어서 주지 말고 한 가지 재료씩 순차적으로 제공하여 영아의 반응을 살펴본다.

식품알레르기 조사

가정에 행복과 기쁨이 가득하시기를 기원합니다.

안내드릴 말씀은 유아들의 식품알레르기에 관한 실태를 파악하고 발병에 대한 예방 조치와 제거식, 대체식 등의 급식 필요 여부를 확인하고자 하오니, 학부모님들의 협조를 부탁드립니며 조사서를 해당 기일에 선생님께 제출해 주시기 바랍니다.

- **제출기간** : 20○○. ○. ○. ~ ○. ○. ※ 제출 기일을 꼭 지켜주시기 바랍니다.
- 조사대상 : 재원 중인 유아
- 관리방법 : 식품알레르기 증상이 있는 유아의 경우 보호자와 통화 후 급식 관리

※ 우리 유치원에서는 식품에 대한 알레르기가 있는 유아를 위하여 매월 발송되는 **식단예정표 및 홈페이지**에 음식명을 기재하고 알레르기 정보를 제공하고 있으니 참고하시기 바랍니다.

다음중 반응이 있는 식품을 표시하고 아래증상 예시를 참조하여
섭취 시의 증상을 기입해 주세요

[식품의약품안전처 고시 알레르기 유발 식품(19종) 예시]

1.난류 2.우유 3.메밀 4.땅콩 5.대두 6.밀 7.고등어 8.게 9.새우 10.돼지고기 11.복숭아 12.토마토 13.아황산류 14.호두 15.닭고기 16.쇠고기 17.오징어 18.조개류(굴, 전복, 홍합 포함) 19.잣 20.기타

증상 예시	
피부 관련 증세	두드러기, 가려움증, 피부발진, 습진
부종	얼굴 부종, 눈 부종, 입술 부종
소화기 장애	구토, 설사, 복통
호흡기 장애	기침, 콧물, 쌕쌕거림, 호흡곤란, 청색증
기타	혈압 저하, 의식 저하

▶ 식품알레르기 유발 식품과 증상은 가급적 구체적이고 자세하게 적어주시기를 바랍니다.
▶ 단순히 유아의 입맛(기호)에 따라 기재하지 않도록 주의 부탁드립니다.
▶ 미제출 시 해당 사항 없는 것으로 간주합니다.

20○○. ○○. ○○

○○ 유치원장

| 그림 10-6 | 식품알레르기 조사서 가정통신문

출처: 경기도교육청(2021)

식품 알레르기 설문 조사서

반: 이름 : 보호자 : (서명)

식품 알레르기에 관한 실태를 파악하고 발병 등에 대한 예방 조치와 제거식·대체식의 급식 필요 여부 등을 확인하고자 하오니, 학부모님들의 협조를 부탁드립니다.

1. 식품알레르기 증상 및 원인 식품

원인식품		진단 시기	
진단병원	년 월	진단 시 검사받은 방법	
가장 최근 증상이 발생한 때는 언제입니까?			년 월

2. 원인 식품을 먹었을 경우 나타나는 증상

구분	해당 증상에 체크(V)표하여 주시기 바랍니다.	예	아니오
입	가려움, 따끔거림, 입술, 혀, 입이 부풀어 오름		
피부	가려움, 붉어짐, 두드러기, 얼굴이나 피부가 부풀어 오름		
소화기	구토, 설사, 메스꺼움, 복부 경련		
목	목이 조여옴, 목이 쉼, 기침		
폐	숨이 가쁨, 반복 기침, 천식		
심장	저혈압, 기절, 창백해짐, 얼굴과 피부가 푸르게 변함		
기타 증상			

3. 식품 알레르기 질환 치료를 위해 진료 받는 병원이 있습니까? 예( ), 아니오( )

병원명		병원주소	
담당의사명		병원연락처	

4. 식품 알레르기 유발 식품에 √표시를 해주세요.(복수응답 가능, 기타 선택 시 상세히 기입)

곡류	밀가루		갑각류	새우, 게	
	메밀			오징어, 낙지, 문어	
육류	쇠고기			조개, 굴, 전복	
	돼지고기		견과류	땅콩	
	닭고기			호두	
생선	등푸른 생선			기타 견과류	
	기타 생선		유제품	우유	
콩제품	된장			치즈	
	두부			발효유	
	두유		달걀		
오렌지			탄산음료		
토마토			식품첨가물, 과자, 빵, 사탕, 초콜릿		
기타					

5. 대체식 제공 여부에 관한 의견에 표시를 해주세요.(필수)

급식 시 제거식으로 제공 원함		가정에서 대체식 제공 함	
급식 시 대체식으로 제공 원함			

6. 기타 식품 알레르기 증상에 관하여 전달 사항이 있으면 기입해 주시기 바랍니다.

| 그림 10-7 | 식품 알레르기 설문 조사서 양식

출처: 세종특별자치시어린이급식관리지원센터 홈페이지

chapter 11

영양관리

일생 중 가장 급속한 신체적 성장과 발달이 이루어지는 영유아기는 생애 건강의 기초가 되는 매우 중요한 시기이다. 영유아 시기에 5대 영양소가 골고루 들어간 균형 잡힌 식사를 통한 충분한 영양 섭취는 영유아의 신체적 건강을 가져올 뿐 아니라 아동기, 청소년기, 성인기 건강에도 긍정적인 영향을 미치게 된다. 따라서 충분한 영양 공급을 통해 영유아의 성장과 발달을 돕기 위해서 영양에 대한 내용을 잘 숙지하는 것이 필요하다. 본 장에서는 영유아에게 필요한 영양소와 섭취기준, 영유아 대상 영양관리와 식단구성에 대해 알아본다.

11

1 영양소

1) 영양소의 중요성

영양이라는 말은 영어로 'nutrition'이라고 하며, 영양소는 'nutrients'라고 하는데, 그 의미를 살펴보면 영양이라는 것은 섭취로부터 시작하여 소화, 흡수, 배출 등 인간이 살아가는 동안 이루어지는 식품 이용에 대한 과정을 표현하는 것이고, 영양소는 인간이 생명을 유지하기 위해 외부로부터 섭취해야 하는 물질을 말한다. 즉 영양은 생명유지를 위해 외부 물질을 받아들이고 이용하는 과정, 영양소는 그 과정에 이용하는 물질이다. 우리의 몸이 음식물을 체외로부터 받아들이면, 우리 몸은 이 음식물을 분해하고 흡수하여 물질 속에 있는 여러 가지 영양소로 하여금 일할 수 있는 에너지를 내고, 건강한 생활을 할 수 있다. 인간의 몸은 수많은 세포로 이루어졌고, 신체를 이루고 있는 많은 세포를 건강하게 만들기 위해서는 영양소의 계속적인 공급이 필수적이다.

영유아기는 신체의 성장 및 발육이 가장 왕성하게 일어나고 활동량이 많은 시기이다. 영유아의 영양 소요량을 체중 1kg당으로 환산할 때 영양소의 필요량이나 열량이 성인의 2~3배로 매우 높다. 이렇게 필요량이 높은 영유아에게 충분한 영양이 공급되지 않으면 영양장애 또는 영양결핍으로 인한 성장발육이 저하되거나 면역력 감퇴, 질병의 유발 등이 나타날 수 있다. 따라서 영유아의 건강을 유지하고 정상적인 성장, 발달을 이루기 위해서는 몸을 포함한 영양소의 고른 섭취가 중요하다.

2) 영양소의 종류와 기능

우리 몸은 필수 영양소로 구성되어 있다. 몸을 구성하는 영양소 가운데 탄수화물, 지방, 단백질, 무기질, 비타민을 기본 5대 영양소라 부르며, 물을 포함하여 6대 영양소라고 한다. 그 중 생리적인 기능에 따라 탄수화물, 지방, 단백질은 중요한 에너지 공급원이므로 3대 영양소라고 하고, 비타민이나 무기질 등 몸의 생리작용을 조절하는 부 영양소로 구분할 수 있다. 다음은 기본 5대 영양소에 대한 내용이다.

(1) 탄수화물

- 탄수화물은 우리 몸에서 주 에너지원으로 사용되며 신체에 열량을 공급해 주는 성분으로, 1g당 4kcal의 에너지를 발생한다.
- 탄수화물의 1일 권장량은 총 섭취열량의 55~65% 정도이다.
- 성장을 위해 필수적인 영양소로 체내에서 단백질과 핵산 대사에 중요한 역할을 한다. 탄수화물이 부족하면 단백질이 열량으로 변환되어 사용되므로 단백질이 제 기능을 하지 못한다.
- 사람의 몸에서 합성되지 않는 영양성분으로 식물의 광합성에 의해 만들어진다.
- 결핍 시 피로와 체력 저하를 일으키며, 과잉 시에는 비만이 유발될 수 있다.
- 모유는 생후 4~6개월 영아에게 충분한 탄수화물을 공급한다. 모유 내 함유된 탄수화물인 유당은 영아의 소장에서 쉽게 소화된다.

| 표 11-1 | 탄수화물 주요 급원식품(100g당 함량)

급원식품 순위	급원식품	함량 (g/100g)	급원식품 순위	급원식품	함량 (g/100g)
1	백미	75	16	메밀 국수	61
2	라면(건면, 스프포함)	69	17	고추장	52
3	국수	60	18	감자	16
4	빵	50	19	바나나	22
5	떡	49	20	콜라	9
6	사과	14	21	과일음료	9
7	현미	74	22	맥주	3
8	과자	66	23	감	14

급원식품 순위	급원식품	함량 (g/100g)	급원식품 순위	급원식품	함량 (g/100g)
9	밀가루	77	24	양파	7
10	고구마	34	25	복숭아	13
11	보리	75	26	당면	89
12	찹쌀	82	27	만두	23
13	배추김치	6	28	물엿	83
14	설탕	100	29	포도	15
15	우유	6	30	배	12

출처: 보건복지부, 한국영양학회(2020)

(2) 지방

지방은 우리 몸의 뇌, 신경조직, 간, 피하조직 등 신체를 구성하는 성분이다.

- 지방의 1일 권장량은 총 섭취열량의 15~30%이고, 두뇌 성장이 급속한 1~2세 영아의 경우 20~35%이다.
- 지방은 1g당 9kcal의 열량을 공급해 주고, 체내에서 사용되고 남은 에너지는 저장되었다가 필요시 에너지로 사용된다.
- 동물성 식품에만 들어 있는 콜레스테롤은 뇌와 신경조직을 구성하는 성분이며, 지방의 소화에 필수적인 담즙산이나 호르몬 등을 합성한다.
- 피하지방은 체온을 유지하고 외부 충격으로부터 신체 장기를 보호한다.
- 지방은 지용성 비타민(A, D, E, K)의 운반과 흡수를 돕기 때문에 지용성 비타민은 반드시 지방과 함께 섭취해야 한다.
- 지방산은 음식의 풍미를 돋우며 포만감을 느끼게 한다.
- 결핍 시에는 체중 감소, 피로, 비타민 결핍 등이 생기며, 과잉 시 동맥경화증, 심장병 등의 발병률이 높아진다.
- 급원 식품으로는 식물성 지방은 식물성 기름과 아보카도, 올리브 등의 일부 과일에 들어 있고, 동물성 지방은 육류, 어류, 조류, 우유, 유제품, 달걀 등이 있다.

| 표 11-2 | 지방 주요 급원식품(100g당 함량)

급원식품 순위	급원식품	함량 (g/100g)	급원식품 순위	급원식품	함량 (g/100g)
1	돼지고기(살코기)	11.3	16	요구르트(호상)	3.8
2	소고기(살코기)	17.0	17	김	49.2
3	콩기름	99.3	18	고등어	13.3
4	우유	3.3	19	초콜릿	34.4
5	달걀	7.4	20	크림	45.0
6	마요네즈	75.7	21	대두	15.4
7	과자	22.8	22	오리고기	19.0
8	라면(건면, 스프포함)	11.5	23	아이스크림	7.3
9	참기름	99.6	24	치즈	21.3
10	백미	0.9	25	배추김치	0.5
11	두부	4.6	26	땅콩	46.2
12	빵	4.9	27	아몬드	51.3
13	샌드위치/햄버거/피자	13.2	28	만두	6.6
14	케이크	18.9	29	장어	17.1
15	유채씨기름	99.9	30	들기름	99.9

출처: 보건복지부, 한국영양학회(2020)

(3) 단백질

- 단백질은 체내에서 조직을 합성하며, 근육과 골격을 구성하는 주요 요소이다.
- 신체 성장과 생명 유지에 필요한 효소와 호르몬, 면역체를 생성하는 데 중요한 작용을 한다.
- 단백질의 1일 권장량은 총 섭취열량의 7~20% 정도이고, 1g당 4kcal의 열량을 공급한다.
- 탄수화물이나 지방이 부족할 때 에너지원으로 사용된다.
- 결핍 시 영유아의 경우 성장과 발달이 저해되고, 과잉 시 체지방으로 전환되고 신장에 부담을 준다. 또 동물성 단백질을 과다 섭취하면 고혈압, 심장병 등이 유발될 수 있다.

| 표 11-3 | 단백질 주요 급원식품(100g당 함량)

급원식품 순위	급원식품	함량 (g/100g)	급원식품 순위	급원식품	함량 (g/100g)
1	백미	9.3	16	새우	28.2
2	돼지고기(살코기)	19.8	17	고등어	21.1
3	닭고기	23.0	18	오징어	18.8
4	소고기(살코기)	17.1	19	요구르트(호상)	5.2
5	달걀	12.4	20	명태	17.5
6	우유	3.1	21	밀가루	10.3
7	두부	9.6	22	떡	3.7
8	멸치	49.7	23	샌드위치/햄버거/피자	9.6
9	빵	9.0	24	가다랑어	29.0
10	햄/소시지/베이컨	20.7	25	간장	7.4
11	배추김치	1.9	26	어묵	11.4
12	라면(건면, 스프포함)	8.6	27	보리	8.7
13	국수	7.3	28	된장	13.7
14	돼지 부산물(간)	26.0	29	현미	6.3
15	대두	36.1	30	소 부산물(간)	29.1

출처: 보건복지부, 한국영양학회(2020)

(4) 무기질

무기질은 대략적으로 우리 몸의 4%를 차지하며, 하루 필요량이 0.1g 이상인 다량무기질(칼슘, 인, 마그네슘, 나트륨, 칼륨, 염소, 황)과 0.1g 이하인 미량무기질(철, 요오드, 불소, 아연, 셀레늄, 구리, 크롬, 망간, 비소, 니켈)로 구성된다.

단백질과 함께 신체의 골격과 구조를 이루는 구성요소로 성장발육 및 조직의 구성과 생리작용을 조절하는 데 중요한 역할을 한다. 따라서 성장기 영유아에게는 적절한 양의 무기질이 공급되어야 한다. 다량과 미량무기질의 대표격인 칼슘과 철분 내용은 다음과 같다.

① 칼슘

- 칼슘은 뼈와 근육 성장에 관여하는 물질로 영유아기는 성장에 필요한 골격과 치아 형성으로 칼슘의 필요량이 성인보다 높다.
- 결핍 시 성장지연, 뼈와 치아의 질 저하, 뼈의 기형 및 구루병이 나타날 수 있어 성장 및 유지에 필수적이다.
- 한편 칼슘은 몸 속에 신경 물질을 전달하는 기능을 하고 있어 신경 세포 간 신호 전달을 촉진하고, 혈액 응고에도 관여하는 출혈을 예방하는 기능을 한다.
- 그 외에 세포의 정상적인 기능과 세포막 안정성에도 관여한다.

| 표 11-4 | 칼슘 주요 급원식품(100g당 함량)

급원식품 순위	급원식품	함량 (mg/100g)	급원식품 순위	급원식품	함량 (mg/100g)
1	멸치	2,486	16	채소음료	95
2	우유	113	17	무	23
3	배추김치	50	18	깨	854
4	요구르트	141	19	과일음료	20
5	달걀	52	20	빵	26
6	두부	64	21	명태	109
7	미꾸라지	1,200	22	콩나물	53
8	치즈	626	23	대두	158
9	과자	137	24	굴	428
10	열무김치	134	25	어패류젓	592
11	건미역	1,109	26	아이스크림	80
12	상추	122	27	양배추	45
13	들깻잎	296	28	양파	15
14	백미	5	29	가당음료	32
15	라면(건면, 스프포함)	48	30	홍어	305

출처: 보건복지부, 한국영양학회(2020)

② 철분

- 철분은 적혈구의 헤모글로빈을 구성하며, 골수에서의 조혈작용, 뇌의 신경전달물질이나 콜라겐의 합성에 작용한다.
- 철분은 흡수율이 낮으므로 철의 흡수율을 돕는 동물성 단백질이나 비타민 C와 함께 먹는다.
- 철분 결핍은 단순히 빈혈을 초래하는 것 이상의 영향을 미쳐서 면역 체계의 약화, 피로 증가, 작업 및 학습 능력 저하 등을 가져올 수 있다. 특히 영유아와 청소년의 경우 철분은 정상적인 성장과 뇌 발달에 필수적이다.
- 임산부의 경우 철분 결핍은 조산, 저체중아 출산, 태아의 철분 저장량 감소 등의 위험을 증가시킬 수 있다.

| 표 11-5 | 철분 주요 급원식품(100g당 함량)

급원식품 순위	급원식품	함량 (mg/100g)	급원식품 순위	급원식품	함량 (mg/100g)
1	백미	0.80	16	빵	0.60
2	돼지 부산물(간)	17.92	17	소 부산물(간)	6.54
3	소고기(살코기)	2.12	18	고춧가루	4.89
4	달걀	1.80	19	굴	8.72
5	멸치	12.00	20	파	0.82
6	배추김치	0.51	21	닭고기	0.28
7	두부	1.54	22	과자	1.14
8	돼지고기(살코기)	0.65	23	간장	1.09
9	대두	7.68	24	된장	2.07
10	시금치	2.73	25	과일음료	0.31
11	순대	7.10	26	라면(건면, 스프포함)	0.54
12	만두	3.10	27	고구마	0.52
13	보리	2.40	28	당면	4.69
14	시리얼	11.95	29	샌드위치/햄버거/피자	1.09
15	찹쌀	2.20	30	감자	0.40

출처: 보건복지부, 한국영양학회(2020)

(5) 비타민

- 비타민은 소량이지만 신체조직의 기능과 성장, 유지를 위한 대사작용에 꼭 필요하다.
- 비타민은 기름에 녹는 지용성 비타민(A, D, E, K)과 물에 녹는 수용성 비타민(B군, C 등)으로 구분된다.
- 비타민 A 경우, 체내의 생리적 작용에 필수적인 지용성 비타민으로 세포의 증식과 분화 조절, 배아의 성장과 발생, 시각, 염증 및 면역작용에 관여하며, 비타민 A와 그 유도물질은 생물학적인 발달과 노화에 관여한다도 작용한다 (Clagett-Dame & DeLuca, 2002).
- 비타민 D는 식품을 통한 섭취 이외에 햇빛을 통해 피부에서 비타민 D가 합성된다는 독특한 특성을 갖고 있다. 즉 비타민 D의 주요 급원은 자외선으로 인한 피부에서의 합성과 식품으로부터의 섭취이다. 따라서 영유아의 비타민 D 합성을 위한 가정에 기관에서는 실외 활동의 기회를 제공해야 한다.
- 비타민 C 경우, 식사를 통한 비타민 C 섭취량의 90% 이상이 채소류와 과일류이므로 영유아에게 충분한 제철과일을 공급하는 것이 중요하다.

| 표 11-6 | 지용성 비타민 A의 주요 급원식품(100g당 함량)

급원식품 순위	급원식품	함량 (μg RAE/100g)	급원식품 순위	급원식품	함량 (μg RAE/100g)
1	돼지 부산물(간)	5,405	16	고구마	75
2	소 부산물(간)	9,442	17	배추김치	15
3	과일음료	219	18	요구르트(호상)	59
4	우유	55	19	수박	71
5	시금치	588	20	채소음료	107
6	달걀	136	21	아이스크림	117
7	당근	460	22	부추	178
8	상추	369	23	열무김치	73
9	장어	1,050	24	케이크	131

급원식품 순위	급원식품	함량 (μg RAE/100g)	급원식품 순위	급원식품	함량 (μg RAE/100g)
10	시리얼	1,605	25	무청	149
11	고추장	291	26	토마토	32
12	닭 부산물(간)	3,981	27	건미역	515
13	들깻잎	630	28	크림	389
14	고춧가루	614	29	돼지고기(살코기)	7
15	김	991	30	닭고기	10

출처: 보건복지부, 한국영양학회(2020)

| 표 11-7 | 수용성 비타민 C와 D의 주요 급원식품(100g당 함량)

비타민 C 급원식품 순위	비타민 C 급원식품	함량 (mg/100g)	비타민 D 급원식품 순위	비타민 D 급원식품	함량 (μg/100g)
1	가당음료(오렌지주스)	44.1	1	달걀	20.9
2	귤	29.1	2	돼지고기(살코기)	0.8
3	딸기	67.1	3	연어	33.0
4	시금치	50.4	4	오징어	6.0
5	시리얼	190.9	5	조기	8.4
6	오렌지	43.0	6	멸치	4.1
7	햄/소시지/베이컨	28.1	7	꽁치	13.0
8	배추김치	3.2	8	고등어	2.1
9	토마토	14.2	9	두유	1.0
10	고구마	14.5	10	넙치(광어)	4.3
11	무	7.3	11	쥐치포	33.7
12	감	14.0	12	볼락	4.6
13	양배추	19.6	13	미꾸라지	5.5
14	풋고추	44.0	14	시리얼	3.8
15	배추	24.4	15	오리고기	2.0

출처: 보건복지부, 한국영양학회(2020)

(6) 수분

- 수분은 신체의 가장 높은 비율의 인체 구성 성분으로 체내 항상성 및 생명 유지를 위해 반드시 필요하다.
- 영유아의 경우 성인에 비해 단위 체중당 체표 면적, 수분 필요량이 더 많아서 체중 대비 수분 함량이 약 70%에 가깝다.
- 수분은 체액의 중요한 구성물질로, 각 세포조직에 영양소를 운반하고 몸 안의 노폐물을 체외로 배설하고, 타액, 위액, 담즙, 장액 등 분비액의 성분으로 신체 대사과정의 촉매작용을 한다.
- 외부 충격으로부터 인체를 보호한다. 따라서 영유아는 수분을 충분히 섭취해서 필요량을 충족시켜 주어야 한다.
- 수분 부족이 계속되면 피부 건조증이나 호흡기 질환이 발생할 수 있고, 혈액순환에 영향을 미쳐 두뇌 활동이 저하되기 때문에 어릴 때부터 물 마시는 습관을 길러주는 것이 중요하다.

| 표 11-8 | 한국인의 1일 수분 섭취기준

성별	연령	수분(mL/일)					
		음식	물	음료	충분섭취량		상한섭취량
					액체	총수분	
영아	0~5(개월)				700	700	
	6~11	300			500	800	
유아	1~2(세)	300	362	0	700	1,000	
	3~5	400	491	0	1,100	1,500	
남자	6~8(세)	900	589	0	800	1,700	
	9~11	1,100	686	1.2	900	2,000	
	12~14	1,300	911	1.9	1,100	2,400	
	15~18	1,400	920	6.4	1,200	2,600	
	19~29	1,400	981	262	1,200	2,600	
	30~49	1,300	957	289	1,200	2,500	

성별	연령	수분(mL/일)					
		음식	물	음료	충분섭취량		상한섭취량
					액체	총수분	
남자	50~64	1,200	940	75	1,000	2,200	
	65~74	1,100	904	20	1,000	2,100	
	75 이상	1,100	662	12	1,100	2,100	
여자	6~8(세)	800	514	0	800	1,600	
	9~11	1,000	643	0	900	1,900	
	12~14	1,100	610	0	900	2,000	
	15~18	1,100	659	7.3	900	2,000	
	19~29	1,100	709	126	1,000	2,100	
	30~49	1,000	772	124	1,000	2,000	
	50~64	900	784	27	1,000	1,900	
	65~74	900	624	9	900	1,800	
	75 이상	800	552	5	1,000	1,800	
임신부						+200	
수유부					+500	+700	

출처: 보건복지부, 한국영양학회(2020)

3) 영양섭취기준

영유아의 건강한 식생활을 위해서는 적절한 양의 다양한 식품을 섭취하여 영양적으로 균형을 이루어야 한다. 영양소는 우리 몸에서 다양한 역할을 하므로 부족하거나 과다 섭취하게 되면 영양의 불균형이 생겨 건강 문제를 일으킨다. 균형잡힌 식생활을 위한 영양소 섭취기준을 알아본다.

영양소 섭취기준이란 대부분의 사람들이 건강을 최적 상태로 유지하는 데 필요한 영양소 섭취 수준을 의미한다(보건복지부, 한국영양학회, 2020). 한국인 영양소 섭취기준(KDRIs: Dietary Reference Intakes for Koreans)은 만성질환이나 영양소 과다섭취 예방 등을 고려하여 한국인에 요구되는 평균필요량, 권장섭취량, 충분섭취량, 상한 섭취량 등의 여러 수준의 섭취기준을 제시하고 있다. 과학적인 근거가 있을 경우 평균 필요량과 권장섭취량, 근거가 충분하지 않으면 충분섭취량, 과잉섭취로 인한 유해 영향의 근거가 있는 경우 상한섭취량을 제시한다.

한국영양학회의 영양소 섭취기준의 연령군 구분은 영아기(0~5개월, 6~11개월), 유아기(1~2세, 3~5세), 아동기(6~8세, 9~11세), 청소년기(12~14세, 15~18세), 성인기(19~29세, 30~49세, 50~64세), 노년기(65~74세, 75세 이상)로 분류된다. 영양섭취기준은 기준체위를 바탕으로 대다수 사람들의 영양요구량을 제정한 것이므로 개인별 차이를 고려하여 적용해야 한다. 다음의 표는 영유아 대상 체위기준과 주요 3대 영양소 섭취 기준이다.

| 표 11-9 | 영유아 대상 영양소 섭취기준 제정을 위한 체위기준

연령	2020 체위기준		
	신장(cm)	체중(kg)	BMI(kg/㎡)
0~5(개월)	58.3	5.5	16.2
6~11	70.3	8.4	17.0
1~2(세)	85.8	11.7	15.9
3~5	105.4	17.6	15.8

출처: 보건복지부, 한국영양학회(2020)

| 표 11-10 | 영유아의 주요 영양소 섭취기준

성별	연령	에너지(kcal/일)	탄수화물(g/일)			지방(g/일)		단백질(g/일)		
		필요추정량	평균필요량(권장섭취량)	충분섭취량	에너지적정비율(%)	충분섭취량	에너지적정비율(%)	평균필요량(권장섭취량)	충분섭취량	에너지적정비율(%)
영아	0~5개월	500		60		25			10	
	6~11개월	600		90		25		12(15)		
유아	1~2세	900	100 (130)		55~65		20~35	15(20)		7~20
	3~5세	1,400	100 (130)		55~65		15~30	20(25)		7~20

성별	연령	에너지 (kcal/일)	탄수화물 (g/일)			지방 (g/일)		단백질 (g/일)		
		필요 추정량	평균 필요량 (권장 섭취량)	충분 섭취량	에너지 적정비율 (%)	충분 섭취량	에너지 적정비율 (%)	평균 필요량 (권장 섭취량)	충분 섭취량	에너지 적정비율 (%)
남자	6~8세	1,700	100 (130)		55~65		15~30	30(35)		7~20
	9~11세	2,000	100 (130)		55~65		15~30	40(50)		7~20
여자	6~8세	1,500	100 (130)		55~65		15~30	30(35)		7~20
	9~11세	1,800	100 (130)		55~65		15~30	40(45)		7~20

출처: 보건복지부, 한국영양학회(2020)

2 영양관리와 식단

1) 영아기의 영양관리

영아기는 급속한 신제 성장과 두뇌 발달이 이루어지는 시기로 적절한 영양 공급이 매우 중요하다. 영아는 단위체중당 체표면적이 크고 활동량이 많아 성인의 2~3배 수준의 에너지가 필요하고, 신제조직의 성장과 대사물질합성 등을 위해 단백질 요구량이 크다. 영아기는 소화와 흡수 기능이 미숙하고 면역력이 약하므로 균형 있는 영양 공급과 위생관리에 그 어느 시기보다 필요하다.

(1) 수유기

① 모유수유

모유는 영아에게 필요한 모든 영양소를 포함하고 있어 영아의 성장과 발달에 가장 좋은 식품이다. 모유에는 유당, 필수지방산, 타우린 등 뇌 발달에 도움이 되는 단백질이 포함되어 있으며, 소화가 쉽고 세균감염을 막아주는 면역물질이 풍부하게 들어 있다. 최근 미국 미시간주립대학교와 존스홉킨스 블룸버그 공중보건대학 공동연구팀에 의하면, 모유수유가 소아비만을 막는 데 도움이 된다고 밝히고 모유수유가 평생에 걸쳐 비만과 다양한 만성질환을 예방한다는 연구결과가 있는 만큼, 생후 6개월 동안 모유수유를 지속할 것을 권장하였다(조선일보 기사. 2024. 1. 19). 이러한 모유의 장점으로 인해 WHO 세계보건기구에서는 모유를 먹이도록 권장하고 있다. 모유수유 시간은 15~20분이 적당하며, 수유 간격 및 횟수는 영아의 요구에 따라 융통성 있게 조절한다. 신생아의 경우 2~3시간 간격, 1~3개월 영아의 경우 3시간, 그 이후는 4시간 간격으로 조절하도록 권장되고, 수면 중에는 수유하지 않는다. 특히 출산 후 1~2일에 나오는 황갈색의 초유는 태변의 배설을 촉진하고, 다량의 영양성분과 면역체를 함유하고 있으므로 가능하다면 먹이는 것이 좋다.

*** 모유수유 장점 101가지 중에서**

- 모유수유는 엄마와 아기 사이에 유대관계를 촉진한다.
- 모유수유는 아기의 감정적인 욕구를 충족시킨다.
- 모유는 아기를 위한 안전한 영양식이다.
- 모유수유는 엄마의 유방암 위험을 감소시킨다.
- 모유수유는 높은 IQ점수와 관련된다.
- 모유는 항상 준비되어 있고 분유보다 더 잘 포장되어 있다.
- 모유는 질병에 대항하는 면역물질을 포함하고, 아기의 면역체계 발달을 돕는다.

- 모유는 분유보다 훨씬 더 소화가 잘된다.
- 아기가 젖을 빨면 출산 후 엄마의 자궁 수축을 돕는다.
- 모유수유는 아기가 태어난 후에 엄마의 체중 감량을 돕는다.
- 모유수유는 당뇨병이 있는 엄마의 인슐린 필요량을 감소시킨다.
- 모유수유는 엄마의 자궁 내막증의 진행을 억제한다.
- 모유수유는 엄마의 난소암의 위험률을 감소시킨다.
- 모유수유는 아기의 알레르기 발생의 위험률을 감소시킨다.
- 모유수유는 아기에 설사를 일으키는 감염을 예방한다.
- 모유수유는 아기의 호흡기 감염을 예방한다.
- 모유를 먹었던 아기들은 나중에 비만이 될 가능성이 적다.
- 모유수유는 아기의 예방접종 효과를 증가시킨다.
- 모유수유는 임신되는 것을 지연시켜준다.
- 모유수유는 분유수유보다 쉽다.
- 모유는 공짜(free)이다.
- 모유는 항상 아기에게 적절한 온도를 유지한다.
- 모유는 항상 적절한 지방, 탄수화물과 단백질을 함유한다.
- 모유는 엄마가 더 잘 자게 한다.
- 모유수유를 하는 경우 세균에 감염될 걱정을 할 필요가 없다.
- 모유수유는 말하는 능력의 발달을 돕는다.
- 모유수유는 아기의 철분 결핍을 예방한다.
- 모유는 아기의 상처를 위한 좋은 천연 항생제이다.

출처: 부산광역시 일생활균형지원센터 홈페이지

② 인공수유

모유수유가 가능하지 않을 경우는 시판되는 분유를 사용하여 인공영양을 제공한다. 분유는 크게 조제유와 조제식으로 나눈다. 조제유는 0~6개월 사이 신생아를 포함한 영아에게 제공되는 것으로 원유나 유가공품을 원료로 하여 모유 성분과 거의 유사하게 만든 분말형태로 유성분 60% 이상의 모유대용품이다. 조제식은 분리대두 단백이나 기타 식품에서 분리한 단백질을 단백원으로 만든 것으로 유성분이 60% 미만인 제품을 말한다. 모유나 제조유의 수유가 어려운 경우에 사용하는 가공한 이유식 대용품이다. 6개월 이전에는 조제유 위주로, 6개월 후에는 조제유와 조제식을 선택해서 수유하는 경우가 많다.

다음은 인공수유 시 유의사항이다.

- 수유를 시작하기 전에 손을 깨끗이 씻는다.
- 끓여서 식힌 물을 사용하며 먹이기 직전에 적정 농도로 맞춘다.
- 손목 안쪽에 수유할 조제유를 2~3방울 떨어뜨려 영아가 온도에 놀라지 않도록 적당한 온도를 확인한다.
- 편안하고 안정된 자세로 영아를 안고 눈을 맞춰가며 수유한다.
- 수유가 끝나면 트림을 시킨다.
- 먹다가 남은 우유는 상하기 쉬우므로 아까워하지 말고 버린다.
- 수유의 횟수와 분량은 영아의 요구와 건강 상태에 따라 조절하여 제공한다.

(2) 이유기

영아가 4~6개월이 되면 성장과 발달에 필요한 에너지와 영양소를 보충하기 위해 반고형식 또는 고형식으로 전환하는 이유식을 도입한다. 이유식은 영아의 체중이 출생 시 두 배가 될 때 시작하도록 권장되며, 일반적으로 곡물, 과일, 야채, 고기의 순으로 음식 재료를 첨가해 준다. 이유식은 영아의 성장에 따른 영양요구량을 충족하고, 씹고 삼킬 수 있는 능력, 소화능력, 식습관 지도 등을 고려하여 순차적으로 진행한다. 이유식이 시작되면 영아가 배고파할 때 이유식을 먼저 주고 모유나 우유를 먹이도록 한다.

이유식을 시작하고 진행하면서 주의해야 할 사항으로, 영아기는 면역기능이 미숙하여 특정 식재료에 대한 알레르기 반응을 보일 수 있다. 이를 대비하여 알레르기

| 표 11-11 | 영아의 영양관리를 위한 식생활 내용

개월 수	식사 및 간식
생후 0~1개월	• 아기에 따라 먹는 양과 횟수에 차이가 있으며 생후 1개월 이전에는 하루에 6~10회 정도 수유 • 모유는 2~3시간 간격으로 먹이고 분유는 생후 3~4일까지는 40mL씩, 그 후 15일까지는 80mL씩 7~8회로 나누어 수유
생후 1~2개월	• 낮은 3~4시간 간격으로, 밤은 5~6시간 간격으로 수유 • 1회 수유 시간은 20분 정도가 적당
생후 3~4개월	• 규칙적으로 하루 5~6회 주도록 조절 • 이유식의 준비기로 보통 쌀미음부터 시작
생후 5~6개월	• 곡류나 야채 등의 이유식에 익숙해지는 시기(식품을 삶아 체에 거르거나, 으깨거나, 갈아서 부드러운 상태로) • 이유식은 하루에 한번, 먹는 것이 순조로우면 1일 2회 • 1회 식사량은 곡류 30~50g(6~10스푼), 생선이나 육류는 5~10g, 채소류는 10~20g • 이유식 후에 수유는 아이가 원하는 만큼
생후 7~8개월	• 이유식은 하루 2회(오전 10시와 오후 6시) • 단백질이 풍부한 식품(생선, 닭고기, 쇠고기 등)을 먹기 쉽게 조리
생후 9~10개월	• 모유를 줄이거나 떼는 시기(서서히 유아식을 준비하는 기초단계) • 이유식 조리상태는 죽과 진밥 정도 • 식사는 하루 3회, 5시간 간격으로 오전 8시, 오후 1시, 오후 6시 • 이유식 거부 시 조금씩 먹여보고 재료의 모양과 맛의 변화 시도
생후 11~12개월	• 이유식을 끝내고 유아식으로 진행 • 1회 식사는 진밥 1/2공기(100g), 채소 삶은 것 40g 정도, 단백질 계란 1개 또는 생선이나 육류 30g 정도 • 우유는 세끼 식사와 간식을 한다면 1일 약 400mL 정도 • 1일 3회 식사와 2회(10시와 3시경) 간식
생후 13~18개월	• 식사는 매일 규칙적으로 일정한 시간 이용 • 편식이 되지 않도록 여러 가지 음식 맛 익히기 • 식사시간은 30분 정도 • 간식은 소화되기 쉽고 식사량에 지장이 없는 적은 양 • 이유식은 하면서 차츰 어른식사로 전이
생후 19~24개월	• 1회 간식 제공량은 우유 한 컵, 계란 1/5개, 식빵 1/2쪽 정도
생후 25~30개월	• 식사와 간식의 양과 횟수는 1살 때와 비슷 • 간식은 우유, 요구르트, 과일 등 영양 균형을 고려 • 하루 섭취하는 총 열량의 10~20%를 간식으로 섭취
생후 31~36개월	• 식욕이 없거나 편식 하더라도 무리하게 먹이지 않기 • 잘 먹지 않는 영아에게는 식사 양을 적게 여러 번 나누어 주기 • 영아가 좋아할 수 있는 다양한 조리법으로 조리

출처: 식품안전나라 홈페이지 재구성

를 발생시킬 수 있는 가능 식품들(딸기, 토마토, 복숭아, 땅콩, 달걀, 육류, 등푸른 생선 등)을 처음 줄 때에는 순차적으로 1가지씩 경과를 보면서 제공하고 아이의 반응을 민감하게 살핀다.

2) 유아기의 영양관리

유아기는 영아기에 비해 성장 속도는 줄어들지만 신체조절과 자기조절 능력이 발달함에 따라 기능적으로 숙달되고 기본생활습관이 형성되는 중요한 시기이다. 대근육의 발달로 바른 자세로 앉아있을 수 있고, 소근육의 발달로 음식 먹는 도구를 잘 사용할 수 있으며 성인이 먹여주지 않아도 스스로 자립해서 먹을 수 있다. 또한 신진대사 작용이 활발히 이루어지므로 체중당 필요한 에너지와 단백질, 수분의 요구량은 성인보다 더욱 높고, 소화기능의 발달로 성인식과 유사한 음식을 다양하게 섭취할 수 있다. 유아기는 자아의식이 발달하면서 식품에 대한 기호가 생기고 음식에 대한 좋고 싫음이 분명해져 식욕부진이나 편식의 문제가 나타나기 쉽다. 개인의 신체 크기와 활동량에 따라 영양요구량의 차이가 크므로 식품의 질과 양을 고려하여 양질의 단백질과 우유 및 유제품을 중심으로 곡류, 채소류, 과일, 수분 등 균형있는 영양을 섭취할 수 있도록 한다. 특히 철결핍성 빈혈을 예방하기 위해 간, 달걀 노른자, 육류, 어류 등 철이 함유된 식품을 많이 섭취해야 한다. 따라서 건강한 식단 구성을 통해 유아들의 성장을 지원하는 일이 필요하다.

3) 식단

영유아를 위한 식단 구성은 영유아의 일일 영양 섭취 기준량에 근거하여 제철 식재료를 포함한 식품의 다양성, 소화 가능한 정도, 영유아 개별적인 식품의 기호 등을 고려하여 작성한다.

(1) 식단 구성

영유아기 식단 작성 시 고려할 점은 다음과 같다.

- 한 끼 식사구성에 곡류를 비롯하여 채소류, 과일류, 육류, 어류, 콩류, 유제품 등 다섯 가지 기초식품군이 골고루 들어가도록 식단을 구성한다.
- 양질의 단백질과 칼슘을 충분히 공급하기 위해 우유 및 유제품을 반드시 포함한다. 단백질의 1일 권장량의 2/3는 동물성 단백질로 나머지는 양질의 식물성 단백질로 한다.
- 신선한 채소와 과일은 비타민과 무기질의 가장 좋은 급원 식품이므로 매일 충분히 공급한다.
- 천연 식품과 제철 식재료를 사용하고 가공식품 사용을 최소화한다.
- 자극성 있는 향신료나 화학조미료, 설탕의 사용을 제한한다.
- 나트륨을 과하게 사용하여 짜게 만든 음식이나 매운 음식을 제외한다.
- 영유아가 소화하기 쉬운 방식으로 조리한다.
- 영유아기는 식습관이 형성되는 시기이므로 다양한 식품, 다양한 조리법을 경험할 수 있도록 한다.
- 정해진 식사 시간에 규칙적으로 배식한다.
- 식재료 구매 시 급식관리 품질인증을 고려하여 신선하고 안전한 제품을 구매한다.

| 표 11-12 | 어린이집 급식재료 품질 관리 기준

식재료	구분	어린이집 급식재료 품질 관리 기준	관련법령
농산물	일반 사항	원산지 및 지역명이 표시된 농산물(표시 대상 식재료에 한함)	「농수산물의 원산지 표시에 관한 법률」 제5조, 「대외무역법」 제33조
		우수관리인증농산물	「친환경농어업 육성 및 유기 식품 등의 관리·지원에 관한 법률」 제19조
		이력추적관리농산물(국내산에 한함)	「농수산물 품질관리법」 제24조
농산물	일반 사항	농산물표준규격이 "상" 등급 이상인 농산물표준규격이 정해져 있지 않는 경우 상품가치가 "상" 이상에 해당하는 것	「농수산물 품질관리법」 제5조
	쌀	수확연도부터 1년 이내, 도정일로부터 14일 이내	
	전처리 농산물	제품명(내용물의 명칭 또는 품목), 업소명(생산자 또는 생산자단체명), 제조연월일(전처리 작업일 및 포장일), 전처리 전 식재료의 품질(원산지, 생산연도), 내용량, 보관 및 취급방법이 표시된 것	
	수입 농산물	관련 법령에 적합하고, 일반 농산물 및 전처리 농산물에 상당하는 품질을 갖춘 것	「대외무역법」, 「식품위생법」 등
축산물	일반 사항	HACCP을 적용하는 도축장에서 처리된 식육	「축산물위생관리법」 제9조 제2항
		HACCP 적용 작업장으로 지정받은 축산물가공장 또는 식육포장처리장에서 처리된 축산물(수입축산물을 국내에서 가공 또는 포장처리 하는 경우에도 동일하게 적용)	「축산물위생관리법」 제9조 제3항
		이력추적관리축산물(소고기 및 돼지고기에 한함)	
		적합한 조건(냉장 및 냉동, 상온)으로 유통관리된 제품	「축산물위생관리법」 제12조 제4항, 제14조 제1항
	쇠고기	등급판정의 결과 3등급 이상인 한우 또는 육우	「축산법」 제35조
	돼지고기	등급판정의 결과 2등급 이상	「축산법」 제35조
	닭고기	등급판정의 결과 1등급 이상 냉장육	「축산법」 제35조
	계란	등급판정의 결과 2등급 이상, 등급판정일로부터 1개월 이내	「축산법」 제35조
	오리고기	등급판정의 결과 1등급 이상 냉장육	「축산법」 제35조
	수입 축산물	관련법령에 적합하며, 쇠고기, 돼지고기, 닭고기, 계란, 오리고기에 상당하는 품질을 갖춘 것	「대외무역법」, 「식품위생법」, 「축산물위생관리법」 등

식재료	구분	어린이집 급식재료 품질 관리 기준	관련법령
수산물	일반 사항	원산지가 표시된 수산물	「농수산물의 원산지 표시에 관한 법률」 제5조, 「대외무역법」 제33조
		적합한 조건(냉장 및 냉동, 상온)으로 유통관리된 제품	「농수산물 품질관리법」 제29조 제1항
	전처리 수산물	제품명(내용물의 명칭 또는 품목), 업소명(생산자 또는 생산자단체명), 제조연월일(전처리작업일 및 포장일), 전처리 전 식재료의 품질(원산지, 생산연도), 내용량, 보관 및 취급방법이 표시된 것	
	수입 수산물	관련법령에 적합하고 일반수산물 및 전처리 수산물에 상당하는 품질을 갖춘 것	「대외무역법」, 「식품위생법」 등
가공 식품 및 기타	일반 사항	HACCP을 적용하는 업소에서 생산된 가공식품	「식품위생법」 제48조
		영업 등록된 식품제조 · 가공업소에서 생산된 가공식품	「식품위생법」 제37조
		HACCP을 적용하는 업소에서 가공 또는 처리된 축산물 가공품	「축산물위생관리법」 제9조
		제조업소, 유통기한 등이 표시된 축산물 가공품	「축산물위생관리법」 제6조 제1항
		적합한 조건(냉장 및 냉동, 상온)으로 유통관리 된 제품	
	수입 가공식품	관련법령에 적합하고 일반사항에 상당하는 품질을 갖춘 것	「대외무역법」, 「식품위생법」 등

출처: 어린이 · 사회복지급식관리지원센터 홈페이지

- 식단은 영유아 기관에서 자체적으로 작성할 수 있지만, 전국에 분포되어 어린이집과 유치원 집단급식소를 대상으로 위생 및 영양관리를 지원하고 있는 어린이급식관리지원센터에서 제공하는 식단과 연령별 기준 식단 및 영양량을 충족시키는 어린이 맞춤 레시피를 참고하는 것도 좋다.

고양시 어린이·사회복지급식관리지원센터
Children and Social Welfare Meal Management Support Center

2월 식단표 (만0~2세) ○ ○ ○ 어린이집

일자				1(목)	2(금) LOW 당	3(토)
오전간식	※ 출 처 : 고양시어린이·사회복지급식관리지원센터 ※ 발행일 : 2024. 1. 15. ※ 작성자 : ***, ***, ***, *** 영양사 ※ 초록색 괄호 : 대체 제공이 가능한 메뉴 분홍색 괄호 : 추가 제공이 가능한 메뉴 추가 및 대체 메뉴를 제공하지 않는 경우 괄호 메뉴를 제외한 후 공지 및 게시			고구마타락죽2	신선과일(딸기) 또는 경기지원과일	떠먹는(마시는)요구르트2
점심				차조밥 들깨우거지국5.6 안매운제육볶음5.6.10 시금치나물5.6 무절임(잘게썬것은깍두기)9	수수밥 소고기당면국5.6.16 두부양념구이5.6 오이무침 백김치(잘게썬것은배추김치)9	베이컨채소볶음밥5.10 근대된장국5.6 신선과일(토마토12) 무절임(잘게썬것은깍두기)9
오후간식				삶은달걀1&차(보리차)	떡(가래떡)&차(보리차)	미숫가루5&우유2
열량/단백질(kcal/g)				428/22	414/14	331/17
일자	5(월)	6(화)	7(수) 국 없는 날	8(목)	9(금)	10(토)
오전간식	신선과일(바나나) 또는 경기지원과일	떠먹는(마시는)요구르트2	신선과일(귤) 또는 경기지원과일	브로콜리스프2.6 (브로콜리죽5.6)	설날연휴	설날연휴
점심	발아현미밥(백미밥) 무채국5.6 닭살카레조림2.5.6.12.15 버섯파프리카볶음5.6 백김치(잘게썬것은배추김치)9	차조밥 봄동맑은국5.6 삼치구이5.6 (달걀말이1.5) 콩나물톳무침5.6 무절임(잘게썬것은깍두기)9	소불고기덮밥5.6.16 숭늉(유부맑은국5.6) 토마토치즈샐러드2.12 무절임(잘게썬것은깍두기)9 (연근조림5.6)	돈육숙주덮밥5.6.10 미역된장국5.6 청포묵무침5.6 백김치(잘게썬것은배추김치)9		
오후간식	빵(모닝빵1.2.6)&우유2	크림스파게티2.6	미니핫도그1.2.5.6.10	찐단호박&차(보리차)		
열량/단백질(kcal/g)	451/21	486/23	345/13(361/13)	322/15		
일자	12(월)	13(화)	14(수)	15(목)	16(금) LOW 당	17(토)
오전간식	대체공휴일	시리얼&우유2	신선과일(딸기) 또는 경기지원과일	참깨채소죽	신선과일(바나나) 또는 경기지원과일	시리얼&우유2
점심		백미밥 근대맑은국5.6 닭살간장조림5.6.15 애호박당근볶음5.6 무절임(잘게썬것은깍두기)9	연두부버섯덮밥5.6.10 미소맑은국5.6 떡갈비조림5.6.10.16 백김치(잘게썬것은배추김치)9 (청경채무침5.6)	흑미밥(백미밥) 안매운닭개장5.6.15 달걀찜1 건파래볶음5 백김치(잘게썬것은배추김치)9	차조밥 미니우동5.6 닭살버터구이2.15 어린잎채소무침5.6 무절임(잘게썬것은깍두기)9	돈육가지덮밥5.6.10 숭늉 신선과일(포도) 백김치(잘게썬것은배추김치)9
오후간식		미니칼국수5.6	핫케이크1.2.5.6	찐고구마&차(보리차)	떡(무지개떡)&차(보리차)	두유5
열량/단백질(kcal/g)		457/21	468/19(487/19)	420/15	431/18	406/17
일자	19(월)	20(화)	21(수) 먹어보는 날 국 없는 날	22(목)	23(금) LOW 당	24(토)
오전간식	신선과일(키위) 또는 경기지원과일	미숫가루5&우유2	신선과일(바나나) 또는 경기지원과일	치즈채소죽2	신선과일(토마토12) 또는 경기지원과일	떠먹는(마시는)요구르트2
점심	수수밥 유부맑은국5.6 닭살단호박조림5.6.15 오이부추무침 무절임(잘게썬것은깍두기)9	발아현미밥(백미밥) 돈육된장국5.6.10 볶어묵조림5.6 (두부조림5.6) 새송이버섯구이5 무절임(잘게썬것은깍두기)9	소고기청경채유니짜장덮밥 5.6.16 숭늉(달걀국1) 마카로니콘샐러드1.5.6 백김치(잘게썬것은배추김치)9 (무나물5.6)	차조밥 순두부백탕1.5 고등어무조림5.6.7 (돈육무조림5.6.10) 얼갈이나물5.6 백김치(잘게썬것은배추김치)9	수수밥 시금치맑은국5.6 닭살파프리카볶음5.6.15 우엉조림5.6 무절임(잘게썬것은깍두기)9	잔치국수5.6 김가루주먹밥5.6 신선과일(키위) 백김치(잘게썬것은배추김치)9
오후간식	빵(머핀1.2.6)&우유2	로제떡볶이2.6.10.12 (부추전1.5.6)	잼토스트1.2.6	찐감자&차(보리차)	떡(절편)&차(보리차)	시리얼&우유2
열량/단백질(kcal/g)	452/22	475/16	504/14(519/14)	445/19	358/17	423/15
일자	26(월)	27(화)	28(수)	29(목)		
오전간식	신선과일(사과) 또는 경기지원과일	떠먹는(마시는)요구르트2	신선과일(딸기) 또는 경기지원과일	콩비지채소죽5		
점심	흑미밥(백미밥) 콩나물국5 돈육채소조림5.6.10 봄동나물5.6 무절임(잘게썬것은깍두기)9	차조밥 감자국5.6 닭봉구이15(닭안심구이15) 숙주당근무침5.6 백김치(잘게썬것은배추김치)9	훈제오리볶음밥5.6 시래기국5.6 가지전1.5.6 백김치(잘게썬것은배추김치)9 (브로콜리무침5.6)	수수밥 다시마묵국5.6 소고기메추리알장조림 1.5.6.16 애호박나물5.6 백김치(잘게썬것은배추김치)9		
오후간식	빵(롤빵1.2.6)&우유2	유부주먹밥5	수제비6	찐고구마&차(보리차)		
열량/단백질(kcal/g)	442/21	437/21	414/16(427/17)	422/15		

출처: 고양시 어린이사회복지급식관리지원센터 홈페이지

고양시 어린이·사회복지급식관리지원센터 Children and Social Welfare Meal Management Support Center

2월 식단표 (만3~5세) ㅇㅇㅇ유치원

일자				1(목)	2(금) LOW 당
점심	⊜ 출 처 : 고양시어린이·사회복지급식관리지원센터 ⊜ 발행일 : 2024. 1. 15. ⊜ 작성자 : ***, ***, *** 영양사 ⊜ 초록색 괄호 : 대체 제공이 가능한 메뉴 분홍색 괄호 : 추가 제공이 가능한 메뉴 추가 및 대체 메뉴를 제공하지 않는 경우 괄호 메뉴를 제외한 후 공지 및 게시			차조밥 들깨우거지국5.6 안매운제육볶음5.6.10 시금치나물5.6 깍두기(무절임)9 신선과일(사과)	수수밥 소고기당면국5.6.16 두부양념구이5.6 오이무침 배추김치(백김치)9
오후간식				삶은달걀1&차(보리차)	떡(가래떡)&차(보리차)
열량/단백질(kcal/g)				485/27(513/27)	555/20
일자	5(월)	6(화)	7(수) 국없는날	8(목)	9(금)
점심	발아현미밥(백미밥) 무채국5.6 닭살카레조림2.5.6.12.15 버섯파프리카볶음5.6 배추김치(백김치)9	차조밥 순두부찌개5.6 삼치구이5.6 (달걀말이1.5) 콩나물톳무침5.6 깍두기(무절임)9 신산과일(바나나)	소불고기덮밥5.6.16 숭늉(유부맑은국5.6) 토마토치즈샐러드2.12 연근조림5.6 깍두기(무절임)9	돈육숙주덮밥5.6.10 미역된장국5.6 청포묵무침5.6 배추김치(백김치)9 신산과일(딸기)	설날연휴
오후간식	빵(모닝빵1.2.6)&우유2	크림스파게티2.6	미니핫도그1.2.5.6.10	찐단호박&차(보리차)	
열량/단백질(kcal/g)	601/29	650/32(692/32)	496/18	380/21(416/22)	
일자	12(월)	13(화)	14(수)	15(목)	16(금) LOW 당
점심	대체공휴일	백미밥 근대맑은국5.6 닭살간장조림5.6.15 애호박당근볶음5.6 깍두기(무절임)9 신산과일(사과)	연두부버섯덮밥5.6.10 미소맑은국5.6 떡갈비조림5.6.10.16 청경채무침5.6 배추김치(백김치)9	흑미밥(백미밥) 안매운닭개장5.6.15 달걀찜1 건파래볶음5 배추김치(백김치)9 신산과일(귤)	차조밥 미니우동5.6 닭살버터구이2.15 어린잎채소무침5.6 깍두기(무절임)9
오후간식		미니칼국수5.6	핫케이크1.2.5.6	찐고구마&차(보리차)	떡(무지개떡)&차(보리차)
열량/단백질(kcal/g)		537/25	660/26	469/18(488/18)	574/25
일자	19(월)	20(화)	21(수) 먹어보는날 국없는날	22(목)	23(금) LOW 당
점심	수수밥 유부맑은국5.6 닭살단호박조림5.6.15 오이부추무침 깍두기(무절임)9	발아현미밥(백미밥) 돈육된장국5.6.10 볼어묵조림5.6 (두부조림5.6) 새송이버섯구이5 깍두기(무절임)9 신산과일(키위)	소고기청경채유니짜장덮밥 5.6.16 숭늉(달걀국1) 마카로니콘샐러드1.5.6 무나물5.6 배추김치(백김치)9	차조밥 순두부백탕1.5 고등어무조림5.6.7 (돈육무조림5.6.10) 월갈이나물5.6 배추김치(백김치)9 신산과일(사과)	수수밥 시금치맑은국5.6 닭살파프리카볶음5.6.15 우엉조림5.6 깍두기(무절임)9
오후간식	빵(머핀1.2.6)&우유2	로제떡볶이2.6.10.12 (부추전1.5.6)	잼토스트1.2.6	찐감자&차(보리차)	떡(절편)&차(보리차)
열량/단백질(kcal/g)	613/30	553/17(585/17)	699/19	503/24(531/24)	502/24
일자	26(월)	27(화)	28(수)	29(목)	
점심	흑미밥(백미밥) 콩나물국5 돈육채소조림5.6.10 봄동나물5.6 깍두기(무절임)9	차조밥 감자국5.6 닭봉구이15(닭안심구이15) 숙주당근무침5.6 배추김치(백김치)9 신산과일(포도)	훈제오리볶음밥5.6 시래기국5.6 가지전1.5.6 브로콜리무침5.6 배추김치(백김치)9	수수밥 다시마묵국5.6 소고기메추리알장조림 1.5.6.16 애호박나물5.6 배추김치(백김치)9 신선과일(딸기)	
오후간식	빵(롤빵1.2.6)&우유2	유부주먹밥5	수제비6	찐고구마&차(보리차)	
열량/단백질(kcal/g)	603/30	535/25(563/25)	574/23	492/19(528/19)	

출처: 고양시 어린이사회복지급식관리지원센터 홈페이지

- 식단에 따른 식사를 준비할 때 중앙급식관리지원센터나 각 지방자치단체별 어린이사회복지급식관리지원센터를 통해 표준레시피를 제공받아 조리 시 활용할 수 있다.

출처: 중앙급식관리지원센터 홈페이지

(2) 영유아 간식

영유아는 한 번에 섭취할 수 있는 음식의 양이 적어 매일 3회의 식사만으로 필요한 영양요구량을 채우기 어렵다. 또한 끊임없이 움직이는 발달 특성으로 인해 활동량이 많아 쉽게 지칠 수 있으므로 하루 세 끼 식사 외에 2~3회의 간식을 제공한다. 이때 영유아의 성장과 요구에 따라 간식을 횟수와 양을 조정하는 것이 필요하다.

영유아의 간식은 신선한 계절 식품을 중심으로 비타민과 무기질이 풍부하며 적절한 수분을 공급해 줄 수 있어야 한다. 또 시각적으로 흥미를 가질 수 있고 미각적으로도 만족하려면 간식을 담는 용기도 영유아가 좋아하는 캐릭터나 선호하는 색과 모양을 고민하며 선택할 필요가 있다. 탄산음료의 경우, 단맛으로 인해 영유아에게 인기가 많지만 건강을 생각할 때 적절한 메뉴가 아니므로 가급적 제공하지 않는다. 이와 관련하여 고열량 저영양 식품 및 고카페인 함양 식품을 지양하기 위한 어린이기호식품 품질인증제를 시행하여 안전하고 영양을 고루 갖춘 어린이기호식품의 제조 · 가공 · 유통 · 판매를 권장한다.

한편 간식은 정규 식사가 아님을 고려하여 정규 식사에 영향을 주지 않는 식품과, 제공 시간을 반드시 엄수해야 한다. 간식은 정규 식사와 2시간의 간격을 두는 것이 좋다. 즉 기관에서 점심을 12시에 시작한다면 오전 간식은 10시 전에 마무리되어야 한다. 영유아의 건강을 위한 식단은 간식보다는 주식이 우선되어야 하기 때문이다.

어린이기호식품

어린이 기호식품 주요 내용(품질인증기준)

안전에 관한 기준

- 식품 · 축산물안전관리인증기준 (HACCP)에 적합한 식품(가공식품)
  ※식품위생법 제48조, 축산물위생관리법 제9조

영양에 관한 기준

- **과채주스** : 당류를 첨가하지 않은 식품
- **과채주스 외**
  ❶ 1회 제공량당 영양소기준치 적합 여부
  - 열량 250kcal 이하, 포화지방 4g 이하, 당류 17g 이하
  ❷ 단백질, 식이섬유, 비타민, 무기질 중 2개 이상 기준 충족

영양성분		기준
단백질		1회 제공량당 영양소기준치의 10% 이상
식이섬유		
비타민	비타민A	1회 제공량당 영양소기준치의 15% 이상
	비타민B1	
	비타민B2	
	비타민C	

어린이기호식품

어린이 기호식품 인증 절차

인증절차

❶ (신청) 어린이 기호식품 제조 · 가공 하는자가 식품의약품안전처에 신청

❷ (심사) 품질인증심사반을 구성 적합여부 심사

❸ (인증) 인증기준에 적합 시 인증서 발급
: 인증을 받은 날부터 3년

신청절차

식품안전정보포털(http://www.foodsafetykorea.go.kr) ⇨ 온라인 민원신청 ⇨ 조회에서 품질인증 입력 ⇨ 어린이기호식품인증 신청

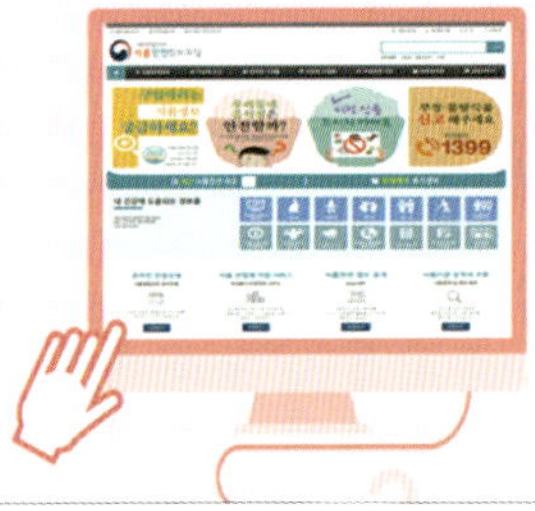

품질인증신청시 구비서류

- 사용한 원재료명 및 성분배합비율
  (품목제조보고서 사본으로 갈음)
- 영양성분 및 식품첨가물 검사성적서
- 「식품위생법」제48조(식품안전관리인증기준) 또는 「축산물위생관리법」 제9조(안전관리인증기준)에 따른 인증서 사본
- 그밖에 품질인증기준에 적합함을 입증할 수 있는 서류 등

출처: 식품의약품안전처 홈페이지

chapter 12

영양교육

언젠가부터 우리의 식탁에는 통곡물, 채소, 과일 등의 신선한 식품이 줄어들고 화려한 광고 속 가공식품, 패스트푸드, 가공육, 도정곡류가 차지하는 비율이 높아졌다. 특히 SNS 활용 빈도가 높은 MZ세대 중에는 외식과 트렌디한 디저트류에 대한 공유문화가 유행하면서 먹거리의 영양적인 측면보다 외형적인 모습을 더 중요시하는 경향이 나타난다. 이런 식문화의 경향을 가진 MZ세대 부모와 교사, 그들의 가치관이 성장하는 아이들의 영양과 건강에 어떤 영향을 미치게 될지 관심을 가질 필요가 있다. 본 장에서는 영양교육의 중요성을 이해하고 영유아의 건강한 성장을 위한 영양교육의 실천 방안을 모색해 본다.

12

1 영양교육의 이해

1) 영양교육의 개념

영양교육은 영양에 대한 개인의 지식, 태도, 행동을 개선하려는 목적으로 이루어지는 학습경험과 교육을 말한다. 즉 영양교육은 학습자에게 단순히 영양에 관한 지식만을 제공하는 것이 아니라 교육을 통해 식생활과 연관된 행동 변화를 이끌어 내려는 실천과학이라 할 수 있다. 그러므로 영유아 영양교육은 건강과 영양 상태의 향상에 도움이 되는 다양한 학습경험을 통해 영유아 스스로 바람직한 식생활 행동을 습득하고 실천하여 습관화할 수 있도록 돕는 것을 의미한다.

2) 영유아기 영양교육의 중요성

영유아기는 인간의 발달과정 중 성장과 발달이 가장 급속하게 진행되는 시기인 만큼 정상적이고 건강한 성장을 이루기 위한 적절한 영양소 공급이 중요하다. 영유아기는 꾸준히 성장하고 발달하는 동안 활동력이 급격하게 증가하고 신체 조절기능 및 뇌와 신경계와 발달이 활발히 일어나는 시기이다. 이 시기 적절한 영양 섭취는 영유아의 신체, 인지, 사회, 정서 발달의 기초에 큰 영향을 미친다(Berk, 2013).

특히 유아기는 영아에 비해 언어가 발달하고 사회성과 인지적 능력이 발달되기 때문에 영양섭취에 대한 식습관을 형성할 수 있는 매우 적절한 시기이다. 따라서 다양한 식생활 체험을 바탕으로 식재료의 근원이 되는 자연에 대한 감사와 타인에 대한 배려를 실천하는 식생활이 될 수 있도록 영양 및 건강에 대한 교육이 지원되어야 한다.

한편 전반적인 사회적 변화에 따른 서구화된 식생활과 맞벌이 가정 증가로 인해 외식문화와 가공 인스턴트 음식의 수요가 급증하고 있다. 우리들의 식사 형태는 급속도로 변화하여 하루 1끼 정도만 집에서 먹거나, 간편식과 배달음식을 이용하는 경우가 많아져 전형적인 한식 형태의 식사패턴은 감소하고 육류나 가공식 위주 혹은 밀가루로 이루어진 면이나 빵을 주식으로 하는 식사패턴이 증가하는 경향을 보인다(보건복지부, 한국영양학회, 2020). 이렇게 변화하는 식생활패턴을 가진 가정에서 성장하는 영유아는 어린 시기부터 소아비만이나 성인병 등의 영양과 관련한 건강 문제를 가지게 될 위험이 높다.

이러한 영양의 불균형으로 발생하는 다양한 건강의 문제는 우리나라뿐만 아니라 세계적인 관심사로 대두되었고 이를 해결하기 위해 각 나라별로 영양을 고려한 식품구성안을 도식화함으로써 균형 잡힌 영양을 섭취에 대한 교육 홍보에 힘쓰고 있다.

우리나라

중국

스위스

독일

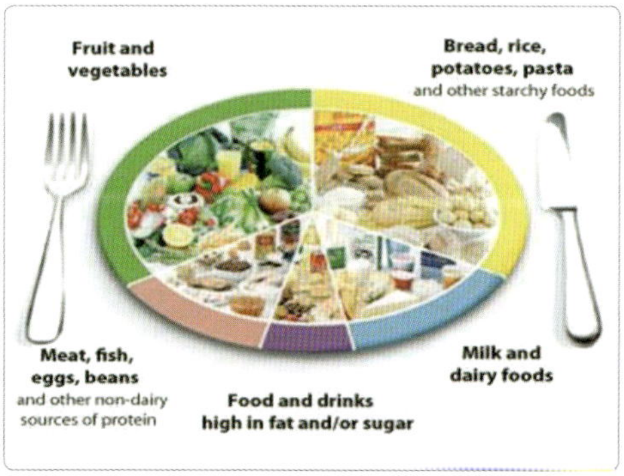

영국

오스트리아

| 그림 12-1 | 각 나라별 영양을 고려한 식품구성안 도식

출처: 보건복지부, 한국영양학회(2020)

2 영양교육의 내용

영양교육은 영유아뿐만 아니라 성인에게도 필요한 교육이다. 왜냐하면 영유아의 발달특성상 식생활을 스스로 관리할 수 없고, 영유아에게 절대적인 영향을 미치는 성인의 계획과 실행에 따라 영유아의 식생활이 대부분 결정되기 때문이다.

1) 성인을 위한 영양교육

영유아의 건강한 성장을 위한 바람직한 식생활 구현을 위해서는 부모나 교사가 자신의 식생활을 돌아보고 건강에 대한 관점을 바로잡는 일이 선행되어야 한다.

기관 차원에서 좋은 영양 프로그램을 실시한다 해도 가정에 있는 부모가 영양적 개념이 부족해서 자연스러운 연계가 이루어지지 않거나, 반대로 가정에서는 균형 잡힌 영양공급을 위해 노력하지만 기관이 매우 허술한 식단으로 영양관리를 소홀히 한다면 가정의 노력은 효과를 발휘하기 어려워진다. 따라서 한 아이의 건강을 공동 책임지고 있는 부모와 교사 모두 영양에 대한 가치를 새롭게 점검하는 과정이 필요하다.

성인을 위한 영양교육은 개인적 차원에서 건강과 영양에 대한 책, 논문 등 전문성 있는 자료를 찾아 공부할 수 있고, 유튜브 등의 동영상을 통한 다양한 정보 습득도 가능하다. 또한 개인이 아닌 지역사회 차원에서 건강 유관 기관이 주최하는 강의나 워크숍 등에 참여하는 방법이 있다. 예를 들어, 지방자치단체 보건소에서 주최하는 '영유아의 영양과 건강'이라는 주제 강의에 참여하는 것이다.

한편 유치원과 어린이집은 부모를 대상으로 건강교육을 계획하여 건강에 대한 지식과 정보를 가정과 공유하여 연계하도록 한다. 이를 위해 입소 시 오리엔테이션을 통해 영유아의 음식 알레르기 등을 포함한 특별한 돌봄이 필요한 식습관 관련 정보를 파악한다. 기관에서는 가정으로부터 공유된 영유아의 건강 정보를 세심히 기록하고 보관하여 건강관리 및 영양교육에 활용한다. 또 하루일과를 시작할 때와 마칠 때 영유아의 건강상태에 대해 정보를 안내하고, 특별히 부모의 큰 관심사인 식사 관련 정보를 자세히 설명한다. 그 외 가정 연계 방안으로 키즈앱, 소식지, 가정통신문, 홈페이지, 부모 참여프로그램, 보조교사 참여 등을 통해 건강과 영양교육에 부모가 참여할 수 있도록 한다.

*** 부모참여 프로그램의 예**

부모참여는 일반적으로 부모가 기관에 와서 준비된 활동에 참여하지만 부모의 참여가 어려운 경우, 줌이나 가정에서 동영상을 촬영하여 공유하는 등 다양한 방법으로 대면과 비대면의 장점을 활용하여 진행한다. 기관 참여의 예로 '아빠와 나는 건강 요리사' 라는 제목의 활동을 계획하고 다양한 식재료를 준비하여 아이와 아빠가 함께 요리를 한다. 엄마는 완성된 요리의 맛을 보며 만든 요리에 어울리는 이름의 상을 만들어 시상한다. '사랑스러운 맛', '기분이 좋아지는 맛', '웃음이 나는 맛' 등의 이름으로 영유아가 건강한 음식에 관심을 가지며 스스로를 자랑스럽게 여길 수 있도록 진행한다.

다음은 한국영양학회에서 제공하는 성인영양지수 확인 자료로 부모나 교사 자신의 영양 상태를 점검하기 위한 내용이다.

| 표 12-1 | 성인 영양지수(NQ) 설문지

1. 귀하는 한 번 식사할 때 김치를 제외한 채소류를 몇 가지나 드십니까? (　　)

· 시금치나물, 콩나물, 미역나물, 쌈채소, 김구이, 시래기 국 등 나물이나 국, 찌개를 통해 섭취한 채소는 모두 포함합니다.
· 한번 섭취할 때 분량은 다음을 참고해주세요.
- 나물류(시금치, 콩나물 등) 작은 1접시, 상추 5장, 김구이 전체 1장(자른 것 6장)
- 국이나 찌개 1대접

① 먹지 않는다　② 1가지
③ 2가지　④ 3가지
⑤ 4가지 이상

2. 귀하는 과일을 얼마나 자주 드십니까? (　　)

· 과일을 직접 갈아 먹는 것도 포함됩니다.
· 한 번에 해당하는 양은 다음을 참고해주세요.
- 사과 1/2개, 귤(중) 1개, 참외 1/2개, 포도 1/3송이, 수박 1조각(10cm 길이 부채꼴 모양)
- 생과일 주스 1/2컵

① 2주일에 1번 이하　② 일주일에 1-3번
③ 일주일에 4-6번　④ 하루에 1번
⑤ 하루에 2번 이상

3. 귀하는 우유 또는 유제품을 얼마나 자주 드십니까? (　　)

· 한번에 해당하는 양은 다음을 참고해주세요.
- 우유 1컵(1팩, 200mL), 슬라이스 치즈 1장
- 마시는 요구르트 1병, 떠먹는 요구르트(요플레 등) 1개

① 2주일에 1번 이하　② 일주일에 1-3번
③ 일주일에 4-6번　④ 하루에 1번
⑤ 하루에 2번 이상

4. 귀하는 콩이나 콩 제품을 얼마나 자주 드십니까? (　　)

· 콩제품에는 두부, 두유, 된장, 청국장, 콩비지 등이 해당하며, 밥에 들어있는 콩도 해당됩니다.
· 한번 섭취할 때 분량은 다음을 참고해주세요.
- 포장두부 1/4모, 판두부 1/6모, 두유 1컵, 콩조림 작은 1접시

① 2주일에 1번 이하　② 일주일에 1-3번
③ 일주일에 4-6번　④ 하루에 1번
⑤ 하루에 2번 이상

5. 귀하는 달걀을 얼마나 자주 드십니까? (　　)

· 계란이나 메추리알 등이 해당됩니다.
· 한 번에 해당되는 양은 다음을 참고해주세요.
- 계란 1개, 메추리알 5개

① 2주일에 1번 이하　② 일주일에 1-3번
③ 일주일에 4-6번　④ 하루에 1번
⑤ 하루에 2번 이상

6. 귀하는 육류 또는 가금류를 얼마나 자주 드십니까? (   )

· 소고기, 돼지고기, 닭고기, 오리고기, 햄 등이 해당됩니다.
· 한 번에 해당되는 양은 다음을 참고해주세요.
- 소고기 탁구공 크기 1토막, 닭고기 1토막

① 2주일에 1번 이하
② 일주일에 1-3번
③ 일주일에 4-6번
④ 하루에 1번
⑤ 하루에 2번 이상

7. 귀하는 생선이나 조개류를 얼마나 자주 드십니까? (   )

· 각종 생선, 조개류 이외에 오징어 새우, 멍게 등의 해산물이 해당됩니다.
· 한 번에 해당하는 양은 다음을 참고해주세요.
- 생선 작은 1토막, 새우(중간크기) 5마리
- 건새우볶음, 오징어채볶음 작은 1접시

① 2주일에 1번 이하
② 일주일에 1-3번
③ 일주일에 4-6번
④ 하루에 1번
⑤ 하루에 2번 이상

8. 귀하는 곡류를 얼마나 자주 드십니까? (   )

· 백미, 현미, 보리, 감자, 과자, 밀가루, 면, 빵 등이 해당됩니다.
· 한 번에 해당되는 양은 다음을 참고해주세요.
- 쌀밥 1공기, 옥수수 2/3개, 도토리묵 1/2모, 삶은국수 1공기, 떡국용 떡 1컵, 식빵 2쪽

① 거의 먹지 않는다
② 하루에 1-2번
③ 하루에 3번
④ 하루에 4번
⑤ 하루에 5번 이상

9. 귀하는 견과류를 얼마나 자주 드십니까? (   )

· 잣, 땅콩, 아몬드, 호두 등이 해당합니다.
· 한 번에 해당하는 양은 다음을 참고해주세요.
- 땅콩조림 작은 1접시, 하루견과 1봉지(25g), 아몬드 15알 정도, 땅콩 20알 정도

① 거의 먹지 않는다
② 2주일에 1번
③ 일주일에 1-3번
④ 일주일에 4-6번
⑤ 하루에 1번 이상

10. 귀하는 유지류(액체 또는 고체)를 얼마나 자주 드십니까? (   )

· 한번에 해당하는 양은 다음을 참고해주세요.
- 숟가락 1스푼

① 2주일에 1번 이하
② 일주일에 1-3번
③ 일주일에 4-6번
④ 하루에 1번
⑤ 하루에 2번 이상

11. 귀하는 당류를 얼마나 자주 드십니까? (　　)

· 가당음료 : 당을 첨가한 모든 음료 및 식품을 말하며, 단매실차, 유자차, 믹스커피, 콜라 등 또는 사탕, 초콜릿 등이 포함됩니다.
· 한 번에 해당하는 양은 음료의 경우 종이컵 1잔입니다.

① 먹지 않는다　② 1가지
③ 2가지　④ 3가지
⑤ 4가지 이상

12. 귀하는 아침식사를 얼마나 자주하나요? (　　)

· 빵, 선식, 죽, 시리얼(예: 콘푸레이크, 후르츠푸레이크) 등을 먹은 경우는 식사를 한 것으로 합니다.
· 단, 우유, 주스, 과일만 먹은 경우는 식사를 하지 않은 것으로 합니다.

① 2주일에 1번 이하　② 일주일에 1-3번
③ 일주일에 4-6번　④ 하루에 1번
⑤ 하루에 2번 이상

13. 귀하는 하루에 물을 얼마나 자주 마십니까? (　　)

· 생수를 포함하여 보리차, 둥글레차, 녹차, 달지 않은 잎차 등을 끓여서 마시는 것도 해당합니다.
· 한 번에 해당하는 양은 종이컵 1잔입니다.

① 2주일에 1번 이하　② 일주일에 1-3번
③ 일주일에 4-6번　④ 하루에 1번
⑤ 하루에 2번 이상

14. 귀하는 평소에 편식을 얼마나 하십니까? (　　)

· 단순히 싫어서, 혹은 알레르기나 아토피, 종교적 이유, 채식주의 등의 이유로 섭취하지 않는 식품이 있는 경우가 해당됩니다.

① 2주일에 1번 이하　② 일주일에 1-3번
③ 일주일에 4-6번　④ 하루에 1번
⑤ 하루에 2번 이상

<자료 출처>
이정숙 · 김혜영(A) · 황지윤 · 권세혁 · 정해랑 · 곽동경 · 강명희 · 최영선. 한국 성인을 위한 영양지수 개발과 타당도 검증. 한국영양학회 2018;51(4):340-356.

출처: 보건복지부, 한국영양학회(2020)

성인이 필요한 영양 섭취를 위해 식단을 작성할 때, 참고할 수 있는 자료를 제공하는 것이 필요하다. 예로, 주로 먹는 식사 메뉴의 열량을 소개하거나 성인이 섭취해야 하는 식품군의 1회 분량 정보를 제시한다.

30대 여성의 1,900kcal B형 권장식사패턴에 따른 식단 구성

메뉴	분량	아침	점심	저녁	간식
					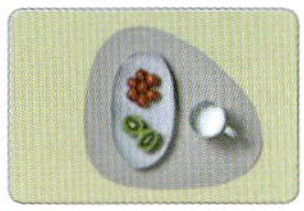
곡류	3회	쌀밥 210g(1)	소면 90g(1)	잡곡밥 210g(1)	
고기·생선·달걀·콩류	4회	닭고기 60g(1) 돼지고기 30g(0.5)	달걀 60g(1)	대구 70g(1) 두부 40g(0.5)	
채소류	3회	파 35g(0.5) 브로콜리 35g(0.5) 미역줄기 35g(0.5) 깍두기 40g(1)	열무김치 20g(0.5) 당근 35g(0.5) 양파 35g(0.5) 동치미 40g(1)	무 35g(0.5) 숙주나물 35g(0.5) 배추김치 40g(1)	방울토마토 70g(1)
과일류	2회		오렌지 100g(1)		키위 100g(1)
우유·유제품류	1회				우유 200mL(1)
유지·당류	4회	유지 및 당류는 조리 시 가급적 적게 사용 할 것을 권장함			

식품군	1인 1회 분량					
곡류	 쌀밥 (210g)	 백미 (90g)	 국수 (말린 것) (90g)	 냉면국수(말린 것) (90g)	 가래떡 (150g)	 식빵 1쪽* (35g)
고기·생선·달걀·콩류	 쇠고기 (생 60g)	 닭고기 (생 60g)	 고등어 (생 70g)	 대두 (20g)	 두부 (80g)	 달걀 (60g)

*표시는 0.3회

식품군	1인 1회 분량					
채소류	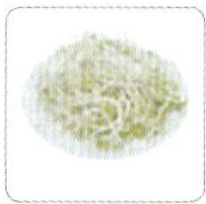 콩나물 (생 70g)	 시금치 (생 70g)	 배추김치 (생 40g)	 오이소박이 (생 40g)	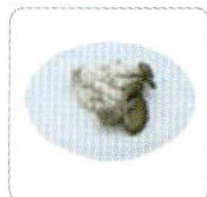 느타리버섯 (생 30g)	 미역 (마른 것) (10g)
과일류	 사과 (100g)	 귤 (100g)	 참외 (150g)	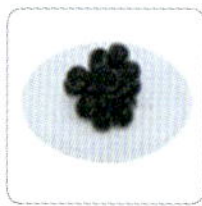 포도 (100g)	 수박 (150g)	 대추 (말린 것) (15g)
우유· 유제품류	 우유 (200ml)	 치즈 1장 (20g)	 호상요구르트 (100g)	 액상요구르트 (150g)	 아이스크림/셔벗 (100g)	
유지·당류	 콩기름 1작은술 (5g)	 버터 1작은술 (5g)	 마요네즈 1작은술 (5g)	 커피믹스 1회 (12g)	 설탕 1큰술 (10g)	 꿀 1큰술 (10g)

| 그림 12-2 | 30대 여성의 1,900kcal B형 권장식사패턴에 따른 식단 구성

출처: 한국영양학회 홈페이지

앞에서 자신의 성인 영양지수를 확인하고 기본적인 식단작성에 대한 정보를 검토한 후, 균형잡힌 식사 실천을 위한 개인적인 계획을 작성한다.

| 표 12-2 | 균형잡힌 식사, 실천해보기 활동자료

나의 목표

나는 매일 ____________________________________ 다.

나의 목표 달성을 위해 천천히, 한 걸음씩!

* 목표 작성 시 고려할 점
- 식사패턴에서 나타난 문제점을 해결할 수 있는 목표를 세웁니다.
- 목표는 구체적이어야 하며 목표 달성에 어느 정도의 노력이 필요한지를 고려합니다. 너무 많은 노력을 필요로 하거나 너무 쉽게 달성할 수 있는 목표는 바람직하지 않습니다.
- 너무 먼 시점의 목표보다는 가까운 시점을 기준으로 구체적인 목표를 세웁니다.

나의 주간 실천 기록

실천계획	월	화	수	목	금	토	일
1.							
2.							
3.							

* 목표 달성을 위해 수업 후 바로 또는 뒷날 실천 가능한 계획을 세웁니다.

목표 달성 시 나에게 일어날 좋은 점을 적어보세요.

실천 소감은 어떤가요? 각 항목에 대해 평가해보세요.

항목	매우 그렇다	그렇다	그저그렇다	아니다	전혀 아니다
실천 계획은 목표 달성에 유용했는가?					
실천 계획을 실행하는 것이 힘들었는가?					
실천 계획을 계속 실행할 수 있는가?					

취학 전 유아 자녀가 있는 부모를 대상으로 자녀에 대한 영양지수를 체크함으로써 영양에 대한 자녀의 상태를 객관적으로 파악하고 가정 내 영양 상태를 점검해 본다.

| 표 12-3 | 취학전 아동(만3~5세) 영양지수 조사지

취학전 어린이(만 3~5세) 영양지수 조사지

▶ 본 조사는 귀 자녀의 영양상태와 식행동을 간단하게 평가하기 위한 영양지수 계산에 사용될 것입니다. 귀 자녀가 가정에서는 물론, 어린이집/유치원이나 외식에서 먹는 것도 모두 포함해서 답해 주시기 바랍니다.

1 귀하의 자녀는 한 번 식사할 때 **채소류 반찬(김치포함)**을 몇 가지나 먹나요?

① 거의 먹지 않는다
② 1가지
③ 2가지
④ 3가지
⑤ 4가지 이상

2 귀하의 자녀는 **과일**을 얼마나 자주 먹나요?

① 2주일에 1번 이하
② 일주일에 1~3번
③ 일주일에 4~6번
④ 하루에 1번
⑤ 하루에 2번 이상

3 귀하의 자녀는 **흰 우유나 유제품(치즈, 플레인 요거트)**을 얼마나 자주 먹나요?

① 거의 먹지 않는다
② 일주일에 1~3번
③ 일주일에 4~6번
④ 하루에 1번
⑤ 하루에 2번 이상

4 귀하의 자녀는 **육류(쇠고기, 돼지고기, 닭고기, 오리고기 등)**를 얼마나 자주 먹나요?

① 거의 먹지 않는다
② 2주일에 1번 정도
③ 일주일에 1~3번
④ 일주일에 4~6번
⑤ 하루에 1번 이상

5 귀하의 자녀는 **생선이나 조개류(오징어, 굴, 새우 등 포함)**를 얼마나 자주 먹나요?

① 거의 먹지 않는다
② 2주일에 1번 정도
③ 일주일에 1~3번
④ 일주일에 4~6번
⑤ 하루에 1번 이상

6 귀하의 자녀는 **달걀(메추리알 포함)**을 얼마나 자주 먹나요?

① 거의 먹지 않는다
② 2주일에 1번 정도
③ 일주일에 1~3번
④ 일주일에 4~6번
⑤ 하루에 1번 이상

7 귀하의 자녀는 **콩이나 두부(두유 포함)**를 얼마나 자주 먹나요?

① 거의 먹지 않는다
② 2주일에 1번 정도
③ 일주일에 1~3번
④ 일주일에 4~6번
⑤ 하루에 1번 이상

8 귀하의 자녀는 **단맛이 있는 간식(과자, 초콜릿, 젤리, 아이스크림, 케이크 등)이나 단 음료(탄산음료, 착향음료 등)**를 얼마나 자주 먹나요?

① 거의 먹지 않는다
② 2주일에 1번 정도
③ 일주일에 1~3번
④ 일주일에 4~6번
⑤ 하루에 1번 이상

9 귀하의 자녀는 **기름진 음식(감자칩, 핫도그, 너겟 등)**을 얼마나 자주 먹나요?

① 거의 먹지 않는다
② 2주일에 1번 정도
③ 일주일에 1~3번
④ 일주일에 4~6번
⑤ 하루에 1번 이상

10 귀하의 자녀는 **패스트푸드(피자, 햄버거, 닭튀김 등)**를 얼마나 자주 먹나요?

① 거의 먹지 않는다
② 2주일에 1번 정도
③ 일주일에 1~3번
④ 일주일에 4~6번
⑤ 하루에 1번 이상

11 귀하의 자녀는 **햄, 소시지, 베이컨 등의 가공육류**를 얼마나 자주 먹나요?

① 거의 먹지 않는다
② 2주일에 1번 정도
③ 일주일에 1~3번
④ 일주일에 4~6번
⑤ 하루에 1번 이상

12 귀하의 자녀는 **아침 식사**를 얼마나 자주 하나요?

① 거의 먹지 않는다
② 일주일에 1~2번
③ 일주일에 3~4번
④ 일주일에 5~6번
⑤ 매일

13 귀하의 자녀는 **음식을 먹기 전에 손을 씻나요?**

① 전혀 씻지 않는다
② 씻지 않는 편이다
③ 보통이다
④ 씻는 편이다
⑤ 항상 씻는다

14 귀하의 자녀는 식사할 때 **돌아다니거나, TV, 스마트폰, 게임 등을 하면서** 식사하는 편인가요?

① 전혀 그렇지 않다
② 그렇지 않는 편이다.
③ 보통이다
④ 그렇다
⑤ 매우 그렇다

15 귀하의 자녀는 **운동(어린이집(유치원), 실내·외 운동 교실, 가정 내 운동 포함)**을 얼마나 자주 하나요?

① 하지 않는다
② 일주일에 1~2번
③ 일주일에 3~4번
④ 일주일에 5~6번
⑤ 매일

출처: 한국영양학회 홈페이지

2) 영유아를 위한 영양교육

(1) 영유아 영양교육의 내용

영유아는 신진대사가 활발히 일어나고 기초적인 성장에 필요한 에너지가 많이 필요하므로 충분한 영양섭취가 요구된다. 또 이 시기는 식품에 대한 선호도가 뚜렷하게 나타나기 때문에 균형 잡힌 영양섭취를 위해 골고루 먹고 적절한 음식을 선택하도록 기본적인 영양 지식과 태도를 익혀야 한다. 따라서 매일의 식사나 간식 시간을 통해 영유아에게 영양교육을 실시하고, 식품에 관한 이야기 나누기, 다양한 식재료를 활용한 요리, 관련 책읽기 등을 통해 음식과 영양과 건강의 관계를 이해할 수 있는 기회를 풍성하게 제공한다.

일반적으로 영유아에게 필요한 영양교육을 실행하기 위해 교사는 교육의 목표를 정하고 내용을 선정한 후 교수-학습 및 평가를 계획한다. 이때 영유아의 흥미와 관심을 유발할 수 있는 다양한 교수-학습 방법 및 매체를 활용하게 되는데 이 방법은 영양교육뿐만 아니라 건강관련 교육 전반에 거쳐 공통적으로 적용된다. 영양교육에서 다루는 내용은 본 교재에서 살펴본 다음의 내용을 기초로 구성한다.

- 식생활지도: 영아와 유아의 발달 특성을 고려한 식생활 지도원리
- 식습관 문제해결: 영유아기에 나타나는 식욕부진, 편식, 비만, 식품 알레르기의 원인 및 지도방안
- 영양소와 영양섭취 기준: 영양소의 중요성과 우리 몸을 구성하는 탄수화물, 지방, 단백질 3대 주요 영양소를 비롯한 여러 가지 영양소의 특성과 필요량
- 영양관리: 수유, 이유식을 하는 영아기와 유아기의 영양
- 식단: 식사의 기초가 되는 식단작성 시 고려사항과 어린이기호식품 인증

(2) 영유아 영양교육의 지도방법

영양교육은 개념을 직접적으로 가르쳐야 한다는 생각보다 간식과 식사를 포함한 일상생활의 다양한 경험이나 활동 그리고 아이로부터 자연스럽게 시작한 놀이를 통해 형성하도록 하는 것이 바람직하다. 또 영유아 대상 영양교육은 한 가지 활동만으로 이루어지기보다 통합적 접근에 의해 효과적으로 이루어진다. 따라서 영유아의 흥미와 관심에 기반하여 여러 가지 지도방법을 통합하여 지도한다.

① 간식과 식사 활용하기

영양교육을 위한 가장 효과적인 방법은 유치원과 어린이집 하루일과 중 일상생활에서 이루어지는 간식과 식사 시간을 활용하는 것이다. 영유아는 날마다 준비되는 다양한 음식을 오감으로 경험하는 가운데, 자연스럽게 먹거리에 관심을 가지고 즐겁게 음식 속 영양에 대한 지식을 쌓아간다. 친구에 관심이 많아지는 유아의 경우 간식과 식사 시간은 또래를 관찰하면서 바람직한 식생활 태도를 기를 수 있는 좋은 기회이다. 간식과 식사 시간을 통해 아이들끼리 주어진 음식을 골고루 잘 먹는 친구를 선정하여 '오늘의 영양왕'으로 명명하고 교사를 도와 간식이나 식사 배식을 돕는 기회를 주어 스스로 골고루 잘 먹는 것에 흥미를 가지도록 한다.

② 동화책 활용하기

그림책은 교육현장에서 일상적으로 활용되는 교수방법이자 교수매체이며, 영유아가 가장 좋아하는 교육 자료다. 교사가 직접 제작하지 않아도 현재 서점에서 시판되는 관련 주제 그림책을 활용하여 영양교육을 계획하고 실행함으로써 영유아의 흥미를 높일 수 있다.

- 영유아의 연령을 고려하여 흥미를 느낄만한 영양 관련 그림책을 선정한다.
- 함께 책을 읽으면서 책 내용과 관련된 영유아의 경험을 자연스럽게 이야기한다.
- 교사는 아이의 반응을 고려하며 영양 관련 지식과 정보를 제공한다.
- 이후 다양한 유형의 활동과 연계하여 통합적으로 접근한다. 예를 들어, 언어영역에서 책 읽기뿐만 아니라 음률에서 노래부르기, 악기연주 등으로 관심 있는 책 내용을 표현하고, 과학 활동으로 요리를 할 수 있다. 또 수학 활동으로 좋아하는 음식 그래프를 만든다. 그림책 외에 막대동화, 융판동화, 자석동화, 막대동화 등 다양한 형태의 동화자료를 활용한다.

난 토마토 절대 안 먹어

냠냠 맛있는 우리집 냉장고

앙글방글 케이크

브로콜리지만 사랑받고 싶어

나도 편식할 거야

밥 한 그릇 뚝딱!

| 그림 12-3 | 영양교육에 활용할 수 있는 그림책의 예

출처: 교보문고 인터넷 서점 홈페이지

(3) 이야기 나누기

이야기 나누기는 교사가 아이와 함께 경험과 생각 나누기, 규칙 만들기, 설명하기와 시연하기, 하루 일과를 계획하고 평가하는 등 다양한 주제에 대해 자유롭게 의견을 제시하고 토의하는 시간을 의미한다. 지도방법의 특성상 영아보다 유아에게 주로 활용하는 방법이다.

이야기 나누기는 건강에 대한 주제로 서로의 생각과 경험을 나누면서, 건강을 유지하고 증진시킬 수 있는 방법에 대해 알아보는 기회를 제공한다. 이 과정을 통해 건강에 대한 자신의 생각을 자유롭게 표현하고 건강과 관련한 올바른 사고와 태도를 가질 수 있다.

이야기 나누기는 자칫 주제에 대한 교사의 일방적인 설명으로 이루어지기 쉬운

데, 아이가 함께 그 주제에 참여하는 것이 중요하다. 영유아는 주의집중 시간이 짧으므로 짧게는 10분 미만에서 길어도 30분을 넘어가지 않도록 진행하고, 요구나 흥미 정도에 따라 융통성 있게 운영한다. 유아의 경우, 영아에 비해 향상된 언어와 인지발달에 근거하여 건강과 영양에 관련한 자신의 경험으로부터 이야기 나누기를 시작할 수 있다. 이때 교사는 유아의 표현을 경청하고, 상황에 따라 유아의 사고가 확산될 수 있는 질문을 통해 유아가 스스로 충분히 생각하고 표현할 수 있는 기회를 준다. 또 효과적인 이야기 나누기를 위해 유아의 관심을 집중할 수 있는 관련 자료를 준비한다.

| 그림 12-4 | 식품구성 자전거 자료의 예

출처: 보건복지부, 한국영양학회(2020)

(4) 소꿉놀이

놀이는 영유아의 삶에 필수적인 요소이다. 현재 우리나라 교육과정은 놀이 중심으로 이루어지고 있고, 유치원과 어린이집에 등원한 영유아는 자신의 흥미를 바탕으로 하고 싶은 놀이를 자유롭게 선택하여 진행하는 자유놀이를 즐긴다. 실제 기관에서 하루일과 중 가장 많은 시간은 놀이하는 시간이므로 놀면서 영양에 대해 알 수 있도록 하는 지원하는 것이 필요하다. 소꿉놀이는 영유아가 관심 있는 주제를 중심으로 가상적 상황에서 역할을 맡아서 놀이한다는 점에서 상상력과 창의력 사고 등 영유아의 사고능력을 개발하는 데 기여한다. 영양교육은 구체적이고 실제적인 상황에서 이루어질 때 더 효과적이므로 소꿉놀이를 통해 영양교육의 내용을 보다 쉽게 이해하고 받아들일 수 있다. 예로 음식점 놀이, 아기 밥 먹이는 놀이, 영양 도시락 만들기 등 식재료와 음식을 주제로 놀이를 즐기도록 한다.

(5) 수과학 활동

영양 교육과 관련한 수과학 활동으로 교사가 계획한 게임과 요리, 텃밭 가꾸기를 들 수 있다. 게임은 2명 이상의 유아가 정해진 규칙을 지키고 또래와 상호작용을 통해 적절하게 반응하는 방법과 타인에 대한 이해와 협력을 연습할 수 있는 좋은 기회이다. 영양교육에서 게임을 활용할 때 교사는 유아의 흥미와 요구를 고려하여 게임의 주제와 유형을 선택한다. 또한 가급적 교사의 개입을 줄이고 유아들이 자발적으로 게임을 이끌어 가는 가운데 새로운 규칙을 만들어가며 활발한 상호작용이 일어나도록 지원한다.

요리가 영아에게는 엄마 흉내 내기의 의미가 있다면, 유아에게는 요리 재료 탐색과 요리과정을 통해 물질의 변화를 경험하는 과학 활동의 한 유형이다. 요리활동은 만든 음식을 시식하며 마무리되기 때문에 아이 입장에서 요리는 단순한 과학활동의 차원의 넘어 먹는 즐거움이 배가되는 의미 있는 경험이다. 교사는 아이와 요리를 하면서 식재료와 만들어진 음식이 우리 몸에 얼마나 중요한 역할을 하는지에 대해 즐겁게 상호작용한다.

텃밭가꾸기는 영유아가 실외에서 영양 관련 경험을 할 수 있는 좋은 장이다. 영유아가 유치원과 어린이집 기관 내 텃밭에서 식물을 가꾸며 건강한 식재료에 대한 관심을 가질 수 있고, 분양된 텃밭을 활용하여 가족 단위로 텃밭 체험에 참여할 수도 있다.

한편 텃밭에서 수확한 식물을 이용하여 요리의 식재료로 사용하는 경험은 영양교육을 위한 효과적인 방법임과 동시에 영유아가 야채에 대한 편식을 개선할 수 있는 접근방법이다. 예로 평소 상추를 좋아하지 않던 아이가 친구들과 텃밭에서 기른 상추를 직접 뜯고 씻어서 점심 식사 시간에 먹어보는 경험을 통해 채소에 대한 거부감을 줄일 수 있다.

그 외 영유아가 자발적으로 선택한 실내외 놀이와 교사가 아이들의 흥미를 반영하여 계획한 활동 참여를 통해 다양한 영양교육의 효과를 가져올 수 있다.

| 그림 12-5 | 다양한 활동에 활용할 수 있는 식품구성자전거 도안

출처: 보건복지부, 한국영양학회(2020)

(6) 현장학습

현장견학은 영유아가 감각적 체험을 통해 영양개념을 구체적으로 이해하고, 건강

증진에 대한 동기를 부여하는 데 도움을 준다. 현장학습이 효율적으로 이루어지기 위해 교사는 견학 장소를 사전답사하여 아이들이 구체적으로 체험할 수 있는 것이 무엇인지 확인하며 자원봉사자 배치, 오가는 차량과 간식 등을 준비한다.

예로 지방자치단체에서 운영하는 어린이건강식생활 체험관을 견학할 수 있다. 프로그램 내용은 지방자치단체별로 다양하게 구성되어 운영되는데, 2024년 상반기에 운영되는 용인시 체험관 프로그램의 경우, 우리 몸을 건강하게 해주는 채소 알아보기, 과일 찾아보기, 장바구니에 건강한 식품 담아보기, 나만의 튼튼한 밥상 차려보기, 음식이 어떻게 소화가 되는지 알아보기 등으로 구성된다. 예약은 인터넷으로 진행되고, 영양교육(30분)과 체험관 자유활동(20분)에 참여한다.

| 그림 12-6 | 어린이건강식생활 체험관(용인시)

출처: 용인시 어린이건강식생활 체험관 홈페이지

참고문헌

강순희, 손수민, 윤매자, 한서연, 황현숙 (2020). **영유아 발달**. 서울: 창지사.

경기도 교육청 (2021). 유치원급식 업무매뉴얼.

경기도 육아종합지원센터 (2023a). 영유아 기본생활습관지도 가이드북 1권 – 우리아이 식습관.

경기도 육아종합지원센터 (2023b). 영유아 기본생활습관지도 가이드북 2권 – 우리아이 수면.

경기도 육아종합지원센터 (2023c). 영유아 기본생활습관지도 가이드북 3권 – 우리아이 배변.

경기도청 홈페이지. https://www.gg.go.kr/

고양시 어린이사회복지급식관리센터 홈페이지. https://www.childfoodgy.co.kr/

교보문고 인터넷 서점 홈페이지. https://product.kyobobook.co.kr/

교육부, 보건복지부 (2019). 2019 개정 누리과정 해설서.

구로구청 보건소 홈페이지. https://www.guro.go.kr/health/contents.do?key=1409

국민건강보험공단 홈페이지. https://www.nhis.or.kr/nhis/index.do

국민재난안전포털 홈페이지. https://www.safekorea.go.kr/idsiSFK/neo

내외뉴스통신 기사 (2023년 3월 26일). 전국 일본뇌염 주의보 충북 감염병 매개 모기 감시 강화 https://www.nbnnews.co.kr/news/articleView.html?idxno=750047

네이버 지식백과. https://terms.naver.com/

대한소아알레르기호흡기내과 (2008). 소아청소년 아토피 피부염 진료가이드라인.

대한소아알레르기호흡기학회 홈페이지. https://www.kapard.or.kr/

대한소아청소년과학회 홈페이지. https://www.pediatrics.or.kr/

대한심폐소생협회 홈페이지. https://www.kacpr.org/

류경화, 정명순, 지주영 (2008). **영유아건강교육의 이론과 실제**. 서울: 동문사.

베이비뉴스 기사 (2020년 1월 29일). '권위적인' 부모와 '권위 있는' 부모의 차이. https://www.ibabynews.com/news/articleView.html?idxno=81800

보건복지부 (2011). 어린이집건강관리매뉴얼.

보건복지부 (2020). 제4차 어린이집 표준보육과정 해설서.

보건복지부 (2024a). 2024년 보육사업안내.

보건복지부 (2024b). 2024년 보육사업안내 부록.

보건복지부 공식 트위터. https://twitter.com/mohuopr

보건복지부, 대한소아과학회 (2016). **어린이집 건강 관리 매뉴얼**. 서울: 진한엠앤비.

보건복지부, 질병관리본부 (2017). 2017 소아청소년 성장도표 해설집.

보건복지부, 질병관리청, 국민건강보험 (2022). 구강검진 검진치과의사 상담 매뉴얼.

보건복지부, 코로나바이러스감염증-19 (2024). https://ncov.kdca.go.kr

보건복지부, 한국보육진흥원 (2023). 영유아 권리존중 상호작용의 비법.

보건복지부, 한국영양학회 (2020a). 2020 KDRIs 활용교육을 위한 교수학습 과정안.

보건복지부, 한국영양학회 (2020b). 2020 한국인 영양소 섭취기준.

부산광역시 일생활균형지원센터 홈페이지. https://www.wlb.or.kr/bwlbc/CMS/Contents/Contents.do?mCode=MN282

서울대학교병원 의학정보. http://www.snuh.org/

서울아산병원 질환백과. https://www.amc.seoul.kr/asan/healthinfo/disease/diseaseSubmain.do

서울아산병원 홈페이지. https://www.amc.seoul.kr/asan/main.do

서울연합뉴스 기사 (2023년 7월 29일). 아기 낮잠 맘껏 자게 해야…"인지능력 따라 낮잠 필요량 달라". https://www.yna.co.kr/view/AKR20230728073400518

서울특별시 장애인 치과병원 홈페이지. https://sdh.go.kr/hospitalInfo/hosInfo/_/view.do

서천석 (2014). **우리아이 괜찮아요**. 서울: 위즈덤하우스.

세종특별자치시어린이급식관리지원센터 홈페이지. https://ccfsm.foodnara.go.kr/sejong

소방청 홈페이지. https://www.nfa.go.kr/

식품안전나라 홈페이지. https://www.foodsafetykorea.go.kr/portal/

식품의약품안전처 (2024a). 2024년 식품안전관리지침.

식품의약품안전처 (2024b). 영양성분 및 알레르기 유발 식품.

식품의약품안전처 홈페이지. https://www.mfds.go.kr

식품의약품안전평가원 (2020). 코로나19 예방을 위해 올바른 체온계 사용법 보도자료. https://www.nifds.go.kr/brd/m_21/view.do?seq=12859

어린이 · 사회복지급식관리지원센터 홈페이지. https://dietary4u.mfds.go.kr/

오미경, 이은미 (2022). **아동건강교육**. 경기: 지식공동체.
용인시 어린이건강식생활체험관 홈페이지. http://www.yitomaplay.or.kr/
의사신문 기사 (2023년 8월 18일). 2022년 아토피 피부염 환자 연령대별, 성별 진료 인원. http://www.doctorstimes.com/news/
의학검색엔진 (2023). http://www.kmle.co.kr/
이기숙, 장영희, 이윤경, 정미라, 심성경, 손순복, 김영아 (2015). **유아발달**. 경기: 양서원.
이선애, 이채호, 조순임, 천재현, 양화숙 (2014). **아동건강교육**. 서울: 창지사.
이숙재, 김경란, 이방실, 강보라 (2016). **영유아 발달과 교육**. 서울: 창지사.
이연숙, 임현숙, 안홍석, 장남수 (2011). **생애주기영양학**. 경기: 교문사.
이영, 이정희, 김온기, 이미란, 조성연, 이정림, 유영미, 이재선, 신혜원, 나종혜, 김수연, 정지나 (2009). **영유아 발달**. 서울: 학지사.
이정원, 박원순, 엄지원 (2021). 육아정책연구소 연구보고 2021-15. 영유아의 미디어 이용 적정화를 위한 정책 방안 연구.
인천광역시 연수구 보건소 홈페이지. https://www.yeonsu.go.kr/clinic/
임민정, 임영심, 정정희 (2021). **영유아건강교육**. 경기: 공동체.
정미라, 강수경, 최은지 (2014). 걸음마기 자녀를 둔 어머니의 양육특성, 놀이참여도와 영아의 사회·정서적 행동간의 구조적 관계. **유아교육학논집, 18**(5), 373-401.
정미라, 배소연, 이영미 (2017). **영유아를 위한 건강 및 영양교육**. 경기: 양서원.
정옥분 (2003). **아동발달의 이론**. 서울: 학지사.
조미환 (2019). **영유아건강교육**. 경기: 정민사.
조선일보 기사 (2024년 1월 19일). '모유수유, 소아 비만 막는다'. https://www.chosun.com/medical/2024/01/19/F6XFPU22E5HX3JTOIP4BJI46KU/
조성연, 이정희, 천희영, 심미경, 황혜정, 최혜영, 전효정 (2014). **영아발달**. 서울: 신정.
중앙급식관리지원센터 홈페이지. http://ccfsm.kohi.or.kr
중앙육아종합지원센터 홈페이지. http://central.childcare.go.kr/
질병관리청 (2020). 손 씻는 방법.
질병관리청 (2022). 국민건강통계플러스. 현안보고서 9월호 영유아 신체발육 측정조사 현황.
질병관리청 (2023a). 2023년도 감염병 관리지침 안내.

질병관리청 (2023b). 감염병 관리 사업 안내.

질병관리청 (2023c). 미세먼지 민감군별 건강수칙_임산부, 영유아.

질병관리청 (2024a). 예방접종 안내. https://www.kdca.go.kr/search/searchN.es?mid=a20101000000

질병관리청 (2024b). 코로나19 예방접종 실시기준 및 FAQ 개정 안내. https://www.kdca.go.kr/board/board.es?mid=a20507020000&bid=0019&act=view &list_no=723998#

질병관리청, 국가건강정보포털 홈페이지. https://health.kdca.go.kr/

질병관리청, 대한심폐소생협회 (2020). 2020년 한국심폐소생술 가이드라인.

질병관리청, 보건복지부, 교육부 (2023). 시설별 인플루엔자 관리지침.

질병관리청 예방접종도우미 (2024). https://nip.kdca.go.kr/

하이덕 홈페이지. https://www.hidoc.co.kr/healthstory/news/C0000126972

한겨레 신문 기사 (2021년 3월 22일). "조기교육을 안 하면 우리 아이만 뒤처질까?" https://www.hani.co.kr/arti/society/schooling/987779.html

한국경제 TV 기사 (2024년 1월 5일). 수면 중 경련 발작, 유아 돌연사 잠재적 원인일 가능성. https://www.hankyung.com/article/202401053404Y

한국영양학회 (2021). 취학전 아동(만 3~5세) 영양지수 설문지(부모용).

한국영양학회 홈페이지. https://www.kns.or.kr/

허혜경, 김성회 (2015). **영유아를 위한 건강과 영양**. 서울: 창지사.

홍순정, 김희태 (2014). **유아사회교육**. 경기: 공동체.

Ainsworth, M. S. (1979). Infant-mother attachment. *American Psychologist, 34*(10), 932-937

Bartholomew, K., & Horowitz, L. M. (1991). Attachment styles among young adults: A test of a four-category model. *Journal of Personality and Social Psychology, 61*(2), 226-244.

Baumrind, D. (1991). The influence of parenting style on adolescent competence and substance use. *The Journal of Early Adolescence, 11*(1), 56-95.

Berk, L. E. (2013). *Child Development*(9th ed.). Upper Saddle River, NJ: Pearson Education, Inc.

참고문헌

CBS노컷뉴스 기사 (2023년 10월 12일). 영어 조기교육…"되레 아이들 정서 망친다". https://www.nocutnews.co.kr/news/6027260

Clagett-Dame M., & DeLuca H. F.(2002). The role of vitamin A in mammalian reproduction and embryonic development. *Annual Review of Nutrition, 22,* 347-381.

Crnic, K. A., Gaze, C., & Hoffman, C. (2005). Cumulative Parenting Stress Across the Preschool Period: Relations to Maternal Parenting and Child Behaviour at Age 5. *Infant and Child Development, 14*(2), 117-132.

Feldman, R., & Eidelman, A. I. (2009). Biological and environmental initial conditions shape the trajectories of cognitive and social-emotional development across the first years of life. *Developmental Science, 12*, 194-200.

Ferguson, C. J., & Beaver, K. M. (2009). Natural born killers: The genetic origins of extreme violence. *Aggression and Violent Behavior, 14*(5), 286-294.

Gross, D.(2008). *Infancy: Development from Birth to Age 3*. Upper Saddle River, New York: NJ:Pearson Education, Inc.

Harter, S. (2006). The Self. In N. Eisenberg, W. Damon, & R. M. Lerner(Eds.), *Handbook of child psychology: Social, emotional, and personality development* (6th ed., pp. 505-570). John Wiley & Sons, Inc..

Hirshkowitz, M., Whiton, K., & Albert, S, M., et al. (2015). National Sleep Foundation's sleep time duration recommendations: methodology and results summary. *Sleep Health: Journal of the National Sleep Foundation, 1*(1), 40-43.

Israel, B. A., Checkoway, B., Schulz, A., & Zimmerman, M. (1994). Health education and community empowerment: conceptualizing and measuring perceptions of individual, organizational, and community control. *Health Education Quarterly, 21*(2), 149-70.

Lewis, M. (1995). Self-conscious Emotions. *American Scientist, 83*(1), 68-78.

NAEYC (1998). Position Statement on Licensing and Public Regulation of Early Childhood Programs. https://www.naeyc.org/resources/position_statements/pslicense.htm

Santrock, A. N. (2005). *Life Span Development*(10th ed.). New York: McGraw-Hill.

Stein, N. L., & Levine, L. J. (1999). The early emergence of emotional understanding and appraisal: Implications for theories of development. In T. Dalgleish & M. Power (Eds.), *The handbook of cognition and emotion* (pp. 383–408). Chicester: Wiley.

Thompson, R. A. (1994). Emotion regulation: A theme in search of definition. *Monographs of the Society for Research in Child Development, 59*: 2–3, 25 – 52, 250 – 283.

Werker, J. F., & Tees, R. C. (1984). Cross–language speech perception: Evidence for perceptual reorganization during the first year of life. *Infant Behavior & Development,* 7(1), 49 – 63.

WHO (2010). Global Recommendations on Physical Activity for Health. https://iris.who.int/bitstream/handle/10665/44399/9789241599979_eng.pdf?sequence=1

WHO (2023). WHO urges investing in "One Health" actions for better health of the people and the planet. https://www.who.int/news/item/03–11–2023

찾아보기

ㅈ

ㅊ

ㅋ

ㅌ

ㅍ

ㅎ

A

저자약력

신윤승

연세대학교 아동 · 가족학과(박사)

연세대학교 어린이생활지도연구원 교사 및 부원감

연세대학교 직장보육유진어린이집 원장

2019 개정 누리과정 집필진

제4차 어린이집 표준보육과정 집필진

현재 서경대학교 아동청소년학과 교수